JN163590

叢書・ウニベルシタス　1072

啓　蒙

ドリンダ・ウートラム
田中秀夫 監訳
逸見修二・吉岡 亮 訳

法政大学出版局

THE ENLIGHTENMENT, Third Edition
by Dorinda Outram

Copyright © Dorinda Outram 2013
Previous editions © Cambridge University Press 1995, 2005

Japanese translation rights arranged with
Cambridge University Press
through Japan UNI Agency, Inc., Tokyo

For Dr L

凡　例

一、本書は Dorinda Outram, *The Enlightenment*, Cambridge University Press, 3rd ed. 2013 の全訳である。

一、四点の図版、及び人物略伝以外の年表、読書案内などの付録は割愛した。

一、訳文は簡潔を旨とした。そのために事項の説明など、訳者による補足は〔　〕内に簡単に記した。また、明らかな間違いは正した。

一、原文のイタリック（強調）は傍点をつけて示した。

一、引用は出典を明示した。複数の翻訳がある場合は、主なもの一点に絞った。邦訳のあるものはできるだけ参照したが、訳文に手を加えた場合がある。

一、巻末の人物略伝に立項されている人名については各章の初出個所に＊を付した。

目次

第 **1** 章

啓蒙とは何か

自らの理性のみを主人とする自由な人の上にのみ、太陽の輝く時代がくるであろう。

コンドルセ

啓蒙はさまざまに定義されてきた。一八世紀においてさえ、当時の人には、あるイタリア人がこの思潮を啓蒙《イッルーミニズモ》と呼んだとき、フランスの友人が用いた啓蒙《リュミエール》という言葉や、ドイツ諸邦に広まっていた啓蒙《アウフクレルーング》という言葉とは違う何かが意図されていることが、よく分かっていた。こうした多様性ゆえに、ベルリンの牧師であるヨハン・フリードリヒ・ツェルナー（一七五三―一八二四年）が、一七八三年一二月号の『ベルリン月報』の論説で、「啓蒙とは何か」を問題にしたのは、驚くべきことではない。「この問いは、真理とは何かという問いとほぼ同じくらい重要なのではないか。この問いは、誰かが自らを啓蒙しはじめうる前に答えを与えられねばならぬ。にもかかわらず、それがどこかで答えられたのを私は見たことがないのだ」。この問いは、無名の一牧師による婚姻法論の脚注内に隠れているものの、今までで最も実りある問いの一つだった。主要な思想家から、『ベルリン月報』に論文が寄稿されはじめた。同誌一七八四年九月号に論文を発表したユダヤ人の哲学者モーゼズ・メンデルスゾーン*（一七二九―八六年）によれば、「啓蒙」とは、理性を用いた未完の教育過程に関わり、万人に開かれているものであった。それゆえメンデルスゾーンは、啓蒙思想を下層階級にまで広げようと試みる「通俗哲学」の運動を支援した。他の論争者――フリードリヒ・フォン・シラー〔一七五九―一八〇五年。劇著述家・思想家・カント研究者。『群盗』など〕、ヨハン・ゴットフリート・ヘルダー*〔一七四四―一八〇三年。哲学者・文学者。『言語起源論』など〕、クリストフ・マルティン・ヴィーランド〔一七七三―一八一三年。詩人・翻訳家・著述家。『アーガトン物語』など〕、ヨハン・ゲオルク・ハーマン〔一七三〇―八八年。哲学者・文学者。啓蒙思想に反対した〕、アンドレアス・リーム〔一七四九―一八一四年〕、ゴットホルト・エフライム・レッシング〔一七二九―八一年。詩人・思想家・批評家。『ラオコオン』など〕のようなドイツ啓蒙における重要人物――は、かなり異なる考え方を提起し、啓蒙を定義する際に、シラーがしたように、概ね美学を強調した。これらの論文は、一八世紀末までに「啓蒙」という言葉に付与されるに至った、さまざまな意味の一覧として読み解きうる。

プロイセンの哲学者イマヌエル・カント*も論争に加わっていた。カントが『ベルリン月報』一七八四年一二月号で、今では有名であるもののよく誤解されている論文に書いたのは、啓蒙が世界で作用する一見して逆説的な状況についてであった。カントは、理性の使用ができるだけ進められるべきだと考えていた。ただし、理性の際限なき進展が、受け入れられている諸々の意味を無制限に疑問視したり検討しなおしたりして、過度に押し進められると、社会的、宗教的、政治的秩序を解体して混沌に陥れかねないことが、彼にはよく分かっていた。他方で、カントは啓蒙をきわめて肯定的にも捉えていた。よく引用される一節であるが、啓蒙とは、他人の指導なしに理性を使うことによって、「人間が自ら招いた未成熟状態から自分自身を解放すること」でもある。「知る勇気をもて《サペレ・アウデー》」という古い標語は、同論文の冒頭でカントが宣言したように、啓蒙の標語であった。

とはいえ、そのような勇気によって得られた知識ならどれも同じというわけではないかもしれない。カントは同論文でじつに多様な啓蒙解釈を生みだしたため、当時の人は、その論文をプロイセン王国における啓蒙の意味と用法への風刺とみなすこともあった。国王フリードリヒ二世*は、カント論文に現れた矛盾する啓蒙の意味すべてを、自らの人格に体現していた。彼は自らを「啓蒙された者」とみなし、自分が哲学者であるとすら考えた。フリードリヒは、個人的にベルリンの科学アカデミーを後援したが、世論や宗教論争への影響力を維持することにも関心を示した。この両義性を熟考して、カントはこう述べている。「人間理性の公的な使用は、常に自由でなければならない。それのみが人びとの間に啓蒙をもたらしうるからである。一方で、理性の私的使用は、多くの場合、きわめて厳格に制限されるだろう」。カントが公的と呼ぶ領域、つまり、人が自分の天職の義務から自由な場所においては、臣民は自由に批判的なことを書き、話してよい。カントが私的と呼ぶ領域においては、支配者の意思を支持し、無秩序が生じる可能性を減らすために、臣民は、気まぐれな政治的判断を表現しないよう慎む義務が実際にある。補助司祭は司祭を批判してはならないし、兵士は上官を批判してはならない。たとえ彼らの命令がばかげているように思えようとも。

このようにカントは、メンデルスゾーン論文に示されたのと同じ問題、つまり、人間が無制限に考えるなら何が起こるか、またそのような思考は肯定的な結果を必然的に生み出すかという問題を、別の言葉で提示している。カントは、啓蒙を社会や政治の合理的変化の達成に向かう単純明快な進歩であるとみなす者へのいらだちを隠していない。啓蒙が危険や問題や矛盾に満ちあふれていることは、カントには明らかだった。このように、当時の人にとってさえ、「啓蒙」を定義するのはことのほか困難だった。賛成しない者も多かっただろうが、イマヌエル・カントのような人にとって、啓蒙は、迅速に手際よく解決されるべき知的計画の目録としてよりも、むしろ諸々の過程や問題の連鎖として、その姿を表わしているように思われた。

　カントの導きに従うこと、そして啓蒙を、絡みあい、ときには衝突しあう一連の問題や議論として考えることは有益である。これらの問題や議論は、ヨーロッパのみならず他の地域においても、啓蒙がどのように機能したかに関わっていた。こうした認識は、本書に盛りこまれる。啓蒙をこのように表現することは、この動きを、知的企てが世界的な規模で社会や政府を変えたカプセルや火種の集まりとして見ているということである。

　しかしながら、以上に述べたことは新しい解釈である。ごく最近まで、啓蒙なるものという実体があたかも存在していたかのように、啓蒙を最終的には単一の現象として理解することが通例であった。この啓蒙理解では、人間に関する事柄が信仰や迷信や啓示よりも合理性によって、つまり伝統ではなく科学に基づいた世界観によって導かれてほしいという願望として、啓蒙は理解された。こうした解釈においては、啓蒙はその普遍性への願望にもかかわらず、主としてフランスに起こったことを意味する。フランス人の態度は典型的とされた。しかし、ヴォルテール*やディドロ*などの思想家によるカトリック教会への敵対的な態度は、クリスティアン・ヴォルフ〔一六七九―一七五四年〕やゴットフリート・ヴィルヘルム・ライプニッツ〔一六四六―一七一六年〕などのドイツの思想家によって示された神学問題への深い関心とはおよそ異なっている。王権や教会権力を疑うのは、ディドロやヴォルテールのようなフランスの啓蒙思想家にはごくありふれたことであったが、一七九〇年代以前のドイツでは、その影響はほとんど見られなかった。当時のドイツでは、共通善への関心と自然法に基づいた、官房学と呼ばれる本格的な行政学がすでに発展していた。

啓蒙が哲学と隣接しているように表現されるのも、この取り組み方の典型である。啓蒙に関する戦前の主要な総合研究であるエルンスト・カッシーラー〔一八七四―一九四五年〕の『啓蒙主義の哲学』（一九三二年）は、啓蒙を、ゴットフリート・ヴィルヘルム・ライプニッツとイマヌエル・カントの二人の哲学者の生涯によって区切られる期間として定義した。哲学の思潮をそのように二つに区切ることは、啓蒙が政治的ではないことも含意した。昨今の解釈はそれとはたいへん異なり、啓蒙を一般史にかなり近いものとして、西ヨーロッパ、とりわけフランスの主要な思想家の著作を超える啓蒙の出現に、より強い関心が払われている。

カッシーラーの啓蒙観は、戦後の主要な総合研究で大部分が再生産された。ピーター・ゲイの二著作、『近代的異教の台頭』と『自由の科学』は、ゲイによる啓蒙の定義を示している。カッシーラーのように、ゲイは啓蒙を一つの統一体として定義し、大思想家の生涯という点から啓蒙の年代記を定めた。ゲイにとって、啓蒙の第一期はヴォルテールの存命期、第二期はドゥニ・ディドロ、ダランベール*、ジャン＝ジャック・ルソー*の存命期であった。後期啓蒙は、レッシングとカントの生きた時代である。ゲイは、啓蒙という計画を、宗教に対する敵対行為の一つであり、人間と社会の関係や人間同士の関係を変えるための理性の批判的使用によって達成される、自由や進歩の探求として定義した。彼の定義は、啓蒙を自由主義的改革のプログラムと見ており、この鋳型に容易にはめられない著作を書いたルソーのような著述家について、長々と論じることはなかった。

とはいえ、ゲイはイングランドのアメリカ植民地と後のアメリカ共和国を啓蒙に結びつけた嚆矢の一人でもある。ゲイは、アメリカの発明家にして政治家、印刷業者でもあったベンジャミン・フランクリン*と、合衆国第三代大統領トマス・ジェファソン*を論じ、一七七六年七月四日の独立宣言が、とりわけ「生命、自由、幸福の追求」に関わっていることは、啓蒙のプログラムの達成であったと主張している。このようにゲイ説は、啓蒙が西ヨーロッパの外に場所を見いだしたことを認識している。

ゲイの総合研究は、一九六〇年代に優勢であった。しかし、次の一〇年間までに、分析の新たな要素が表面化してきた。それらはヨーロッパ外のはるかに完璧な啓蒙像を強調するものであった。H・F・メイの『アメリカ啓蒙』（一九七六年）はこの主題を現代で初めて十分に扱った著作である。ただし、その前に、A・オーウェン・オールドリッジのスペインによるアメリカ植民地啓蒙論『イベリア・アメリカ啓蒙』（一九七一年）が出ていた。両著は、啓蒙をある統一された現象あるいは地理的な場所には影響されない現象として見ることを、もはや不可能にした。とりわけオールドリッジは、ヨーロッパを模範として生活しているものの、いまだ多くは通約不可能であった現地文化に囲まれていた植民地社会に、標準的な啓蒙思想を適用することの困難を指摘した。

一九七〇年代以降、歴史家は啓蒙によって影響されたと彼らが見たがる地理的地域を次第に拡張してきた。イタリアの歴史家、フランコ・ヴェントゥーリは、イタリア、ギリシア、バルカン諸国、ポーランド、ハンガリー、ロシアといった、いわゆるヨーロッパの周縁における影響力の一つとして啓蒙を考えた。ヴェントゥーリの著作『一八世紀の改革者』（一九七九年）と『啓蒙のユートピアと改革』（一九七一年）は、情報源として利用されると同時に西洋世界の思想に貢献した、新聞、パンフレット、書簡、書物、政治的出来事を通じた思想の伝達を重視した。実際にヴェントゥーリは、啓蒙内部における圧力と緊張を最もよく分析できるのは、まさしくこのような「周縁の」地域においてであると主張した。

また、一九七〇年代までに、啓蒙の社会的基盤についてや、思想がどのように伝達され、社会によって用いられ、応答されたのかという問題について、歴史家がはるかに大きな関心をもつようになったこともまた明らかになった。大人物よりも、実際にはより広く読まれたいまや無名の忘れられた著述家について、もっと知識が必要であることが分かった。ロバート・ダーントンが指摘したように、一八世紀の書物の多くは、大人物ではなく、今では忘れ去られた職業文士によって著された。彼らは、貨幣《カネ》のために、ポルノから児童書、旅行者への手引き、ローマ史の教科書まで何でも執筆した。こうした商業文士は、自らを高尚な公教育者や知識を前進させる学者とみなしたのでは決してなく、ただ食べるために書いた。それは、啓蒙の経済学や市場の創出や販売戦略を調べることへの小さな一歩にすぎなかった。ダーントンは『啓蒙のビジネス』(一九七九年)で、ディドロとダランベールによって編集された『百科全書』の事例史を用いて、このことを研究した。これらすべては、啓蒙を相対的な文脈に位置づけたいという新たな欲求を証言している。今日では、啓蒙に至る多数の道筋が存在している。

しかしながら、啓蒙は、現状についての自説を実証したい、近代そのものを定義したいと望む哲学者によって捉えられ用いられてきた点で、歴史上の各期で独特だった。マックス・ホルクハイマー、テオドール・アドルノ、ユルゲン・ハーバーマス、ミシェル・フーコーといったさまざまな哲学者が、現状解説の出発点として啓蒙を使ってきた。やや驚くべきことに、彼らの著作は、過去の正確な像を得るためよりも、むしろ現在に梃子の力を加えるために著されたにもかかわらず、当時の歴史家の多くにとって、大物知識人の（哲学者としての）名声によって承認された、同時代についての便利なパラダイムを彼らにおそらく喜んで提供する象徴《イコン》となっていた。
一九四七年に、ホルクハイマーとアドルノは、『啓蒙の弁証法』を出版した。第二次世界大戦とホロコースト直後の時期に執筆しながら、「なぜ人類は、真に人間の状態へと至る代わりに、新しい種類の野蛮へと堕ちたのか」と彼らは問うた。彼らの見解によれば、啓蒙の逆説的な性質ゆえに、それは起こったのである。『啓蒙の弁証法』序論にはこう書かれている。

啓蒙は常に、人間を恐怖から解放し、人間の尊厳をうちたてることを目的としてきた。しかし、十分に啓蒙された世界は、勝ち誇ったような悲劇をまき散らしている。啓蒙の計画は、世界の脱魔術化であった。つまり、神話を解体し、幻想を知識で置き換えることであった。

人間は、技術の使用を通じて「合理的に」統制することによって、自然への支配を、さらには他人への支配を獲得した。これは、自然はもはや神秘的な権力や力の所在地としてみられていないことを意味する。この啓蒙観は、意図の探求を放棄し、たんに自然や世界に権力を行使しようと試みるという意味で、突き詰めると全体主義的である。啓蒙は「合理性」、すなわち以下の推論に拠っている。それは、迷信、神話、恐怖、啓示から自由であり、往々にして数理的な「真理」に基づき、手段に応じて目的を測定し、それゆえに技術的で、問題に対する客観的に正しい解決を期待する推論である。
しかし、悪名高いように、人間は合理的な解決にいたれないことがよくある。神話や啓示のような非合理的な説明方法を放棄したため、そうした紛争の種を解決する唯一の方法は、力を用いることであった。啓蒙の中心には恐怖政治が潜んでいる。それゆえ、ホルクハイマーとアドルノは、ホロコーストという技術的に確かな人工大量殺戮に抵抗しうる遺産を啓蒙は何一つ遺さなかったと主張した。ガス処刑室は現代化学に依拠しており、労働者収容所での各人への食料の調整は綿密に構じられた。同世紀の技術の勝利の一つである鉄道は、緻密に測定された時刻表と燃料で、何十万もの人を絶滅収容所へと送った。人間は管理されるべきたんなる物体として扱われ、そして最も飾り気のない言い回しである「合理的」な技術システムによって消費された。

もう一つの重要な啓蒙解釈は、はるかに肯定的なものである。ドイツの哲学者ユルゲン・ハーバーマスは、ホルクハイマーとアドルノの洞察の多くを受け入れ、啓蒙が文化を消費し、文化を商品に変え、知識を情報に変えたという主張に至った。これらは第二章で追求する主題である。とはいえ、ハーバーマスにとって、啓蒙の他の潜在力は、啓蒙をいまだ追求する価値のある理念にする。ハーバーマスは、カントの認識に従って、啓蒙を終了し過ぎ去った画期的な出来事では決してなく、依然として完成がもたらされなければならないものと考えた。ハーバーマスによれば、特定の国民的、文化的精神に従うことによって陣を構えた「ドイツ人」としてではなく、むしろ自由、正義、客観性のような普遍的な価値を他人と共に探究することに携わる人間として行為できるように、啓蒙は個々人を抑圧的な排他主義から解放する潜在力を内包している。このように彼は、文化、宗教、言語に基づいた地域的な自己認識《アイデンティティー》に属する感情を無視する試みを非難したヨハン・ゴットフリート・ヘルダー（一七四四―一八〇三年）のような啓蒙思想家自体にさえ反対した。

ハーバーマスはまた、啓蒙を彼が「公共圏」と呼んだものの創設者と考えた。このことは、「世論」が起こり、特権をもつ伝統的勢力に異議を唱えはじめたことを意味した。ハーバーマスの公共圏は、カントの「私的領域」とよく似ており、人間が臣民としての役割から逃れ、彼ら自身の意見や思想を交わしたり行ったりする自立性を得られる場所である。ホルクハイマーやアドルノの説とはことさら異なり、ハーバーマスは、知識が商品のままであってさえも批判を通じて解放する能力を保っている世界として、啓蒙の文化を再解釈した。彼はまた、現代にとっての道徳的意味に満ちた歴史分析の可能性も論証している。

ハーバーマスの著作は、影響力のある哲学者ミシェル・フーコーの著作に収斂した。フーコーは歴史の時代区分についての哲学的解釈を出版した。例えば、『監獄の誕生』は、犯罪者や他の集団に対する監禁制度の発展論であり、『狂気の歴史』は、狂気と収容施設とについての変遷していく定義についての著作だった。ハーバーマスのように、フーコーも、カント論文を啓蒙の代表的な定義と考えた。啓蒙と現代世界との間には何の継続性もないとする以前の立場を捨て、フーコーは、啓蒙は未完であるというカント説を受け入れ、公共空間において変革を引き起こす因子として理性を批判的に使用するという考え方についての新解釈の出発点として、カント論文を用いた。フーコーもハーバーマスも、現代を評価するための尺度としての啓蒙の重要性に合意した。こうした議論はすべて、ポール・ラビノーの論集『フーコー読本』（一九八四年）で扱われるだろう。

さて、多くのさまざまな方法で啓蒙が解釈されてきたことを示すために十分な言が費やされた。啓蒙はその歴史研究において、非常に珍しいほど、哲学的探究に端を発する分析に影響されてきた。カントやゲオルク・ヴィルヘルム・フリードリヒ・ヘーゲル〔一七七〇―一八三一年〕はもちろん、フーコー、ハーバーマス、ホルクハイマー、アドルノも、啓蒙思想の構造についての考え方を形成してきただけではない。彼らはまた、確信をもって、啓蒙は終わった歴史上の時代ではなく、良かれ悪しかれいまだに現役のものだと書いてきた。見てきたように、職業歴史家による最近の啓蒙論は、大思想家の正典研究に集中するやり方を墨守するよりもむしろ、新分野、とりわけ思想の社会史という分野の探究を開拓した。国民的なものであれ、地域的なものであれ、カトリックであれ、プロテスタントであれ、ヨーロッパ産のものであれ、現地産のものであれ、われわれはいまや、多くのさまざまな啓蒙について相当よく知っている。この多様性が映し出すのは、一八世紀の人びと自身が啓蒙の単一の定義を何一つ作れなかったということである。

おそらく本章が示してきたのは、「啓蒙」という用語が結局のところ多くの意味をもたなくなってきたということである。より肯定的な態度をとるなら、啓蒙を複雑な歴史的現実を包含しそこねた表現としてではなく、思想や世論が社会や政治と相互作用した点で特徴的にみえる一連の論争を含むカプセルとして考えることかもしれない。

しかし、過去数十年にわたる啓蒙解釈のどんな変遷にもかかわらず、啓蒙研究者は、いまだ啓蒙とグローバル世界の創出との関係についての諸問題を把握するに至っていない。グローバリゼーションに関してここで意図しているのは、啓蒙の時代以来、加速しながら、世界を一つのシステムにするために一体となった諸要因についての歴史研究である。それらの要因には以下のものが含まれよう。すなわち、とりわけ組織的な奴隷貿易を通じた大規模な人口移動、相互に結びついた商品市場と資本市場の形成、紅茶、毛皮、綿花、鯨油、金といった諸商品の世界規模での流通、それらの商品を輸送する商船団の発展、大洋と大陸がどのようにつながっているかを実証した地理的探査に対する国家融資、ほとんどの場合標準的な官僚制モデルで統治された大陸横断的ヨーロッパ帝国の出現、ハドソン湾会社やブリテンの東インド会社、そのオランダ版である連合東インド会社といった多国籍貿易会社の出現などである。

グローバリゼーションは世界の劇的な事件であった。ここから、ヨーロッパの思想、信仰、制度が世界の他の地域へと広がりはじめた。異文化間の接触は次第にありふれた経験になり、ヨーロッパ人にとって文化的障壁はもちろん社会的障壁もたびたび横断するものとなった。商船団や王国海軍で働く船乗り、東インド会社の傭兵、モラヴィア教会によってシベリアから西インド諸島まで送られた宣教師、貿易会社に雇われた乗務員、ハドソン湾会社のために働く〔毛皮を取る〕罠猟師は、海軍や科学者のエリートとまさしく同様に、グローバル世界を作った労働者階級の人びとのわずかな一例である。

啓蒙史家は、このグローバルな物語をどう扱ってきたのか。実際のところ、一元化した世界の創出を啓蒙思想の構造と統合しようと試みた者はほぼいないというのが答えである。グローバルな接触の増加という問題を研究する一般史家は多いが、それを啓蒙思想やグローバリゼーションがもたらした問題と関連づける者は、ここでもまずいない。より驚くべきことに、啓蒙思想家には、世界の歴史がどのようなものかについて、すでに分析した者もいた。シラーやヘルダー、また大物度では劣るがゲッティンゲンの教授シュリューターはみな、世界の歴史について著している。シュリューターは大人向けも子供向けも書いた。これらのことはきわめて重要である。というのも、かつて存在した世界史という分野は、人間の世界における神の意思作用についての説明として書かれたものだったからである。目下のところ、世界史は人間のグローバル史として改訂中である。

啓蒙と啓蒙の世界的普及《グローバリゼーション》との関連性を、近年最も説得的に実証したものの一つが、歴史家ホルヘ・カニザレス＝エスゲラの著作である。彼の著作は、一八世紀のメキシコを舞台に、スペインによる征服の前後に現地人によって書かれた歴史書の意味を、ヨーロッパ系の歴史家が明らかにしようと試みた方法に焦点を当てている。この著作が非常に重要なのは、同じ問題に取り組み歴史解釈の規則を定めようと試みる大西洋両岸の学者にとって重要だというだけでなく、当時は植民地エリートが本国スペインと距離をとりはじめていた時期だったからでもある。この文化的離反の一つの役割、つまり、一八二〇年代の独立戦争へと続く長い助走期間の役割は、入植者の国王への依存を重視する歴史ではなく、現地エリートだけでなく科学者、専門家、植民地指導者たちが、マドリードの国王政府をほぼ必要とせずとも国際的共同体に加わることができた世界をどのように構築したのかを重視する歴史の構築であった。歴史のための証拠の組み立て方の開発、資料解釈の技術、絵画的証拠の解釈も、当時ヨーロッパでは議論され、それゆえそのメキシコの歴史家は、三〇〇〇マイル先の〔ヨーロッパの〕重要な議論に取り込まれたのである。

三〇〇〇マイルという距離は、リチャード・グローブの『緑の帝国主義』（一九九五年）の尺度のなかでは小さいものとなるだろう。グローブは、植物園、順化園〔動植物園に遊園地要素も加えたアミューズメント・パーク〕、測地点のような、一八世紀に標準化された施設の国際的な関連性を考察している。例えば、森林破壊の大義名分論争が、専門の植物学者や農学者の間で、緊急に意思決定を要する問題として世界規模で起こったことを彼は実証している。植物学と生態学は、帝国建設と国家資源管理の一部となった。また、植物に関する決定は、必然的に一八世紀の大規模な帝国の成長に、不可避に依存していた。

啓蒙には多くの意義があった。いかにして啓蒙が社会や政治のきわめて多くの段階に影響を与えることができたのか、またヨーロッパだけでなく、ヨーロッパの影響を受けた他の世界のほぼ全域にわたって出現できたのかを理解するために、次章において、この時代における思想の生産と販売の新しい社会的、経済的背景を探ることに目を転じる。

第2章

コーヒーハウスとお客

——啓蒙の社会的文脈——

そのうえ、富裕な社会あるいは商業社会では、思考すること、あるいは推論することは、他のあらゆる仕事と同じように、特定の職業となる。それはほんの少数の人によってなされ、彼らは、膨大な数の労働者が所有しているすべての思考や推論を公共に提供する。普通の人のあらゆる知識のうち、ごくわずかな部分だけが、本人の観察や省察の産物である。残りは全部、彼の靴や靴下と同じように、その特定の種の商品を市場のために準備し作った人から購入されたものである。

アダム・スミス*(1)

序論

最近の歴史研究は、啓蒙思想が形成され、受容され、市場で売られた社会背景にひときわ焦点を当ててきた。ロバート・ダーントンなどの歴史家は、この時期に売られ、ますます増加した書籍、新聞、パンフレットの読者、執筆者、起業家的な出版社について、豊かな新情報をもたらした。(2) ロジェ・シャルチエやロベール・ミュッシャンブレなどの歴史家は、エリートから下層階級へ、つまり、上位文化から大衆文化への啓蒙思想の浸透を研究した。(3) また、識字能力の拡大や読書経験の性質の変化という点に注目する歴史家もいる。(4) 視覚的に表現されたもの——絵画、彫刻、舞台装置、公共の場に置かれた像——が、書かれた言葉と並んで思想の伝達に重要な役割を果たしたことが、トーマス・クロウなどの歴史家によって詳しく検証された。(5) 思想を探究し議論する新しい団体や組織がヨーロッパ中に設立されたことに言及する著述者も多い。それらの団体には、フリーメイソン、アカデミー、学会といった会員資格が慎重に規制された、形式の整ったものもあった。(6) 一方で公開講座、コーヒーハウス、貸本屋、美術展、オペラや演劇の興行といったものもあり、これらはほぼ商業活動であって、代金を払えるなら誰でも参加できた。このように、多くの異なる社会階級の者が同一の思想にふれる手段が提供された。(7) こうしたさまざまなメディアや社会団体が、諸思想の交換や拡散に焦点を合わせ、それらが一体となり、ユルゲン・ハーバーマスによって一八世紀の「新しい公共圏」と記述されたものを形成した。(8) 本章で後ほどハーバーマス説をより綿密に検証し、諸思想の社会的背景が、啓蒙における思想自体の性質にどのような影響——そうしたものがあったとすれば——を与えたのか考えることにしよう。

もっとも、社会的背景は、ヨーロッパや他の地域におけるきわめて大規模な社会的、政治的変化の結果でもあった。ほとんどの地域、とりわけ西ヨーロッパと北アメリカで、一八世紀は前世紀の停滞に対して、経済が拡大し、都市化が進展し、人口が増加し、情報伝達が改善した時代であった。北西ヨーロッパには、農産物の生産高が飛躍的に上昇した地域もあった。ブリテンの一部、ネーデルラント、北イタリアが、「産業革命」と歴史家が呼ぶように決めた状態へと入った。ギルドの規制下にある比較的小規模の作業場での職人による数多くの物品《グッズ》の生産は、大工場における数多くの商品《コモディティーズ》生産に代替された。従来は熟練工のものであった仕事を次第に機械がするようになったので、より多くの物が工場で生産できるようになった。「分業」を通じて、どの生産工程も最小の構成要素に分割され、最初から最後まで全工程を行なう熟練職人は、そうした工程のごく一部しか行なう能力のない未熟練工に、ある程度取って代わられた。この変化は、その社会的帰結がどうであれ、より多量の消費材をより低い価格で生産可能にした。人口増加と情報伝達の改善のおかげで、こうした商品の買い手がみつかり、製造業の利益は上昇した。(9) 生産され、販売された多量の商品には、思想や意見を伝達するためのメディアである絵画、新聞、パンフレット、書物のような消費財も含まれていた。(10) ヨーロッパ諸国間におけるそうした文化メディアの取引《トレード》を促進したのは、翻訳活動が増えてきたことと、ブリテンを除く国のほとんどで、社会的エリートがフランス語を使えるように訓練された事実である。当時フランス語は、ほぼ完全にラテン語に代わる国際語となっていた。こうした文化メディアにおける取引の増加によってこそ、新しい思想と古い伝統の強烈な衝突を理解できる。フランコ・ヴェントゥーリは、この衝突をヨーロッパにおける啓蒙思想の形成で、最重要なものの一つとみなした。(11)

文化メディアにおける取引は、ヨーロッパのみに限定されてはいなかった。一八世紀までに、多くのヨーロッパ諸国は、アメリカ、カリブ海諸島、インド、現在のインドネシアに植民地帝国を所有していた。ヨーロッパから送り出された商船に乗って、思想はこれらの植民地に到来した。もちろん、商品にせよ思想にせよ、取引は一方通行ではなかった。紅茶、コーヒー、砂糖などの植民地の産品は、ヨーロッパのコーヒーハウスに欠かせないものだった。そこでは、客が一緒にコーヒーや紅茶を飲み、会話を楽しみ、新聞や最新の本を読んだ。まったく同じくらい重要なことに、植民地での現地文化の経験は、ヨーロッパの啓蒙に影響を送り返すようになった。ついには、思想のグローバルな取引があらゆる市場取引と同様に、文化システム、宗教、性差、地域差の間に存在していた障壁を取り去った。

思想のグローバルな取引は、文化の「消費者」、すなわち同じ本や絵画に代金を払える全員の間に、新しい種類の平等を促した。また、思想のグローバルな取引は、世界的な均質化を促進することにも貢献した。それは、現地の文化システムが衰弱したことと、二〇世紀にわれわれが親しむようになったヨーロッパ由来の文化システムの世界規模での押しつけが始まったことに示されている。啓蒙の終盤には数多くの批判を受けたにもかかわらず、この文化的均質化の進行は、速度を緩めなかった。[12]一七九〇年代までに、ヨーロッパには、一種の文化的ナショナリズムが出現していた国もあったものの、ヨーロッパ文化は、現地の文化と接触する場合に、まさに現地の文化システムの崩壊を引き起こす効果を、依然として有していた。

この時代における視覚的メディアや芸能の思想伝達媒体としての重要性にもかかわらず、活字は、思想伝達において明らかに比類なき地位を占めていた。書物やパンフレットは大量販売しやすく、比較的持ち運びやすく、言語、文化、地理的境界を乗り越えやすい。それゆえ一八世紀において、活字がどのように、そしてどれほど受け入れられたかを明らかにすることは重要である。とはいえ、識字能力を研究する歴史家は、読み書きできる力がどれほど広まっていたかを推測する際、悪名高い問題に向き合ってきた。この問題に直接関係する史料はほとんどなく、歴史家はまさに「識字能力」の意味そのものについて、たびたび論争してきた。その能力は流暢に読み書きできる技術を意味するのか、あるいはそう主張する者もいるように、現存する正式な法律文書に署名することのできた人の数によって、識字率が実際に示されるのか。[13]今日と一八世紀の授業とでは、読み書きを教える際に大きな違いがあることに気づくなら、識字能力の推測にさらなる困難が加わる。ロバート・ダーントンが明らかにしたところによれば、カトリックのヨーロッパでは、ほとんどの者はミサのラテン語が分かるようになるためにのみ読みを教わり、現地の俗語を読むのは少しも上手くならなかった。それゆえ、初等教育により影響を受けた人の数は、いま考えられているほどには識字能力の指標にならない[14]。

このように、歴史家が識字能力の水準を推測するために使う史料は、たいてい社会的エリートから生じた総じて間接的な兆候である。とはいえ、われわれが手にするどの間接的兆候も、印刷され、購入された書物、新聞、雑誌、パンフレットが同時期に増加したことを示している。そしてこの増加は、ヨーロッパのより多くの人が流暢に読み書きできたことを厳密に言えば証明するわけではないものの、その結論と確かに一致する発見である。例えば、書籍市の記録は、印刷された書物の題目が増加したことを示している。多くの政府によって設けられた文芸検閲制度の記録も、とりわけオーストリアとフランスで増加している[15]。ますます多くの図書館が公衆に開放され、商業化した貸本屋もあれば、これまで個人的な施設だったパリ王室図書館のようなものもあった。私人の残した遺言を分析すると、かなりの下層階級でさえ、故人の所有物に含まれる本に、より頻繁に言及している[16]。こうした兆候はどれも断片的なものであり、ヨーロッパの異なる地域を同時に比較するのは往々にして困難である。にもかかわらず、間接的兆候はすべて同じ方向――活字に対する慣れ親しみが社会全体に行き渡っていた――を示している。

この時期に読書行為自体がかなり劇的に変化したと主張する歴史家もいる。ドイツの歴史家ロルフ・エンゲルジンクは、一八世紀末に「読書革命」が起こったとさえ論じる。彼の主張によれば、一七五〇年頃まで人は「精読」をしていた。彼らは聖書、礼拝用の本、暦に関する本といった数冊の書物しか所有していなかった。英語圏では、バニヤンの『天路歴程』が、より貧しい家族に見られる本の典型だった。これらの書物は何度も読まれ、持ち主が黙読することもあったが、多くの場合、家族や友人に向けて大声で音読された。読み書きできない人さえも、こうした方法で活字にさらされる機会を得た。エンゲルジンクは、一八世紀の後半までに人が「多読」するようになったと主張する。彼によれば、多読とは多くの書物を一度だけ読み、読了後すぐ他人に渡すような読書である。また、「多読」に付随して、読書が社交的な習慣というよりもむしろ一人でなされるようになる傾向、つまり読書が孤独で内省的な習慣になる傾向が強まったとエンゲルシングは考える。(17) この変化が下層階級に浸透した限り、読み書きできない人が活字の伝える思想や意見に触れることは、より困難となった。これは目を引く単純な情景であり、今日のわれわれの読書習慣——確かにもっぱら多読で私的な黙読である——の起源を、うまく説明できているように思われる。また、アメリカの歴史家デヴィッド・ホールが裏付けた議論もある。彼は、一六〇〇年から一八五〇年までに、ニューイングランドの住人の読書習慣に似たような変化があったと説明した。一八世紀後半までに、ニューイングランドの共同体は、礼拝用の書物からなる限られた題目への信頼を捨ててしまったかのように思われた。小説、新聞、児童書、旅行、博物学といった新分野の書籍が押し寄せ、それらは一つずつ貪欲に吸収され、その後に捨てられ、次の本へと移った。(18) もっとも、読書習慣の変化に関するエンゲルジンクとホールの説は、あまりに図式的で、彼らが選んだ地域のわずかな実例にしか基づいていない可能性もありうる。さらに、社会的エリートにさえ「精読」が存続していた多くの証拠をたやすく指摘できる。例えば、多くの自伝に、特定の著作、とりわけサミュエル・リチャードソン〔一六八九—一七六一年〕の『パミラ』（一七四〇年）や『クラリッサ』（一七四七―四八年）、ジャン＝ジャック・ルソー*の『新エロイーズ』（一七六一年）、ヨハン・ヴォルフガング・フォン・ゲーテ*の『若きヴェルテルの悩み』（一七七四年）といった大ベストセラーを繰り返し熟読したという記述がある。[19] とはいえ、若干の歴史家が主張してきたよりも全体像はもっと複雑である兆候はなるほど多いものの、やはりことのほか一八世紀後半は、とりわけ上流階級にとっては転換点だったように思われる。それは、かつてなかったほど、さまざまな質からなる多くの読書素材が、広範な読者層によって熱心に入手された時代だった。

おそらくこの発展が促進されたのは、印刷物への物理的接近についても、多様な手段でより容易になったからだった。安価な貸本屋のおかげで、豊富な書籍を私的に収集する財源のない多くの者が、「多読」できるようになった。コーヒーハウスは、顧客のために新聞、雑誌、数冊の新刊を一杯のコーヒー代で提供した。本屋の店舗で茶菓子を提供することもあったし、常連客のためにささやかな移動図書館の巡回サービスも行なった。まさにそのような施設の存在は、植民地産品の定期的な取引に、そして人口成長と都市住民の増加に依拠していた。

そうした施設によって、印刷物に示された思想は、男女どちらにも、またエリート以外の社会階級にも浸透することが可能になった。この拡大現象は、出版の性質自体が変化したことによって促進された。ラテン語での出版から生きた言語での出版への変化は、ラテン語をすらすら読むために必須の古典教育を欠いた多くの者、とりわけ女性が読書するのに役立った。礼拝用の本や神学書は、読書素材としてのかつての支配的な地位を失ったように思われる。一八世紀後半までに、ドイツ、イングランド、北アメリカの貸出図書の傾向は著しく似通ったものとなった。貸し出された書物の七〇％以上が小説であり、一〇%が歴史、伝記、旅行記で、宗教書は一%にも満たなかった[20]。言い換えれば、読者が思想や意見に出会う主要な媒体として、神学の犠牲のもとで小説の上昇が同じ時期にみられた。それゆえ、多くの啓蒙の小説が、想像的な物語構造を織りなすことと同じくらい、事実情報を伝えることや物議を醸す点を論じることにも関わっているというのは、驚くべきことではない[21]。

読書におけるこうした変化のすべては、同時に、著述家や出版社の社会的地位に重大な変化を必然的に引き起こした。どの国の著述家も、理想化された「文芸共和国」に属する者として、たびたび一まとめに記述された。一七八〇年に、文芸に関する調査報告書『フランスの文芸共和国史』の編集者は、「文芸共和国」を現存するものとして記述した。

人間の運命を決めるあらゆる政府のなかに、多くは専制的であるたくさんの国の内部に……、精神のみを支配するある種の領域が存在している。……われわれはそれを共和国という名で褒めたたえる。というのも、それは一定の独立を保持しているからであり、自由であることがほぼその本質だからである。それは才能と思考の領域である。

編集者はこう続けた。この共和国の成員は「彼らの功績によって、一つの種を形作り、地上の大権力と同等の輝かしい評判を得ている[22]」。

一七八〇年までに、こうした考え方はよくあるものとなった。著述家が知識や世論の形成者として、組織された政府権力と同じほど手ごわいある種の権力を形作っていたという考え方、文芸共和国に関与する人間の平等、すなわち世界市民主義《コスモポリタニズム》の価値観という考え方、知と知の生産者は政治的境界を越えて行動するという考え方が、啓蒙において、いずれもすこぶる目立ってきた。

こうした考え方はどれほど現実と一致したのか。こうした考え方は、流通の増大を通じて啓蒙を焚きつけた書物の著者の生活や社会状況を、どれほど正確に描写しただろうか。この論点は、最近数十年間にわたって大いに興味を惹いてきたし、同分野での歴史研究の成果は、少数の大思想家による啓蒙という旧来の図式を掘り崩すのに十分であった。歴史家が明らかにしてきたのは、啓蒙において人びとに広く読まれた書物を執筆したのは、往々にして、偉大な啓蒙思想家の聖者録には決して名前の載っていない男女だったことである(23)。こうした著者は、商業的活字市場向けの職業文士であった。活字市場は、政治スキャンダルからポルノグラフィー、新聞記事、書評、児童書、小説、戯曲、オペラの台本、吝嗇な版元の田舎読者向けの中世騎士道物語の改作、通俗科学、旅行記にいたるまで多岐にわたる主題の本やパンフレットを注文した。ディドロ*やヴォルテール*のようなエリートよりも、むしろこうした文士こそ、啓蒙において実際に読まれた大量の書物を生産した(24)。ロバート・ダーントンによって一括して「三文文士《グラブ・ストリート》」〔当時ロンドンのグラブ・ストリートに貧乏文士が集まり住んでいたことから〕と呼ばれた者の存在そのものが、著述家の地位の大きな変化を証明した。以前の世紀の著述家は収入の大半を個人的後援者からの作品制作依頼に頼っていた。後援者はしばしば教会、宮廷、貴族から出たが、彼らは彼らの雇う芸術家や著述家を、熟練職人と大差ないとみなしていた。こうした関係は、往々にして高度な個人的、政治的依存と社会的従属を伴った。そのような関係は、一八世紀までに終焉を迎えるにはほど遠く、例えば音楽家モーツァルトやハイドンのような多くの者が、個人的後援と多数の営利上の聴衆のために書くという、どちらの要素も多分に含む暮らしを送った[25]。ただし、この不完全な移行にもかかわらず、思想や文化的なものを創作する人、おそらくとりわけ著述家にとって、まったく違った社会状況が作られつつあったという感覚は、やはり広くあった。例えば、一七四〇年代に数学者で思想家のジャン・ダランベール*（一七一七―八三年）は、知識人の個人的後援からの独立を激しく主張した[26]。彼によれば、そのような独立は不可欠である。というのも、客観的であれば公正な意見が作られるはずだし、文芸共和国の成員間に、理にかなった平等を維持できるはずだからである。一七五〇年代までに、ドゥニ・ディドロ（一七一三―八四年）は、そのような知識人集団が実在し、その集団だけが、ディドロによって一七五一年から七二年の間に出版されることになった、（技術と科学に関する）『百科全書』のような大がかりな協働の企てを出現させることができたと指摘している[27]。

しかしながら、「三文文士」の出現、つまり個人的後援から独立した著述家からなる異質な共同体の出現は、文芸共和国の理想の一つである平等を現実に保証するものではなかった。ディドロやダランベールのような、社会的に低い出自にも関わらず君主や貴族と交際する有名な思想家や著述家と、地下室や屋根裏部屋で粗製濫造した無名の物書きの間には、名声面で一致したところはおよそなかった。収入面でも、ヴォルテールのような著述家が得た富と、ロバート・ダーントンが「三文文士」と記した不安定な存在とでは、ほぼ比較にならなかった。権力に対する態度も、文芸共和国を理想化した記述で示されたような、団結したものではなかった。ダーントンは、論争を招いたある著作で、少数の文芸エリートの地位への妬みから毒気を含み、強力な批判を通じて文芸上の支配階級からの自らの疎外を表明する人びととして「三文文士」を描き、そうした批判を、フランスにおける旧体制崩壊の一因であり、同世紀末の革命的状況の始まりとみなした。(28) 後半の説が正しいかどうかはさておき、確かに「三文文士」による現体制《ステータス・クオ》への攻撃は、文芸エリートの筆から生まれたものの多くよりも大胆で、より直接的であった。文芸エリートは、多くの場合、例えばディドロやヴォルテールがそうだったように、ロシアのエカテリーナ女帝*やプロイセンのフリードリヒ大王*のような統治君主から、報酬や年金をもらっていたからである。(29)

文芸共和国はさらにある点で、すなわち男女の間で分かたれていた。この分離の多くが、啓蒙は性をどう考えるかという側面に根をもつものであり、この論点は本書の第七章で詳述する。より具体的に言えば、「三文文士」には多くの女性がいたし、思想を追い求める社会的エリートに属する女性も、ヴォルテール自身の連れ合いだったエミリー・デュ・シャトレ公爵夫人(一七〇六―四九年)のように、数多くいた。同時にその一方で、多くの男性著述家による、一般的に思想や論争の蓄積に貢献する女性の能力に対する一斉攻撃があった。(30) ルソーの教育小説『エミール』(一七六二年)で力強く言明されたように、こうした攻撃はたいてい、女性を、身体的組成からして合理性よりも感情に駆られ、生態からして男性の伴侶や補助者に適し、その再生産機能によって支配される生き物とみる考え方に帰着した。(31) 女性の合理性やまさしく思考能力に対する攻撃が、自称平等主義である文芸共和国の顕著な特徴だったのはなぜだろうか。ルソーの『エミール』では、エミールの理想の伴侶として描かれている女主人公ソフィーが、まさにそのような人物だった。というのも、彼女は女性であるために、教育から排除されていたからである。そしてそのことは、エミールにとって明らかにすべき同書全体の目的である。この理由は本書の別の箇所で詳述する。しかし、社会的な観点においては、問題はある部分で、知識人階級そのものの不安定さに由来したものだったかもしれない。有力者に雇われた依存者から、知の自律的な生産者への移行を達成しながらも、さらに文芸共和国は、「世論」――ある意味で理論上は理性の命令、公平さ、人間性に従い、認められた政府とまさしく同じほど強力なもの――を構築し形成できるという共和国自体の権利において、政治勢力であるよう主張した。このため、知の生産者が自律していることは、決定的に重要な点だった。彼ら自身が従属していて公平でないなら、どうやって自らが世論の正当な構築者であると主張できるだろうか。当然のこととして、一八世紀のほとんどの人にとっては、家庭の義務ゆえに女性は決して独立や自律はできなかったし、情緒的な気質ゆえに公平ではなかった。このように、文芸共和国における女性の参加は、全体としての共和国の正当性を弱めると見られていた。文芸共和国の一員として決して真には受け入れられない、知の生産者としての彼女たちのあいまいな立場は、なぜ啓蒙自体が、普遍主義を掲げるにもかかわらず、女性や農民のような社会集団全体を理性の声に鈍感な人びとと決めつけることに、人類にとってよりよい世界を構築することと同じぐらい、多くの精力をしばしば費やすように思われたのかを、例証している。

啓蒙思想の拡大における他のきわめて重要な団体を検証する際には、そのような団体を、特権をもたない他の社会集団と接触するのに有効な手段としてではなく、社会のエリート集団間の結束を生むのに有効な手段として捉えるほうが、おそらくより正確だろう。例えば、ブリテンにおいては、広範な識字能力があり、富裕な専門職と商売人からなる層の厚い中産階級が、思想的議論を目的とする団体を作った。その一員である地元のエリートは、エリート同士で互いに助力し合い、共通の中立的な場で会合を開き、強いつながりを築いた。それらの会として、一七八五年に設立され、今なお存続しているマンチェスター文学哲学協会や、産業経営者ジョサイア・ウェッジウッド*〔イギリス最大の陶器メーカーを創設〕、詩人で医者のエラズマス・ダーウィン〔一七三一―一八〇二年。進化論提唱で有名なチャールズ・ダーウィンの祖父〕、自然科学の父にして発明家リチャード・アークライト〔一七三二―九二年。水力紡績機を発明〕が加入していた[32]バーミンガムに拠点をおく「ルナー協会」〔月に一度満月の夜に集会を開いたことに由来〕が挙げられる。そうした協会は、啓蒙思想における共通関心が、工場主や科学者、地元知識人の間の新たな相互交流を作り出す新しい社会団体をいかにして生じさせえたかをよく示している。議論と実験のために会合するこのような団体はすべて、思想の交換に関心の中心をおく社交の新形態であり、真理の公平な探究と思想の追求のために、さまざまな会員間の違いが一時的に放棄される社会団体であった。

平等のこの強調は、もう一つの社会団体、フリーメイソンに受け継がれ、さらに促進された。ブリテンやヨーロッパ全土にフリーメイソンの支部が栄え、中央ヨーロッパ支部では貴族の、さらにプロイセンのフリードリヒ大王、オーストリアのフランツ一世といった支配する君主さえもの深い関与がみられた。秘密とされたフリーメイソンの会員は、社会的な違いを捨て去り、理性的な博愛のような鍵となる啓蒙思想を社会で実践的に達成するために、団結を誓った。議論の中心となったフリーメイソン支部には、女性に開かれたものもあり、会員はたびたび神秘主義的色彩を帯びたやり方で、また権威ある宗教に言及せずに社会や個人の道徳的刷新を求めるやり方で、世界を理解しようと試みた。

モーツァルトのオペラ『魔笛』（一七九一年）は、フリーメイソン的な表現をふんだんに用い、その理想を最も芸術的に表現したものだった。ただしヨーロッパには、フリーメイソンが敵意を招いた地域もあった。フリーメイソンはカトリック教会から非難された。ドイツのいくつかの領邦では、フリーメイソンの社会全体におよぶ刷新計画と秘密主義が社会的、政治的現状《ステータス・クオ》への挑戦だという誤解や、とりわけ会員のなかには、自らを新しい支配者として確立することをねらうイルミナティのような秘密結社の成員もいるという誤解にさらされた。それゆえこの運動は、高い頻度で敵対的に受けとめられ、政治的緊張が高まった世紀末にはことさらそうだった。このような文脈にあって、フリーメイソンは、啓蒙の中心にある二律背反《ジレンマ》のよい例となった。すなわち、新しい政治的影響力としての「世論」を創出したが、その力を社会的、政治的変化を生み出すために用いることを、どの程度まで実行でき、正当化できるのか、という二律背反である。(33)

フランスとイタリアでは、異なる種類の団体が前面に出て、啓蒙思想についての議論を促進し、新旧エリートを結びつけた。この時期には、学術アカデミーが多くの地方都市に設立された。これらのアカデミーは、多くの場合、国王の勅許で定められた憲章をもつ公式の組織体であり、通常は自らの敷地と図書館を所有していた。会費を払える者は誰でも会員になれたが、実際には地元エリートであることを意味した。つまり貴族、国王や教会に仕える上級官僚、大商人、医者や軍人のような専門職の裕福な者が会員だった。アカデミーは、議論を促進したり、会員が執筆した学術論文や時事問題について論評したり、図書館を提供して知的生活を奨励したり、また富裕な団体の場合には懸賞論文を主催し、その資金を工面したりするために存在した。(34) 入選論文は増刷され、アカデミー会員の枠をはるかに超えて世論を動かすことができた。そのことは、一七八四年のメスのアカデミーの懸賞論文選考後の死刑についての、あるいは一七五〇年の同じく有名なディジョンのアカデミーの論文選考後の芸術の社会的役割についての、激しい公開討論が開催されたことを見ればわかる。(35) アカデミー史研究家のダニエル・ロシュによれば、アカデミーなどの団体は、価値ある知的役割を果たしたのみならず、各地域の新旧の社会的エリートをまとめることや、それらのエリートを「世論《パブリック・オピニオン》」という新しい力の一部にすることも促進した。(36)

しかし、啓蒙の社会的影響や社会団体についての議論はこれまですべて、社会的エリートの経験に集中してきた。つまり読み書きでき、アカデミーやクラブやフリーメイソンの会費、コーヒーハウスのコーヒー代、巡回図書館の会員代金を払える者のことである。それゆえ、もっぱら都市の住人について議論してきたことにもなる。ここからは社会格差の反対側に目を向けなければならない。啓蒙思想はどのくらい、そしてどのような意味で、エリート以外の社会階級に、そして街の外側に――ほとんどのヨーロッパ諸国で依然として人口の大部分を占めていた田舎の住人に――浸透したのか。これは同時代人に紛れもなく懸念を抱かせた論点である。(37) またそれは、啓蒙の社会史の他のどんな側面とも同じように、近年の歴史家の興味をますます惹きつけてきた論点でもある。この興味は、青本叢書《ビブリオテク・ブル》についてのいくつかの研究と共に、一九七五年に突如目立つようになった。青本叢書とは、フランスのトロワにあった出版印刷会社ウード社によって、読み書きがおぼつかない田舎の市場むけの、粗雑な挿絵入りの安価な小型本の集成である。(38) 田舎の定期市や安本屋で多数売られたこれらの書物には、農作業の助言や天候予測のついた暦、名うての犯罪者の扇情的な伝記、少し前の小説の縮約版、礼拝用の書物が含まれており、そして大多数がローラン〔シャルルマーニュの甥でフランク王国の辺境伯〕の偉業、騎士バヤール〔シャルル八世、ルイ一二世、フランソワ一世と三代にわたる国王に仕えた〕、エイモン〔シャルルマーニュと対立した公爵〕の四人の息子について語る中世騎士道物語の改作であった。文学史家は、こうした作品を純然たる現実逃避と見てきたし、貧民から意識的に啓蒙の議論への接近を奪う手段とさえなったと見てきた。ジュヌヴィエーヴ・ボレームなど他の人は、青本叢書を啓蒙思想との調和をいや増すよう発展中のものと見てきた。しかし、青本叢書をこのように眺めることは、歴史家が時おり「上位《ハイ・カルチャー》」文化、「大衆《ロー・カルチャー》」文化と呼ぶもの、つまりエリートの文化と庶民の文化の複雑な関係を、過度に単純化することになる。「文化」という言葉の定義をめぐる悪名高い問題はさておくとしても、社会階級間で文化の準拠先が相互浸透していたことについては多くの証拠がある。例えば、その青本叢書が、下流の読者層に改作された中世騎士道物語を広めていたのと同時に、そのような物語は、文学史家が「ゴシック復興」と呼んできたものを先導した「物語百科《ビブリオテーク・ユニヴェルセル・》叢書《デ・ロマン》」を読むような上流の読者層にも販売されていた[39]。また、忘れるべきでないのは、ほとんどの都市で最大の職業集団は、家庭内の使用人からなっており、彼らは多くの場合、田舎からやってきたことである。彼らが雇い主と深い関係を強いられて暮らすのに際して、街と田舎との間の、農民と都市の雇い主との間の情報伝達における彼らの役割は、「上位」文化と「大衆」文化との、もしくは都市の世界と田舎の世界との、どんな揺るぎない境界も取り除くことにおいて、かなり重要だったと推測できる。そしてこの情報伝達の役割は、少なくとも西ヨーロッパにおいて、郵便事業の拡大によって促進された。郵便事業のおかげで、最低限しか読み書きできない人でさえ、互いに経験や考えを伝えられた。[40] この情景は、ロベール・ミュッシャンブレの研究によって裏付けられた。彼は、一八世紀末を文化的大集中の時期と見る。ミュッシャンブレは、とりわけフランスにおける下流中産階級が、「上位」文化と「大衆」文化の交じり合う場所だったことを正確に指摘する。[41] ロジェ・シャルチエのような同時期の文化を研究する他の歴史家は、農民や労働者が現実に何を読み、考えたかを明らかにするために、彼らの文学的、芸術的なイメージを解明しようと試みる者の行く手を阻む、きわめて深刻な問題を強調する。シャルチエの研究は、主に伝統的な世界を露呈させているように思われる。そこでは、田舎の住人が相対的に啓蒙思想から影響を受けないままであった。[42] 同じ情景はロバート・ダーントンによる都市パリでの奉公人の考え方の描写にも現れる。[43] どちらの歴史家も、両者の間にある不一致にもかかわらず、実のところ、啓蒙思想が社会に浸透する情景——啓蒙それ自体における一見解にごく近いもの——を提示した。啓蒙の改革者の多くが田舎の住人に接近したが、それは、次の世紀に宣教師が現地人をどう見たかということをある意味で思い起こさせる。啓蒙の改革者は、農民を、啓蒙が理解できず、そのかわり不可解な土着の迷信、非合理な因習、信心深い忠義に没頭している、およそ別世界の住人と見た。[44] 農民の啓蒙への抵抗を取り除くことは、啓蒙の社会改革者の主要な一目的であったが、それは同時に、彼らが往々にして完遂するのを諦めた課題でもあった。[45] ダーントン、シャルチエ、ミュッシャンブレの相違において、おそらくわれわれは、陪審員団がまだ戻っていないと単純に結論づけなければならないだろう。主題の広大さ、国際比較の難しさ、「上位」文化と「大衆」文化を定義することにまつわる疑わしい区別、証拠の相対的な少なさと扱いにくさ——これらが意味するのは、目下のところ明らかなように、十中八九、この問題は解明できないだろうということである。結論できるのは、この主題に関する歴史解釈がまさしく複雑なこと自体が、啓蒙思想の社会的浸透のあいまいで伸縮する実態を反映しているのかもしれないということに尽きる。そのことでまた思い起こされるのは、思想、論拠、態度が、文芸エリートや知的エリートから恵まれない大衆へとただ「滴り落ちた」だけではないことである。逆方向への動きも、おそらく起こっていただろう。

結論

啓蒙の世紀は、思想の生産と接近しやすさにおいて劇的な変化が起こった時代だった。活字メディアの場合は、とりわけそうだった。社会、政治階級を知らせたり誇示したりするためではなく、思想の相互交流に基づいて、新たな社会団体が設立された。公的に思想を議論する能力や知識は、貴族エリートの外で生まれた者にとって、地位獲得の一手段になりはじめた。それと同時に、書物、新聞、パンフレット、複製絵画といった持ち運びやすい文化的産物を含む消費財で、世界規模の貿易が発達した。文化はますます「商品化」された。それは、先に触れたアドルノとホルクハイマーによる啓蒙の哲学的分析で探索された展開である。情報や議論を幅広い聴衆に入手可能なものにすることは、大きな商機になり、啓蒙思想家というエリートによってのみならず、いまや大部分その名も忘れられた多くの職業文士によっても行なわれた。視覚的な表現や大道芸もまた、社会的エリート以外の幅広い聴衆に思想を伝えた。こうしたことすべてが、侮れない影響力としての「世論」の出現を引き起こした。実際のところ、啓蒙の第二の大きな逆説は、批判的な政治的影響力としての世論が、多くの同じ社会的、経済的仕組みを通じて生み出され、同時にその仕組みを通じて文化もまた、国際的な貿易や交換のシステムの一部となったことである。商品化自体が公共圏を作ったのだろうか。この点もまた、判断の下されていない問題である。

にもかかわらず、ダニエル・ロシュの指摘によれば、「世論」が成長したこと自体も、第三の基本的な問題、つまり本物のエリートを定義することについての問題を引き起こした。エリートとは生まれに関するものか、それとも知性に関するものか。知識や思想の拡大と統制という問題は、社会階級間の不安定な関係の一部になったし、政府と臣民との関係の一部にもなった。

第3章

啓蒙と統治

——新しい始まりか、通常業務か——

適切に構成された国家は、機械と厳密に類似していなければならない。その機械においては、どの車輪や歯車も相互に正確な調節がなされている。そして支配者は監督、原動力、もしくは――この言い回しを使ってよければ――すべてを動かす魂でなければならない。

ヨハン・フォン・ユスティ

絶対君主政は、専制とわずかに一歩違うにすぎない。専制と啓蒙、これら二つを調和させる試みは、それができる者にやらせればよい。私にはできない。

フランツ・クラッター（一七八七年）

私は行動し、身につけ、理解し、自らに知を与え、書き留める。それは征服者というより学生のような感じである。

ヨーゼフ二世（一七七三年）(1)

これまでのこの本研究の重要な主題は、知識、批判的省察、および権力の関係であった。見てきたように、無制限の啓蒙が社会構造を啓発するよりもむしろ混乱させはじめる前に、それをどのくらい受け入れ可能かについて熟考したのは、イマヌエル・カント*のような哲学者だけではなかった。本章では、最も直接的な方法でこの問題に取り組む。啓蒙思想がこの時期の統治にどの程度用いられたのかについて、またこれらの啓蒙思想が、あったとすればどんな影響を政府の政策にだけでなく、統治自体の性質にも与えたのかについて、検証がなされる。理解されるのは、何が正統な政府を構成するかについての幅広い論争と同じく、経済や教会―国家関係への政府の介入についての議論が、啓蒙と同時に生じ、一七八九年以降のフランスで激動のうちに最高潮に達する革命運動の波（第一〇章）への道筋を整えたのかどうかである。また、支配者が国際的な成功や国内の安定と繁栄を追求する際に、啓蒙思想が彼らをどのように助け、あるいは妨げたのかについても、明らかになるだろう。

これらは複雑な問題である。権力行使に影響する絶え間ない変動は、一八世紀特有のものではないからなおさらである。支配者は、彼らの領土を安定させ、安全にし、繁栄させようと常に努力してきた。それゆえ、啓蒙がどんな特定の貢献をしたのか判別することは、困難に思われるかもしれない。実際のところ、歴史家は、この問題を把握しようと、世紀を超えて多くの紙幅を費やしてきた。ただし、その歴史叙述の遺産が、われわれの理解を首尾よく促進させているとは言い難い。

一九世紀には、ヴィルヘルム・ロッシャー（一八一七―九四年）やラインホルト・コーザー（一八五二―一九一四年）のようなドイツの歴史家が、啓蒙思想に強く影響を受けた君主政の一形態に言及する際、「啓蒙絶対君主」という用語を使いだした。そうした啓蒙思想がとくにドイツ諸邦、なかんずくフリードリヒ二世*のプロイセンで出現したことを彼らは見つけた。ロッシャーの主張によれば、啓蒙絶対君主は、一六世紀の信仰をめぐる紛争以来の、君主政の発達における最終段階を示している。臣民に統一信仰を押しつけることで自らの権威を堅固なものにしようとした君主の努力はロッシャーによれば、今度はルイ一四世（一六三八―一七一五年）のような、自分自身を唯一かつ絶対の公的代表者として表現する君主に取って代わられた。一八世紀までに、啓蒙絶対君主は、フリードリヒ二世の言葉にある、支配者は「国家の第一の奉仕者」であるという考えを出現させるにいたった。[2]

しかし、啓蒙と君主政の関係をこのように概念化することは、西ヨーロッパではさほど注目されなかった。第一次世界大戦後に、この関係を定義する新しい試みがなされた。国際歴史科学委員会は、会員のために統一論題を探し出し、「啓蒙専制君主」と名付けられたものに関する国際研究プロジェクトを設置した。この論題についての一九三七年の報告、とりわけ同委員会書記ミシェル・レリティエによる概説は、啓蒙と統治の関係についての概念を作った。その概念は、フランスの思想家が君主国に与えた衝撃として主に思い描かれたもので、大きな影響力があった。[3]

一九四五年以後、「啓蒙専制君主」という概念は、徐々に攻撃を受けるようになった。時代錯誤というのが非難の一つだった。一八世紀の支配者は、誰も自らを形容する際にその用語を使っていない。フランスの作家ピエール＝ポール・ル・メルシエ・ド・ラ・リヴィエール〔一七一九―一八〇一年〕による一七六七年の『政治社会の本質的、自然的秩序』において、同語はあいまいに説明されたもの の、それが使用されることは一八世紀にはごくまれだった。[4] 絶対かつ最高の権威をいかに主張しようと、真に専制的な支配を行った一八世紀の君主を挙げるのは困難だった。真に、とは法の拘束を受けずに、ということであり、もちろんエリートの集団や団体から異議を申し立てられずに、ということである。例えば、実際には議会の制約に拘束されたブリテンの君主の歴史が、絶対主義の概念とどう関係するのか。主要国政府の現実に拡大解釈できない用語にどんな価値があったのか。国際歴史科学委員会の定義には、急速に捨て去られた啓蒙自体の解釈が含まれていると指摘する者もいた。第一章でみたように、一九六〇年代までに、主としてフランスの「大思想家」の数人に支配された単一の現象として啓蒙を考えることは、多少なりともだんだん難しくなっていた。「啓蒙」は次第に、国と国、地方と地方で異なるものと見られるようになった。それゆえ、啓蒙を作り上げたさまざまな関心や議論の坩堝と政府との関係もまた、異なると見られるようになったのである。

「啓蒙専制君主」あるいは「啓蒙絶対君主」という概念にさらなる大きな痛手となったもう一つの批判は、啓蒙の関心にはっきりと起因する統治行為と、新ストア主義〔一六世紀の人文学者ユストゥス・リプシウスが古代ストア主義再興を目的として提唱〕のようなもっと古いイデオロギーに根ざしたものとを、あるいは純粋な利益追求から命じられる反応とを明確に区別する方法を、その概念は何ら提示しないというものであった。一九七〇年代を通じて、「啓蒙専制君主」という用語の価値への疑念と、その用語が指し示す啓蒙と統治の関係を適切に探究できる可能性への疑念は、どちらもかつてなく強かったし、もっともな理由があるように思われた。しかし、歴史家の学風には恒例であるように、膠着状態にあったまさにその時、そのような疑念自体が攻撃を受けるようになった。懐疑派は不十分で誤解を招く用語をより複雑で興味深い現実と混同したと言われた。その用語を捨て去ることは、一八世紀の統治、政策、論争、意見の間にあるそれぞれの関係に、これ以上一切の関心をもたないことを意味するのではない。君主や大臣が、宮殿や執務室の外で盛んな統治や社会についての頻繁に白熱した論争からきわめて有効に身を隔離したため、その論争を何一つ知らなかったということは、控えめに言ってありうるだろうか。もし啓蒙が君主と何の関係もなかったなら、ロシアのエカテリーナ*やプロイセンのフリードリヒ二世のような数多くの君主が、なぜディドロ*やヴォルテール*のような人物とわざわざ長々と文通をし、長期間にわたり、たいてい面倒な個人的、金銭的関係を維持したのか。

こうした認識の多くは、フランコ・ヴェントゥーリの手がけた翻訳と出版によって具体化した。イタリアの経済学者、歴史家、政治評論家たち――その多くが政府の助言者でもあった――による膨大な文書をヴェントゥーリが出版したことで、政府の政策や見解を決定する際に啓蒙思想が重要な役割を果たしたことが明らかになった。[5] その後、諸々の再概念化が立て続けに出現した。例えば、啓蒙は「近代化」を促進するものと理解しうることが示された。もっとも、「近代化」とは何を指すのかを把握することに関する問題は、開発経済学の現在の苦境を反映すると同時に、より広い意味で啓蒙を理解するという問題から焦点をずらすようにも思われた。[6]

第二の観点は、当時の西ヨーロッパにおいて、知的、政治的影響力の絶頂にあったマルクス主義からもたらされた。マルクス主義の接近法は、本質的に啓蒙を絶対主義と無関係なものと見たのであり、君主が「封建」貴族の利益を下支えするために存在するとした一方で、啓蒙はブルジョアジーのイデオロギーであると見なした。それゆえ、マルクス主義的な見方によれば、一八世紀の君主は、封建主義と資本主義の、貴族とブルジョアジーの相容れない利害の調和を試みるという不可能な課題に直面していた。啓蒙は、たんに「イデオロギー的上部構造」としての役割のみを果たし、後に起こる価値観や利害の諸矛盾を取り繕うために用いられた。[7] もちろん、この接近法にも多くの問題がある。有意な数のブルジョアジーを有しなかった多くの君主国に、とりわけ中央ヨーロッパや東ヨーロッパに、この接近法を適用するのは難しい。逆に言えば、多くの国の貴族、とりわけ西ヨーロッパの貴族が、一八世紀において、都合よく「封建的」と記述できるかどうかという疑問に、この接近法はさらされる。さらに、社会諸集団は自らの客観的な経済的利益に直接関わる計画のみ受け入れ可能である、あるいはその計画にのみ影響を受けるとするマルクス主義の仮定を裏付けるのも容易ではない。またこの接近法は、定義上、多くのさまざまな共和政の国にほとんど何も示さない。加えて、「貴族」や「ブルジョアジー」といった巨大な社会集団が、「啓蒙」に対して完全に統一された姿勢を示したわけでもない。啓蒙をたんなる「上部構造」として扱うことは、（まったく違う理由のためにではあるものの）行為と思考の区別を固定化することでもある。逆説的にも、その区別は、旧来の啓蒙史編纂様式のまさしく中心にあるものだった。

ラインハルト・コゼレックの影響力ある『批判と危機』（一九五九年）での接近法もまた、異なるものだった。(8) 同著は、啓蒙と国家の関係は、一六世紀と一七世紀の宗教紛争に対する反動によって決められると見る。宗教改革のイデオロギーによって、個々人や団体が異なる宗派の君主や支配者を無制限に批判することが、正当化できるようになっていた。その結果、ヨーロッパに広まった長く続く混乱の時代が作りだされた。コゼレックによれば、一八世紀には少なくとも一定の宗教的寛容という理想――倫理的な主体として機能するためにいくつかの政府が要求したことがその理想により妨げられた――によって、さらには、「批判」はその破壊的な結末からして私的領域に限られるべきだとする考えへの支持によっても、秩序ある統治が再確立された。すでに見たように、これは、カントの啓蒙論においてもまだ非常に根強い考え方である（第一章を見よ）。

コゼレックはいくぶん論争的に、この状況はイングランドの政治理論家トマス・ホッブズ（一五八八―一六七九年）の著作にまで遡ることができると論じる。ホッブズはイングランドの内乱直後の時期に、個人的な道徳あるいは「批判」に属する主張は、強い政治秩序の必要性を要求することの下位にあると主張した。しかしながら、コゼレックによれば、ホッブズ説は、思想交流の水準の上昇と「世論」の出現に対するはっきりした余地を一切残さなかった。世論、その非公式団体としてのフリーメイソン、あるいはその概念化としての「文芸共和国」は、現実の政策の代替物となったし、君主や政治活動家を、実践的基準よりもむしろ「ユートピア的」基準によって評価した。コゼレックは、これらのユートピア的評価が無責任な立場からなされたものであり、世紀の終りまでの旧来の秩序の危機に対する際限なき「批判《クリティーク》」の衝撃を十分に実感せずになされた点で、「偽善的《ヒポクリティカル》」なものであると非難している。

コゼレックの著書は、一九五九年というかなり前に出版されたものであるが、最近多数の翻訳が現れたことに見られるように、近ごろ復活の栄誉に浴している。もっとも、批判者から数々の痛撃をこうむってもいる。批判者の指摘によれば、啓蒙と政府の関係についてのコゼレック説は、祖国を分断していた冷戦の理由を説明したいという彼の願望によって圧倒的に駆り立てられたものである。コゼレック説のさほど仰々しくない部分についても、ホッブズは本当に「批判」からなる一七世紀の危機の代表者なのか、そして、啓蒙の支配者は本当に自らをキリスト教の価値観によってよりも国家理性によって支配する者だと思ったのかといった疑問が呈された。例えば、オーストリアのマリア・テレジア〔一七一七―八〇年〕のような主要な君主は、要件をまず満たさないだろう。本当に啓蒙の「批判」は、常にユートピア的偽善と無責任な状態から企てられたのか。この見解は、フランコ・ヴェントゥーリの筆からことのほか力強く現れるイタリア啓蒙の見解と、直接的に矛盾するように思われる。「啓蒙専制君主」あるいは「啓蒙絶対君主」という用語の本質や意味についてのこの混乱した論争から、一つの大きな疑問が浮かび上がる。なぜ歴史家は、この主題を議論する際に、かくも高度な困難を長年にわたって感じてきたのかという疑問である。一八世紀の問題の一部は、明らかに、啓蒙自体が状況や環境から自由に遊離し、独立した自律的な思想本体として早々に特徴づけられたやり方に起因している。ピーター・ゲイのように、近代自由主義の先駆として「啓蒙」を定式化することも、一八世紀の君主の行為への非現実的な期待を作りあげた。一八世紀の君主は、戦争を放棄することや、農奴制のような鍵となる制度の廃止によって社会や経済を完全に再構築することを拒否して、一九世紀、二〇世紀の「進歩的な」基準を満たしそこなった場合、酷評された。今日の課題は、より動的で、より時代錯誤的でない、地域的、国家的な傾向や状況からの圧力により敏感な、啓蒙と君主政の関係を考える方法を見いだすことである。

このように、かつての歴史叙述は、啓蒙と統治の関係についての理解を助けるよりも、むしろ妨げてきた。いずれにせよ、この主題に接近しようとすれば、少なからぬ困難に遭遇するだろう。統治にはさまざまな形態と規模があり、各々がおよそ異なる課題に直面している。フランスのような大きな国民国家は、ヴェネツィア共和国やジェノヴァ共和国のような商人の寡頭政治に劣らず、啓蒙ヨーロッパの一部分であった。オーストリアやロシアのような巨大多国籍君主国が、三〇〇を超えるドイツ諸小邦と共存していた。大国と小国、君主国と共和国が直面した課題はきわめて異なり、それはそれぞれのこれまでの歴史や、よい政府を形作るものに関する各地域のイデオロギーが異なっていたのと同じである。また、当時のどの国家も、一八世紀に高まったかもしれないが、前世代が向き合ったのと依然として変わらない種類の緊張に直面していたという問題もあった。戦争と国際競争の圧迫、エリートにも一般人にも等しく協力を得るという課題、人口増加と経済拡大という難問、これらはすべて、それまでに諸政府が直面した問題であった。

この意味で、一八世紀の政府は相変わらずだった。それからこれもまた事実だが、多くの国、とりわけ中央ヨーロッパの国は、統治の本質、運営、正統性についてのかなり古い思想体系をすでにもっていた。官房学と呼ばれたその思想体系は、啓蒙の時代になっても有力なままであった。官房学はヨーロッパのドイツ語圏でとりわけ影響力があり、オーストリアの君主国やドイツ諸邦だけでなく、ドイツやオーストリアから政府のエリートをたびたび引き抜いた地域、例えばスウェーデン、デンマーク、ロシアなどでもそうだった。この思想体系は非常に重要だったため、ヨーロッパ内の主要な境界の一つは、カトリック国―プロテスタント国や大国―小国の間ではなく、官房学思想を用いた国―用いなかった国の間にあると論じることさえできるかもしれない。

フランスは、よく啓蒙の心臓部と見られるが、政府に近い顧問や官僚に一流知識人はほとんどいなかった。「世論」の成長にもかかわらず、権力は大部分貴族の手中に残っており、その階級に入るための闘争は熾烈だった。支配階級の間にも、知識人の間とまさしく同じように、来るべき君主国の方向性に関する意見の一致はほぼなかった。既存の秩序に公然と挑戦しようと望む者はまずいなかったが、君主権力が（「専制」を避けるために）弱められるべきか、あるいは（固定化した強力な利害者集団に反対されていた政府、財政、軍隊の再編成を通じて改革、効率化、さらなる平等を達成するために）強められるべきかで世論は割れていた。こうしたことすべてが、改革思想を支持する際の一貫性の欠如につながったし、また、ドイツ諸邦で追求されたものを手本として統治技法を作り、教える取り組みを選択するのを妨げた。中央政府の高級官僚に対して真に啓蒙知識人に属する唯一の役職である地方長官の間で、啓蒙や改良、重農主義への支持が多かったにもかかわらず、重農主義者アンヌ＝ロベール＝ジャック・テュルゴ*（一七二七―八一年）は大失敗だった。宮廷からの支持が揺らいだことで最初から弱らされ、穀物の自由市場を設立するという主張が価格の暴騰を招き、歴史家が「小麦粉戦争」（一七七五年）と呼ぶ民衆の暴力的な抵抗を引き起こしたとき、彼は職を追われなければならなかった。重農主義者に強力な人脈をもっていた他の改革派大臣も、同じように、つかの間は君主に支持されていたが、後に放逐された。フランスにおける「啓蒙」は、政治的領域では往々にして宮廷の派閥争いの飯の種にすぎないように思われた。「啓蒙」は、フランスの上流階級にとって、一丸となる要素として作用しなかった。それどころか、一七七〇年代に、国王や大臣が改革の達成に注いだ努力と、彼らに対して国民の名の下に抵抗した高等法院のような組織体の努力との対立が激しくなり、フランスの支配階級は分裂したくらいだった。

ドイツ諸邦やハプスブルク領の中央政府においては、状況はまるで異なっていた。そこでは官房学と呼ばれた啓蒙に先行する高度に系統的な思想体系が、官僚制や君主政を学問的に扱おうとし、それらの正当化を試みた。官房学は、国富の重要性を強調し、この目的を達成する上で、強力な政府という徳目を強調した(9)。また、官房学によれば、強くて健全で忠実な多数の人口という不可欠な経済的目的を達成するために、支配者は臣民の生活を細かく統制するよう努めるべきである。官房学は重要だった。というのも、いかに強国の重要性を強調したとしても、官房学は、政府に特有の正当な目的のうちに、国王家の私的な狙い――そのために支配者はたいてい戦争と領土の獲得に接近した――だけでなく、社会の統制と社会福祉も含むからである。このように、一連の統治観が、多くの領邦があまりに小さすぎて、その支配者に王家を気取る舞台を用意できないドイツの状況によく適合していた。官房学は、ハプスブルク領でも有効に機能した。そこでは一七四〇年代の困難——オーストリアとプロイセンの間で武力侵略が起り、オーストリア継承戦争として知られる広範囲の戦争へといたった——によって、成功を収めた支配者は、フリードリヒ二世のプロイセンのような略奪を狙う政敵と張り合うために必要な資源を集めるつもりなら、統制と開発が重要なことをよく分かっていた。

官房学思想の複製は、ドイツ諸邦に新しい大学や訓練学校の設立の波が高まったことで、制度的に保証された。それらの教育課程は主に、多くの場合、君主自身の密接な管理下にある啓蒙された官房学者官僚を訓練することを目指していた。これは、フランスの状況とはまったく異なり、大学の教師が政府の主要な役職にたびたび就いており、逆もまた真であることを意味した。[10] こうした要因すべてによって、高級官僚が頻繁に国から国へと移動する国際的な階級になることが、確かなものとなった。このこと自体が、広大な地域にわたり、政府についての、改革計画の方向性についての、また社会的、経済的介入についての考えを均質化することに役立ったのである。[11] これが、官房学思想に影響を受けた諸地域にわたって、相対的に均質的な統治観があった理由であり、その思想は、ロシアのような近代化途上の国々にも広がった。言うまでもなく、官房学と支配者の関係は常に円滑であった。ヨーゼフ・フォン・ゾンネンフェルス〔一七三二／三三—一八一七年。重商主義理論を国家学に発展させた〕のような思想家は、時おり、あまりに極端な変化を強いると思われた考えを生みだした。とはいえ官房学が、フランスの啓蒙された態度よりもはるかに君主、その臣民、その社会の間で統合化の要因として機能し、支配者たるエリート自身にも一貫性をもたらしたことも概ね事実である。[12] 官房学はまた、別の影響も及ぼした。官房学は反宗教的ではなかったが、政府を、それゆえ君主自身を統合の神聖な象徴と位置づけるよりも、むしろ行動と決定を生産する機械として見ることに、間違いなく重きを置いた。これが、本章の冒頭で示した、政府を機械として——機械は労働を生産物に変える装置である——、君主を単なる最高の機械工として描くユスティの表現の重要性である。また、官房学は、君主の臣民への責任の基礎を、キリスト教の教義と同様に自然法にも存するとみた。自然も経済生活もともに、国家の必要を満たすための開発と「管理」に開かれており、合理性によって正当化されるものと見られた。ここは重要な点である。というのも、これは「合理性」の重要性のような啓蒙の中心的関心と官房学が、いかにさまざまな意味で調和するかを示すからである。そのような関心は、政府の社会への介入に正当性を与えることもできた。オーストリアのハプスブルク領のように、支配者に障害となりうる地方特権や司法権を数多く含む領土を有する君主にとって、正当性はとりわけ重要であった。[13] 例えば、官房学のおかげで、必要なら貴族の同意がなくとも、自然を制御する——それによって合理性を示す——という人間の義務に言及することによって、また均一の法構造を通じて自然的正義を探求することによって、農地改革を進めるための理論的基礎を組み立てることができた。経済的資源や天然資源をより余さず開発する活動は、たいていの場合、王権への責務に関する法的定義がまったく異なる各地方に対して、君主への一律の関係を課すことでのみ、達成できた。

啓蒙の官房学への貢献をはっきりと解明しようとするのは、たぶん誤った試みだろう。おそらくより有益なのは、「機能主義」の方法を採用し、そのような統治思想をもつことが、国際的な成功と国内の安定と繁栄を求めた支配者をどのように助け、あるいは妨げたのかを明らかにすることだろう。オーストリアの君主が多分に尽力したギルド組織改革のような社会的、経済的改革の手段を正当化することで、政府は、より幅広い政策を選択できたと言えよう。人道主義のような啓蒙の価値観への普遍的な訴えは、啓蒙された社会階級に属しているというエリートの感覚に訴えかけることによって、地方主義や地方の諸権利を無視する正当なやり方を、潜在的に君主にもたらした。他の点では、啓蒙思想はまた、農業改革のために、多くの場合、小作農がより大きな力を使えないようにすることで、政府が採りうる選択肢を現実にかなりの程度限定もできただろう。(14) もし、オーストリアのマリア・テレジア(在位一七四〇—八〇年)の場合のように、改革が穏やかな速度で進むなら、啓蒙の価値観に訴えることで、領内にある天然資源や経済的資源——その利用に関して、教会や貴族とある程度直接的に競合する資源——を開発するために、政府が努力をいや増しているのを偽装できるだろうし、もしくは教育を受けたエリートが反対するのを困難にするだろう。ある状況下では、外部の脅威によって課された危険にだけでなく、啓蒙の普遍的な理想から生まれた強制命令を組み合わせたものにも言及することで、君主は、国家を強化する変化を受け入れるよう、社会的特権階級をよりうまく説得できた。フリードリヒ大王のような君主は、特権階級に対して、彼らの個人的権力を国家機構の権力に包摂することによって、国家権力を強める変革を受け入れるよう説得できた。特権階級は、国家が彼らの利益になるよう運営されており(プロイセンはそうだったが、一七八〇年以後オーストリアはそうは見えなかった)、君主がとくに戦争において成功を収めている(プロイセンの君主はそうだったが、オーストリアの君主はそうではなかった)ことが分かったならば、その状況を受け入れる傾向にあった。そのようにすることで、この独特のやり方によって、君主は（常にではないが）、しばしば「取引コスト」、あるいは政府という機械の摩擦を減らすことができた。この経緯において、官房学は、前啓蒙期に継続性をもたらすことと、啓蒙の諸目的への道筋を開くことの両方に成功した。

いまや特定の思想体系が政府の運営に及ぼした影響を見るときである。第九章でも、支配者にとっての宗教思想の重要性を論じる。敬虔主義〔個人の敬虔な内面的心情に信仰の本質を見る立場〕のような宗教改革運動のおかげで、プロイセンのフリードリヒ・ヴィルヘルム一世〔一六八八―一七四〇年。フリードリヒ大王の父親〕のような支配者は、君主の利益になるように、教会改革の計画を正当化できた。たとえ教会からそのような改革運動が起こらなくとも、教会改革の必要性について、啓蒙思想の内で、当時なおきわめて顕著な一貫性があった。ジャンセニスト〔人間の意志の力を軽視し、人間本性の罪深さを強調。イエズス会と対立〕による原始教会の簡素さに回帰することへの関心は、各政府による領内のカトリック教会の権力を減退させようとする――一七五九年からのイエズス会士〔ローマ教皇に忠誠を誓う点に特徴〕への一般的弾圧に示されるような――闘争への関心と、よく調和していた。ヨーゼフ二世〔一七四一―九〇年〕のような支配者は、非宗教的な学校制度を設置し、大学教授陣を聖職者ではない平信徒に開くことで、教会の教育支配を攻撃した。弟のペーター・レオポルト〔レオポルト二世。一七四七―九二年〕のように、ヨーゼフも、教会の慣行に不利な法律を制定した。教会の慣行は、経済の生産性を枯渇させるものとして見られていた。修道士や修道女の過剰な人員、多すぎる聖人の祝日、過剰に飾りたてられた教会の儀式、往々にして異彩を放つ競争的な消費の機会となる教区合同での大行進、乱痴気騒ぎの光景については言うまでもない。教育や看護などの社会に有用な機能を果たさない修道会には、新会員加入が禁止され、多くの修道院が閉鎖された。トスカーナでは、ペーター・レオポルトが、彼のジャンセニストの司教を陣頭に立て、司教の地位の権力と教会の経済的、社会的機能を縮小させた。同時にヨーゼフ二世は、非カトリック宗派への寛容を拡大させ始めた。これらの宗教上の手段が採られたのには、さまざまな動機があった。それは、軍事的な動機（宗教団体の人材補充を減らせば、軍人の要員を拡充できる）、経済的な動機（教会の資源をより生産的な利用に開放する）、法的な動機（教会の司法権を犠牲にして君主の司法権を強める）、社会的な動機（浪費的で頻繁にある教会の儀式と関わる無秩序なふるまいを統制したい）、そして最後に述べるが、大事なのは教育を掌握する、つまり教皇から君主へと忠誠の対象を向け直すという動機であった。

ヨーゼフ二世の手法は最も過激なものだったが、ほとんどのカトリック国は、概ね同じような一連の政策への関与を示しながら、この計画のいくつかの変形を採用した。同時に、新しい宗教的価値観への真の傾倒があった。それは寛容である。フリードリヒ二世が、彼の寛容政策への真剣な抵抗をまったく経験しなかった一方で、ヨーゼフ二世は、ハプスブルク帝国に寛容令を導入する際に、政治的に痛手となる報われない課題に遭遇した。ヨーゼフ二世が寛容を増進させる努力を貫いたのは、たんなる個人的な傾倒ゆえだった。寛容は敵意を呼び起こしただけでなく、それはまた、オーストリア君主国にとって伝統的な教会─国家関係の根幹を切断し、暗黙のうちに、第九章でみるように、同国自体の権力と正統性の根本的な再定義へと巻き込んだ。もしかすると、寛容への運動においてわれわれが最初に知ることは、何人かの君主によるある啓蒙思想への明らかな傾倒と、そのために彼らが払った犠牲の両方が、最も明確に示されることかもしれない。

教会の構造を改革しようとする多くの試みには、強い経済的動機があった。多数のカトリック国で、教会は最大かつ唯一の地主ではなかったとしても、大地主だった。ミラノのピエトロ・ヴェッリやナポリのフェルディナンド・ガリアーニ〔一七二八―八七年。イタリアの経済学者、修道院長。『貨幣について』など〕のような経済学者は、教会による土地市場の支配が農業の発展を遅らせ、急速に増える地方人口の要求に適合した、より高い農業の利益を生み出しうる動的な土地市場の出現を妨げていることを指摘した。この教会の経済的役割への攻撃は、啓蒙における経済論争の一側面でしかなく、それらの論争の多くは、政府に直接的な影響を与えた。ほとんどの政府、とりわけ西ヨーロッパの政府では、啓蒙によって、それまでの通説が捨て去られた。ふつうその通説は、重商主義の表題のもとに書かれたものの総体で、一般的に、実際の富が製品、貴金属の蓄積、商売敵への貿易規制に存すると考えた。一八世紀には経済が拡大したため、人、産業、革新なども経済的資源に含まれるとする見方や、自由貿易は一般により高水準の経済活動を可能にすることで皆を利することもありうるという見方が、より広く受け入れられるようになった。これらの考え方は、多くの場合、重農主義者として知られるフランスの一派によって発展させられた。彼らは、富の真の基礎は土地と農業にあると見た。彼らの考えによれば、より高い価格はより大きな利益に結びつき、そしてその利益が農業の生産性を上げるだろう。そして長期的には豊かさをより生み出すだろう。メルシエ・ド・ラ・リヴィエール、ケネー*、ヴィクトール・リケティ・ド・ミラボー〔一七一五―八九年〕、ピエール・サミュエル・デュポン・ド・ヌムール〔一七三九―一八一七年。息子は米デュポン社の創業者〕のような影響力のある広報係を含む重農主義者は、政府の穀物統制の停止、国内の関税障壁撤廃、独占貿易の廃止を主張した。

短い間（一七七四―七六年）、重農主義者アンヌ＝ロベール＝ジャック・テュルゴは、フランス政府の財政を掌握し、政府の穀物統制を解除した。同時期に、ペーター・レオポルトがトスカーナでも同じことを行った。どちらの場合も結末は目に見えていた。穀物価格が急激に上昇し、続いて貧民の暴動が広まった。テュルゴの場合には、適切にも命名された一七七五年の小麦粉戦争がそのような混乱を作り出し、穀物の自由貿易の放棄と財務総監からの失脚の原因となった。

長期的には、はるかに強い影響力をもったのはアダム・スミス*の経済理論だった。スミスは、一七七六年に『諸国民の富の本質とその諸源泉に関する考察（国富論）』を出版した。スミスは重農主義者と違って、製造業の重要性を認識していた。スミスが強調したのは、富を増進するのは農業や産業それ自体ではなく、労働が人間の活動にどう利用されるかにあるという考え方だった。自然が、あるいはその代わりに利己心の働きが、最も生産的な分野における労働の展開を必ず保証するだろう。スミス説は非常に強い影響力をもった（第四章を見よ）。しかし、同説を実践するためには、ギルド組織のような制約的労働慣行が、大陸においても、すでにブリテンが達している程度にまで弱められる必要があった。一七四〇年代のオーストリアや一七八〇年代のフランスのように、ギルド組織を弱体化させようとした政府は、伝統主義者から効果的で激しい攻撃を受けた。スミスの分業研究は、実際のところ、東ヨーロッパの状況に向けたものでもなかった。東ヨーロッパでは、まだ工業化がようやく始まったところであり、植民地を持つ場合、植民地貿易は依然として重い保護貿易関税のもとに行なわれていた。なにより、労働力の大部分は自由のない農奴だった。プロイセンのフリードリヒ二世やロシアのエカテリーナのような「啓蒙」君主は、ヨーゼフ二世と違い、積極的に農奴制を壊そうとはしなかった。ヨーゼフは、ハンガリーやボヘミアの土地所有貴族から強い抵抗を受けた点で、すこぶる高い代償を払った。エカテリーナとフリードリヒは、その争点を自粛することで、エリートの貴族と一般的に円満な関係を築くことができた。これらの地域ではたいてい、社会的、政治的混乱の恐れから、啓蒙に制限が置かれた。

このように、啓蒙から生起した個別の論争が、政府の実際の政策にまさに影響を与えたことが容易に分かる。より広い背景では、啓蒙はまた、一八世紀のヨーロッパで最も一般的な統治形態だった君主政の基礎への根本的な疑問をまさにもたらしたと言える。一八世紀末までに、君主が自らをどう考えていたかという点に関わる変化さえ、ことによると識別できるかもしれない。これは強調されるべき重要な点である。というのも、たんに一七八九年以後のフランスの君主政への根本的な疑念のためだけではなく、啓蒙政策の実施は、大国であれ小国であれ、その合理性と普遍性ゆえに、いまだほぼ常に、君主の身体的生存あるいは君主という人間の意志に依存していたからでもある。いつ何時であれ、長期的な改革計画は、死や移り気によって覆されえた。たとえば、トスカーナでのペーター・レオポルトの政策は、一七九〇年に彼がウィーンへ発った後に覆された。支配者、彼や彼女の権力、そして彼や彼女の権威を正当化する手段が、啓蒙の改革のためにきわめて重要なものだった。例えば、カトリックの君主であるというマリア・テレジアの自己像は、教会から、また彼女が信徒団体の成員であったことから正統性を得ていたが、そのために彼女は、宗教改革という争点に対して、息子のヨーゼフ二世とは根本的に異なる態度をとることになった。一八世紀末までに、君主政支配の宗教的正統性や、君主個々人と同じく一般に君主政も神の補佐官として統治するため神によって選ばれたという信仰は、次第に損なわれてきていた。そのことは、君主と一般の死すべき者との隔たりを強調するために、一七世紀に発達した精巧な宮廷儀式が廃れてきていたのと同じである。フランスのルイ一六世〔一七五四―九三年〕、オーストリアのヨーゼフ二世、プロイセンのフリードリヒ二世〔大王〕はみな、こうした儀式の多くを省いた。ヨーゼフが言ったように、彼は征服者よりも学生のようになった。ルイ一六世は確かに、神により認可され、カトリック教会から正当化された君主政という幻想を保持していた一方で、まさしくこのことが、一七八九年以後フランスを支配した体制に広まった考え方との衝突に、彼を巻き込んだ。

王の身分自体が世俗化されたなら、王の「所有者」としての性質も失われていった。ルイ一四世についてもそうだったように、一般人が個人財産を所有するのと同じ方法で、王の領土が彼のものであると考える者はまずいなかった。正統な政府とは何かに関して啓蒙が熟考し始めた方法によって、この変化が助長されたという結論は避け難い。たいていの場合、彼らの行き着いた答えは、およそ伝統的な絶対主義には見えないものだった。例えば、ロック*は『統治二論』で一八世紀を始めたが、同著において、正統な政府を構成するものは神の権利ではなく政府と臣民の契約であると論じた。世紀が進むにつれて、人間は「諸権利」の生来の在処であり、それは政府によって無効にされえないとする考え方も、より強力になってきた。ただし、人種や性別（第六章、第七章）という境界を越えて「諸権利」の要求を適用するのは、依然としてははなはだ疑わしいことと見られており、それゆえ諸権利の観念自体に理論的な広がりはもたらされなかった。こうした傾向すべてによって、君主はまるで異なる仕方で考えられるようになった。啓蒙と「専制」――合法性や臣民の福祉に拘束されない一人の支配――の正当化は、真に相容れないものだった。というのも、例えばトスカーナのペーター・レオポルトやプロイセンのフリードリヒ二世のような啓蒙君主は、憲法の起草に着手していたからである。その憲法は、支配する者とされる者との契約を明示し、個別の君主の寿命を超えて、その契約を安定させるものだろう。

啓蒙思想は、あらゆる思想と同様に、たんに機能的な意味では理解されえない。国外の脅威や国際競争にともかくも迫られた支配者にとっての、新しくより優れた正当化で済ませられるようにする手段としてのみ啓蒙思想を見るなら、その思想の衝撃は理解されえない。啓蒙思想は、ユスティの機械国家の飯の種にすぎないわけではない。啓蒙はたんなる目的のための手段（そして、しばしば手段は目的を変える）ではない。啓蒙思想はそれ自体の真意《メッセージ》を伝えた。世紀末までに、これらの真意を通じて、君主政の性質そのものについての認識が、君主自身と臣民の双方にとって劇的に変わることになった地域も、ヨーロッパにあった。

この変化の一部は、君主政自体と啓蒙改革の計画との関係に本来備わっている緊張から生まれた。ほとんどのヨーロッパの支配者が依然として保有する絶大な執行権力のために、この改革計画の運命は、依然として支配者の決定に左右された。支配者は、政策への支援を直ちに撤回できた。ペーター・レオポルト大公がオーストリア皇帝として兄のヨーゼフ二世の後を継ぐため一七九〇年ウィーンへと発ったときにトスカーナで起こったように、支配者が死ぬか別の王国を支配するために出国する場合、すべての改革計画が疑念に晒されかねなかった。君主の意志や君主の死すべき運命は、このように、長期的事業にふさわしい改革計画に関与した官僚やエリート層に、深刻な問題をもたらした。

概念の水準では、多くの啓蒙政策や官房学者の政策が基づく合理性や均一性という前提は、君主の関与という本来個人的な性質と調和しなかった[15]。啓蒙はまた、もう一つの問題を生みだした。「批判」、つまり合理性の使用はどのくらい進めてもよいのか。この人間の普遍的な特徴とされるものを行使することは、誰にどの程度許されるのか。これはまさに、カントの有名な論文で提起された問題である（第一章を見よ）。理性を際限なく行使することは、実践的な啓蒙の推進が依拠しているまさしくその権威を動揺させることになるのではないか。

フランスで起こったような革命という方向以外に、つまり君主政を転覆し、人民主権の名の下に有徳で理性的な（とされる）エリートの支配が取って代わること以外に、こうした二律背反から抜け出す方法はあっただろうか。一七八〇年代までに、この二律背反から平和的なやり方で抜け出す方法を見つけようとしたのは、ドイツ諸邦の官僚であった。彼らが君主政を再構築する際に、君主自身の徐々に強くなったある傾向、すなわち祖先が精力を注いで作りだした、王の儀式的、象徴的側面を放棄するという傾向が役に立った。手の空いた時間に職人仕事に向かったフランスのルイ一六世は、（彼が我慢強く時計や回転卓の脚を作ったとは想像しにくいが）、王家の精巧な儀式や象徴体系の風化が見られた時代において、唯一無二の人物であった。本章の冒頭で示したように、オーストリアのヨーゼフ二世は、自らを神の摂政というよりも、知識を収集する官僚とみる時もあった。フリードリヒ大王は、自分自身を「国家の第一の僕」であると評することで、この過程を要約した。この表現は、国家における王の絶対的な地位を決して減退させなかった一方で、王国にとっての神聖な象徴的中心を与えることを通じてよりも、行為の点から国王の地位を正当化することで、君主にまさしく正面から焦点を当てた。より過激な意見は、成文憲法を国家に与えるよう君主に要求した。その憲法によって、君主の意志と普遍的、合理的な傾向をもつ長期的改革計画との緊張状態が安定させられうる。例えば『ベルリン月報』は、一七八五年——そのわずか二年後に新国家アメリカの憲法は制定された——に、「国王の制定した法律を後継者が恣意的に変更」できないようにする憲法を要求した。[16] また、プロイセンの官僚集団は、次のような考え方を前面に押し出した。絶対主義国家では、国家の継続性を保証するのがわれわれであるように、憲法の立場にあるのはわれわれであり、その地位は、君主による恣意的な命令に対して、法的な保証によって守られるべきだという考え方である。こうした考え方の多くは、フリードリヒ二世のもとで議論され、一七九四年に作成されたプロイセン初の統一法典である一般ラント法に要約された。多くの点で同法は、国家を永続する組織として、死すべき人間である君主の上位に配置した。

　結論としてヨーロッパにおいて、一八世紀末までに、多くの小国と同じくほとんどの大国が、改革計画に傾倒した。多くの場合、その改革計画は、貿易ギルド、君主の法的機関、貴族の代表団体と彼らの小作人への司法権というような利害団体の、そして往々にしてカトリック教会の経済的、司法的利益の、実質的変更を含むものだった。また、これらの計画は、例えば公衆衛生に関する計画、初等教育制度の創設、経済統制といった手段によって、君主が臣民の社会生活により介入したことにも着実に関わっていた。これらの計画は、君主の法令に理性的に同意する能力のある、健全な教育を受けた人口を作り出すよう設計されていた。こうした計画の多くは、世界的な競争圧力が増大したことに由来する、どの国家にも改革を迫る圧力によって動かされた。計画の多くは、大きな変革を表現しており、教育を通じて政策への理性的合意を作る国家の義務や、博愛のような啓蒙思想によって正当化されていた。[17] 社会の流動性の大幅な増加や、社会における権力の基本的な移動を意図した計画は、一つもなかった。こうした「改革への限界」は、よく議論されてきた。啓蒙君主が大規模な、それゆえ危険性の高い社会的大動乱を熟慮したがらなかった事実は、彼らが負っている啓蒙への恩義を減らしはしない。啓蒙思想家も、そのことについてかつて熟慮した者はまずいなかった。しかし結局、啓蒙は、改革において大きな重要性をもったのと同じように、君主政にとって大きな問題を提起できた。啓蒙の改革計画が理論的に示したのは、君主の個人的な目的を国家の必要から分離すること、つまり「朕は国家なり」という言葉に象徴される絶対主義の初期段階においては忌み嫌われるだろう状況であった。啓蒙はまた、「世論」のような重要な新要素を作ることに役立った。世論は、君主による巧みな社会的、政治的操縦の過程に干渉した。啓蒙は、君主からの新しい切望と新しい期待を臣民にもたらした。君主によって成功裏に工面されるなら有益なものとなるが、特権をもたない者を十分に代表する制度がない体制では統制しにくい、改革と変化への期待である。いったん「批判」が始まれば、止めることは困難だった。最後には、啓蒙と「専制」あるいは絶対君主権力は、調整が難しくなった。逆説的にも、一八世紀後半になってはじめて啓蒙と君主政の軋轢が強くなり始めたのは、多くの君主が国家という機械の摩擦を減らすために啓蒙を利用するのに成功したことの尺度である。結果として生じる袋小路が、現実にフランス革命とそれに結びついた大変動を「引き起こした」のかどうかについては、本書の最終章で議論する。

第**4**章

経済学

——国家と市場の学問——

経済学《ポリティカル・エコノミー》は、生産、購買、販売についての、またそれらと法律、慣習、統治との関係についての学問であり、それゆえ前章で検討した統治におけるさまざまな変化に関連する学問であるが、この経済学は、啓蒙において格段に精緻化された。経済学《ポリティカル・エコノミー》という言葉は、アントワーヌ・ド・モンクレチアン〔一五七五―一六二一年。フランスの詩人、劇作家、エコノミスト〕がフランスで一六一五年に著した『経済要論』で初めて用いられた。同語は、「経済学《エコノミクス》」という英語に一八九〇年代まで置き換わらなかった。多くの一七世紀の著作家がこの領域で仕事をしたが、まさしく啓蒙において、この主題は一貫性のある学問研究分野として、はるかに強固なまとまりを得た。経済学は、経済の統治との関係についての同時代におけるいくつかの学問――官房学、重農主義、重商主義など――の合流によって形づくられた。それは中国のような遠方の文明における経済観の影響も受けた。大学の経済学講座は一八世紀に初めて出現する。まずナポリでアントニオ・ジェノヴェージ〔一七一三―六九年。ナポリ大学教授。主著『商業汎論』〕によって、一七六三年にはウイーンで官房学者の為政者ヨーゼフ・フォン・ゾンネンフェルスによって、一七六九年にミラノでベッカリーア*によって、そして一七八二年には、イタリアの没落に関する理論家、アゴスティーノ・パラディージ〔一七三六―八三年。イタリアの詩人、エコノミスト、教授〕によってモデナでそれぞれ開講された。(1) 同分野は、ミラノのピエトロ・ヴェッリ〔一七二八―九七年。イタリアの啓蒙思想家。『政治経済学瞑想録』〕の著作において、形式化された数学的用語が獲得された。ヴェッリは、客観的法則と結合した学問としての政治経済学の地位を擁護した。(2) 経済学における他の概念上の進歩もまた啓蒙を特徴づけた。フランスにおいては、同学の重農学派が、初めてマクロ経済モデルをフランソワ・ケネー*の一七五八年の『経済表』において展開した。他方、スコットランドの思想家であるアダム・スミス*は、産業化してゆく社会における重商主義の最初の本格的な説明を行った。

これらの発展はすべて、経済が急速に変化している世界で起きた。まず初めに、一八世紀中葉に、経済と人口における飛躍――一七世紀の停滞と比較して――が起こった。人口の増加とそれに見合わない農業生産のために、フランスはたびたび局地的な食糧不足に陥ったし、またヨーロッパの他の地域では、一七七〇年から七一年にかけてのボヘミアやオーストリアのシレジアのように、ひどい飢饉に見舞われた。食糧不足や飢饉から民衆を守ることは政府の役割と一般にみなされていたため、フランスの重農主義者は、後述のように、農業の生産性や取引規制に多大な関心を払った。大西洋の植民地帝国でも、各国で生産物の取引高ならびに投入資本量の増加が見られた。世紀末には、ブリテン、フランス、オランダ、北イタリアで工業化の始まりを迎えた。国際競争と近代化の圧力（第三章を見よ）によって、資源を最大化するために各政府が経済上の役割をより高めるよう促された。これらすべての要因を通じて、この時代の人々は、獲得すること、消費すること、課税すること、生産することをますます意識するようになった。それらの課題への彼らの応答が本章の主な内容をなしており、ブリテンの重商主義者や、重農主義者のようなフランスの思想家による事例研究を通じて進められる。

フランソワ・ケネー、ヴィクトール・リケティ・ド・ミラボー（一七一五―八九年。侯爵。息子である革命家のミラボー伯爵との区別上、大ミラボーと記される）、デュポン・ド・ヌムール等の重農主義者は、ひときわ結束していたため、同時代人からは「学派」と称された。彼らの想定では、経済は人間理性によって発見可能な客観的法則に従う。重農主義者の代表的著作としては、ヴィクトール・リケティ・ド・ミラボーの『人間の友、あるいは人口論』（一七五六年）、一七六〇年の『租税論』、ケネーとの共著である一七六三年の『農事哲学』があげられる（ただし、この後に大ミラボーは反重農主義にくらがえしたことに注意せよ）。一七五六年の『百科全書』第六巻、一七五七年の第七巻に所収された「借地農」と「穀物」の論文は、先に触れた一七五八年の『経済表』を著したケネーの手によるものである。『経済表』はフランス経済の理念版——農業の排他的な生産性と自由市場での競争が仮定されている——として読まれるべきである。経済学の法則は「自然な」もの——啓蒙におけるかのあいまいな標語——であり、それゆえ不可避であり、かつ社会規範に優先する。それらの法則は、重農主義理論ではこう説明される。すなわち、農業のみが純生産物（生産に必要なコストを超えた可処分の剰余）を生み出せる。彼らは商工業を「不毛な」ものと見ていた。というのも、商業活動は農業に由来する原材料の供給に依存するため、純生産を何ら生み出さなかったからである。重農主義者は純生産を増大させる主役として君主に目を向けた。彼らは、「合法的専制君主政」の確立、すなわち高等法院のような——さまざまな経済的利害間の結節環を維持するための強力な保証者としての——中間団体の介入がない君主政の支配を提唱した。また、旧体制下のフランスにおける複雑で不平等な租税体系を、どの土地にも等しく課される単一の地租に置き換えることも提唱した。そうすれば王室の歳入も増加するだろうと彼らは考えた。農業生産に関するどの重要な話題との関連でも、重農主義者の狙いは、小借地農と小作制（借地農家が農産物の一定割合を地代として支払う仕組み）からなる非効率的な農業を、農業資本主義としか言いようのないもの——日雇い労働者と最新の農業技術を用いた、大規模で、極度に資本主義的な農場――に置き換えることであった。最も重要なのは、彼らが取引一般に関してだけでなく、ことさら穀物取引に関して、純生産を増大させる最良の手段として、規制を取り除くよう君主の政府に促したことである。一七六三年までには、国王の愛妾であったポンパドゥール夫人〔一七二一―六四年〕の強力な支援を得て、王宮はこの考え方を支持することを決定していた。

穀物取引が特に重要だったのは、パンの価格が税収として利用可能な余剰の量を決めるからだけでなく、同価格が治安問題における主要因でもあったからである。一七七四年から七五年にかけて小麦粉戦争が勃発したとき、それは高騰するパン価格に対する小借地農の暴動として起こった。パン暴動は、パン一塊の値段が高すぎた場合、都会でも田舎でも一様によくあることだった。もし内陸部の農業の穀物価格によってパン一塊の値段が働き手に耐えられないものになれば、とりわけパリの治安は、脅かされかねなかった。重農主義者は、穀物取引を厳格な規制から外して自由市場での競争にすれば、穀物価格を押し上げ、利益は増大し、それゆえ農業投資と、非効率で伝統的な方法を用いる小農から近代的な方法を用いる大規模農業への代替が促進されるだろう、と信じた。彼らは、一般の働き手にとって穀物価格が高騰することの影響力を、さほど重要ではないものと見なしていたように思われる。重農主義者の議論によれば、長期的には、穀物価格の上昇と、したがって農業での利益の増加によって、新たな仕事が創出され、新たな富が循環し、政府歳入は増大するだろう。長期的に見れば、農業市場の拡大によって、食糧不足は逓減するだろうし、再活性化した商業によって、穀物は、価格が均等になり、またその変動も小幅になって、より安定的に流通するだろう。問題は、貧者や労働者にとって、パンの価格が長期的な経済目標ではなく、短期的な必需品であることだった。重農主義は、痛みを伴う移行期の経済をどのように乗り切るかについては、何の理論も提供しなかった。[3]

それゆえ、一七六三年五月二五日の国王宣言と六四年七月の命令で、穀物の国内流通の自由化が認可されたとき、パンドラの箱が結果として開けられた。より多くの歳入を期待した君主が、穀物取引の自由化を求める重農主義者の重大な要請を採用したのみならず、彼らの理論で求められた「合法的専制」として行動する準備ができていたことを、それは証明した。しかし、自由化後に生活の危機が増すとともに続いたことで、反重農主義運動が、高等法院に発する既存の反対運動の内外から広がることになった。食糧不足はフランス特有のものではなかった。重農主義者の考えをすでに実践していたトスカーナなどの地域も、一七七〇年代にまさしく同じ理由によって、民衆暴動に直面していることに気づいた。[4] 何よりもまず、穀物取引の自由化は、王と人民の間の黙約——国王の統治は食糧不足や飢饉を緩和するように穀物取引を規制するだろうというもの——を破壊した。

穀物取引の自由化に対する反対論の多くが、イタリアの啓蒙知識人《フィロゾーフ》であるフェルディナンド・ガリアーニ神父の著作、『穀物取引に関する対話』によって表明された。この本の一部はディドロ*によって出版が準備され、ベストセラーとなった。その主張は大胆だった。穀物取引に関する規制を否定することは、「国家に与えうる最も強烈で危険な一撃」であった。スティーブン・カプランが注目しているように、ガリアーニは、「この狂信的な精神とすべてを台無しにする仕組み」に反抗して語ったし、穀物取引の問題ぐらい複雑な問題には、一般的な規則は確立できないと論じた。[5] 言い換えるなら、ケネーによる一七五八年の『経済表』での精緻かつ先駆的なマクロ経済のモデル化は、問題を取り違えたのである。穀物取引は、国王行政の対象であったが、経済学の通常法則に従うものでもなければ、自由放任の商業に従うものでも決してなかった。ガリアーニの議論によれば、穀物取引は、他のどの必需品とも違うため、「行政の対象」でなければならない。穀物は、その価格や農業的利益もなるほどきわめて重大だったかもしれないが、死活問題でもあった。穀物需要はそれゆえ、非弾力的でつねに緊急のものだった。君主は治安組織を用いてでも、穀物価格に介入して食糧不足を防ぐべきだった。自由化後の穀物価格の、したがってパン価格の高騰は、経済における購買力を低下させることで産業活動――重農主義者と異なり、国富の真の源泉と彼がみなしたもの――を害する、とガリアーニは論じた(6)。

啓蒙知識人のアンドレ・モレレ神父〔一七二七―一八一九年。重農主義を支持した。『矛盾の理論』など〕は、ガリアーニに論駁するよう政府から任務を与えられた。彼によれば、君主は臣民の生活を保証する義務を一切負わないし、また、政治的、社会的構造と穀物取引行政に直接的な関係はない。財務総監であったアンヌ＝ロベール＝ジャック・テュルゴ*は、モレレの著作数百部を配布用に各県へ送りつけ、またその著作を彼が一七七〇年代に実施しようと試みた重農主義政策――小麦粉戦争に遭遇しただけであったが――を正当化するものとみなした〔テュルゴの財務総監就任期は一七七四年から七六年であり、ガリアーニ、モレレ、ディドロ等の穀物取引自由化をめぐる論争は一七七〇年。この段落は必ずしも歴史の時系列に沿って述べられているわけではないことに注意せよ〕。一七七〇年一二月の命令と、七〇年から七一年にかけて、概して重農主義に対する、とりわけ穀物取引自由化に対する君主による取り消しが見られた。そのことは〔自由化を推進する王室―重農主義者と〕、近代化や歳入の増加に有効な手段として、租税を認可する高等法院との対立を再燃させた。

重農主義は経済学の進化において、際だって重要であった。それは、農業体制の懸案事項をマクロ水準でモデル化した初の試みだった。もっとも、その試みはおそらく失敗に運命づけられていた。国家は、生活危機と治安の関係に依然としてつきまとわれていた。食糧不足時には穀物の分配を安全に市場原理へと委ねることはできないのだという信念は、いまだ圧倒的に強力で、実際に起こったことによって正当化されたように思われた。たとえ豊作時でも、テュルゴに賛成して、穀物価格がフランスのさまざまな地域間で安定するだろうと信じる者はまれであった。穀物の生産者と消費者の間に、農業資本家と小作人や日雇い労働者の間に、あるいは農村と都市の間に、対立などないと信じる者はまれであった。テュルゴや重農主義者に賛成して、商人や農民に穀物の絶対的な所有権がある、と信じる者はまれであった。[7] にもかかわらず、カプランが記すように、「穀物自由化に固有の利点は、近代化へと至る道が経済の拡大を通過し、そしてそれが旧体制の社会的、経済的閉塞を除去する唯一の道であると宣言したことであった」。それが正しかったのは否定できない。[8] 重農主義者が直面した課題は、食糧不足や混乱を引き起こさずに、規制から自由放任への移行を巧みに管理することであった。

重農主義はまた、他の古くからある経済学に関する諸々のイデオロギーと対峙した。それらのうち最大のものは官房学、すなわちドイツ諸邦、スカンジナビア、オーストリアとロシアで支配的だった経済学説であった。官房学は、植民地帝国をもたないヨーロッパ地域で圧倒的に支持された社会思想で、領邦国家が一つの行政単位としてまとまることと、自国以外の政治体とのさまざまな物質的関係を、関税障壁や輸出禁止令――とりわけ金や正貨、そして国の独占製造物について――によって規制することを強調した。それらの課題に役立つ学問も、多くの場合強調された。[9] 官房学者の世界では、他国との貿易で出超である場合に国は成功する。自主的な取引によってどの当事者も得をするという考えには同意せず、官房学者は経済をゼロサム・ゲームとみなした。一方の利益は他方の損失を導くのである。

重商主義の社会思想と実践を利用したのは、ブリテン帝国のような大西洋の植民地帝国であった。香辛料、織物、紅茶、コーヒー、砂糖、海軍用品と、何であれ植民地の特産品は母国と排他的に取引しなければならなかった。生産者の独占はそのようにして導入された。専属市場として、諸植民地は植民地帝国が製造した生産物を消費するよう想定されていた。ブリテンの場合にも、他の大西洋の帝国の場合と同じように、航海法によって、植民地—母国間の取引はブリテンの船舶を通じてのみ運送されることが求められていた。したがって、ブリテンの商人はそれらの商品をより安価に購買でき、利益をあげつつ他国に再販できた。毛織物のようなより進んだ製造を行うことは、アメリカ植民地では阻止されていた。そうすることに利点があった。この仕組みは、植民地に市場を保証したし、植民地の農業を奨励する効果があった。スコットランドの経済学者であり、デイヴィッド・ヒューム（一七一一—七六年。スコットランドの哲学者。『人間本性論』、『政治論集』、『イングランド史』など）の友人で同時代人だったアダム・スミスのような思想家の議論によれば、この重商主義的仕組みはブリテンと諸植民地のいずれにおいても高い成長率を促進した。とはいえスミスは、ブリテンの成長率は仮に航海法がなかった場合と比べるならばより低かっただろうとも考えた。航海法は、ブリテンの貿易をヨーロッパ市場から逸らし、ブリテンをアメリカ市場に依存させる傾向があったとの考えからである。この仕組みの下で、ブリテンは実際のところ、植民地帝国の所有によって危機に晒されかねなかった。

アメリカ革命と同年に出版された著作『国富論』で、スミスは、長期的に見れば、アメリカ貿易と製造業への制約が、ブリテン—アメリカ植民地間の決定的な問題になるだろうとも論じた。[10]

しかしスミスの思想はもちろん、重商主義の諸問題をはるかに越えて広がっていた。それは、ブリテンにおける産業化の初期段階によって形作られたものとまさしく同程度の広がりであった。[11] 啓蒙における最初の経済思想家である彼の『国富論』は、重農主義者の影響の最盛期であった一七六六年の、スミスによるパリ訪問におそらくその起源を有していた〔スミスのグラスゴー大学法学講義草稿の研究が進展した現段階では、この説に異論が唱えられている〕。

スミスはディドロ、ケネー、ミラボー、デュポン・ド・ヌムールに会った。彼が『国富論』第一篇を献呈するのは、実にケネーに対してである。とはいえ、第四篇では、重農主義者との重大な見解の相違が明らかになる。それは、彼らによる単一税の提唱や、商人や製造者の経済的「不毛さ」という考えに対する相違である。ただし、彼らの主要な考えである自由放任の長所は、第五篇での議論——教育は国家財政でなされるべきであるというもの——にもかかわらず、十分にスミスの考えでもある。スミスの議論によれば、ブリテンとアメリカ植民地の重商主義的関係は、自由放任の原則に背いていた。彼はまた、徒弟法に含意される労働の独占的統制にも反対した。労働を個々人の「最も神聖な財産」とみなしていたからである。[12] 実際のところ、スミスにとっては、労働は経済の基礎であった。彼は『国富論』の序論でこう言う。

どの国民でも、毎年の労働が、毎年消費される必需品や生活上の便宜品のすべてをそもそも供給する基金である。それらの品々はつねに、先の労働によって直接作られるか、その作られたものを用いて他国民から購入するかを通じてある。〔アダム・スミス／水田洋監訳、杉山忠平訳『国富論』第一巻、岩波書店（岩波文庫）、二〇〇〇年、一九頁〕

スミスはほぼいつも、産業経済の拡大についての理論家とみなされてきた。分業（所定の商品の製造工程をできるだけ最小単位の時間と動作に分解すること）はスミスの名と最も密接に結びつけられる考えの一つであるが、それは彼の創案ではない。他にも、一七世紀の経済学者であるウィリアム・ペティ〔一六二三―八七年。イングランドの経済学者。『政治算術』など〕や、一七一四年の『蜂の寓話』の産業に関する論文におけるバーナード・マンデヴィル〔一六七〇―一七三三年。イングランドの思想家、風刺家〕、『百科全書』の産業に関する論文におけるディドロなどは、スミス以前から分業を経済成長に必要とみなしていた。[13]になっている。同篇でスミスは、分業を労働者の能力を鈍らせ、武勇の精神を失うことに導くと見る。『国富論』の第一篇でスミスは分業を鍵として見るものの、第五篇では分業のせいで浮かない気持ちになっている。同篇でスミスは、分業を労働者の能力を鈍らせ、武勇の精神を失うことに導くと見る。スミスはこう著している。分業は、「さまざまな手仕事すべてからなる生産物の莫大な増加」にとって決定的であったが、「……それは、最下層の人々にまで広がってゆく普遍的な富裕さを引き起こす」。[14]分業は、推論の過程自体にさえ及ぶものであった。

他のどの仕事とも同じく……それも、多数の異なった分野に枝分かれする。そのそれぞれが学者《フィロソファーズ》からなる特定の集団や階級に職を提供する。学問《フィロソフィー》における仕事の細分化は、他のあらゆる仕事と同じように、巧みさを向上させ、時間を節約する。個々人が自らの特定分野でより専門的になり、全体としてより多くの業績がなされ、専門知識《サイエンス》の量もそれによってかなり増大する。(スミス『国富論』第一巻、三三頁)

スミスによれば、分業は市場の範囲によって制限される(スミス『国富論』第一巻、四三頁)。したがって、分業の活用が増大することは、経済成長の印である。

ヒュームのように、スミスも、経済活動は人間本性の深い衝動に、すなわち「ある物と別の物とをやりとりし、物々交換し、取引しようとする精神の原理」に根づいていると見ている。スミスはさほど楽天的ではない考えとともにこう続ける。経済活動は「諸々の技術、商業、分業の偉大な基礎ではあるが、愛すべきものとして印づけられているわけではない(15)」。ヒュームと異なり、スミスは、経済活動をそれに対応する道徳的進歩をおよそ伴わないものとみなしている。彼はこう記している。

人はほとんどいつでも同胞の援助を必要としているが、その援助を同胞の仁愛心だけから期待しても無駄である。人がもし、自分にとって有利にはたらくよう同胞の自愛心にはたらきかけ、私があなたがたに求めることを私のためにするなら、それはあなたがた自身のためになるのだと示せれば、もっとうまくやっていけるだろう……われわれが必要としている互いのためになる援助の大部分を互いに得ているのは、交換や購入を……通じてである。(スミス『国富論』第一巻、三八―三九頁)

この理由から、スミスは以下のように記している。

商工業は次第に秩序とよい統治をもたらすし、それとともに、自由と個人の安全ももたらす。……このことはほとんど注目されてこなかったが、あらゆるそれら〔商工業〕の影響のうちで、間違いなく一番重要である。私の知る限り、ヒューム氏はそのことに気づいた唯一の著作家である(16)。

スミスの考えを批判する者もそれなりにいた。彼の仲間であるスコットランド人、アダム・ファーガスン〔一七二三―一八一六年。スコットランドの哲学者、歴史家。『市民社会史論』など〕は、一七六七年の『市民社会史論』で、商業社会は必ずしも自由を生み出すわけではないと指摘している。ファーガスンにとって商業は、平穏、予測可能性、効率性への圧倒的な切望も生じさせうるし、そのことは専制政治の台頭に陥りかねない。重農主義者は結局のところ、「合法的専制」を求めた。商業社会はまた、奢侈への欲求も生み出しうる。ローマ共和国のような政府は、「奢侈」――ヒュームや他にマンデヴィルのような者が経済の原動力とみなしていたもの――、あるいはスミスが言及した「富裕」を通じて腐敗した。もっとも、ヒュームは「奢侈は商工業を養う」と書いているけれども(17)。ここでファーガスンは、奢侈はたんに感覚を満足させるものにすぎないとする旧来のキリスト教的な奢侈批判だけでなく、より直近の見解――政治家は奢侈を追求することでますます強欲になり、その腐敗した政治家がブリテンを没落させつつある——も採用した。公共精神や自由への愛は、この奢侈の追求のうちに廃れていくだろう、と議論は進んだ。[18] 重商主義者の議論でも、奢侈は賃金の一般的上昇を導いたが、それは生産コストの増加に帰結し、したがって貿易における国の競争力を低下させた。

ファーガスンの意見は、経済学の理解における人間本性の研究の重要性も指摘している。この話題は、エマ・ロスチャイルドやアルバート・O・ハーシュマン[19]が示したように、啓蒙の大きな論題の一つであった。ヒュームは——スミスが主張したような、この主題に関する唯一の著述家では決してなかったものの——、間違いなく最重要人物の一人であった。ヒュームによれば、「どの学問も、多かれ少なかれ、人間本性と関係がある。……数学や自然哲学や自然宗教さえ、ある意味では人間の学問に左右される」[20]。ヒュームの情念論は、彼の経済学観——スミスのものに比べて、根本的に楽観的である——に強い影響を及ぼした。「強欲、もしくは利得という欲求は、普遍的な情念であり、それは、いつの時代にも、どこででも、誰にも作用する」。ハーシュマンは、この時代にどのようにして、強欲が七つの大罪の一つとみなされなくなりはじめたか、そして強欲が根本的に前向きな経済活動を可能にする情念とみなされはじめ、また他のすべての大罪を抑制すると考えられはじめたかに注目している。[21] 後に、ヒュームはこう言及した。「世界中のどんな物でも労働によって買われるし、われわれの情念は労働する唯一の動機である」[22]。ただし、商業社会が利得のための欲求を促すなら、それは社会性や学習することも促す。

ひとたび不活発な状態から起こされ、……(経済活動によって)発酵状態におかれた人間の精神は、あらゆる方面に自ら変化してゆき、すべての人文科学に改善をもちこむ……それら精神は都市に集まり、知識を授かって伝え合うことを愛する。(23)

経済学者としてのヒュームは、アダム・スミスや重農主義者に匹敵するわけではない。しかし彼は、とりわけ貨幣数量説と正貨流通論を発展させたことによって、貨幣研究に貢献した。また彼は、異なった性質、異なった成長率をもつ経済間の貿易論——官房学や重商主義にとっては非常に重要であった——にも貢献した。ヒュームにとっては、官房学者と異なり、貿易はゼロサム・ゲームではなく、互いに利益をもたらすものであった。

ヒューム説は、同時代人がいかに啓蒙の進歩と経済的要因が関連していると考えたかを示している。さて、啓蒙と経済学の相互促進的作用を検討することが残っている。われわれも、ジョエル・モキーアが最近の著作で行っているように、啓蒙が産業革命にどんな影響を及ぼしたかについて問うべきである。(24) モキーアの指摘によれば、ブリテンのような比較的寛容な社会では、思想や技術のやりとりはより容易であったし、ブリテンはフランスの君主政に見られる特徴の多く——経済成長を妨げる国内関税や不平等な課税形態など——を、自ら除去していた。そのため、ブリテンでは、物質的向上に関する社会思想が成長する余地があった。その社会思想は、考えることの対象として効用を強調したフランシス・ベーコン〔一五六一—一六二六年〕の計画への深い関心に裏づけられたものであった。コーヒーハウスでの濃密なネットワーク、新聞、貸本屋は、新たな思想や考案を伝えたし、同じことをバーミンガムのルナー協会やグラスゴーの経済クラブ、ロンドンの技芸協会（一七五四年）のような団体が行っていた。技術と学問は公的領域の重要な一部となったし、人びとが通俗科学の本を買って読んだり、電気学、化学、博物学の実演に金を払って参加したりするために集まるにつれて、余暇の商業化の重要な一部にもなった。知的財産法が特許制度を通じて発明家を保護し始めていた。紳士と発明家はより協力しあえたし、それらの相乗効果によって新たな知識が創出された。

モキーアが言うように、ブリテンは延々と拡大していく消費と「奢侈」に傾倒した最初の国になった。その「奢侈」をアダム・ファーガスンや『学問芸術論』におけるルソー*は非難し、一方でヒュームやマンデヴィルは賞賛した。[25] マンデヴィルは経済の拡大を奢侈品への女性の欲求と結びつけた。ヒュームは論文「洗練について」（一七五二年）でこう記している。「奢侈は商工業を育てる……技術の洗練をこのように激しく非難し、それを自由と公共心の滅亡の原因だと説くのは、いかに矛盾したことだろうか」。こういうわけで、モキーアはイングランドにおける啓蒙が「近代の経済的成長の開始」であったと論じることができるのである。[26] それは確かに、経済学の定式化の背後にあった、主要な駆動力の一つであった。

第5章

探検、
異文化間の接触、
啓蒙の両義性

一八世紀は目立った地理上の発見の世紀の一つである。換言するなら、まったく異なる文化間の接触が増加し続けた時代でもあった。それらの接触がどのように起こり、ヨーロッパでどう受け止められ、どんな議論を育んだのかが本章の主題である。

新しい知識を獲得するための探検は、啓蒙の一特徴であった。以前の世紀は、新しい地理的知識を、強奪や略奪を主目的とする航海の副産物としてしか考えなかった。せいぜい探検隊の隊長が、土地の数区画に興味をもった投資家として、ほぼ知られていない土地に赴いた程度であった。しかし、一八世紀は、探検を知識の第一の源泉と見はじめた。啓蒙における探検は、主として人間や自然界の情報収集に関わる嚆矢であった。未知の土地の所有権を得ることも含む地政学上の誘因が、依然として世界の未知なる地域への旅を刺激した一方で、地球物理学の問題を解決するための各国科学機関の国際協力が、目立って表面化してきた。例えば、一七六八年には、金星が太陽と地球の間を通過するという珍しい出来事を観測するため、ラップランドからタヒチへ観測者が派遣された。

今度は、そのような国際的取り組みが、探検の進展をあてにした。人員、船、科学器具を、太平洋の小島であるタヒチに送るためには、すでにその大洋がよく知られていない限り無意味であった。シベリア、アメリカ植民地の最前線地域であるラップランドにおける陸地探検は、重要であったにもかかわらず、太平洋の海洋探検のほうが、ヨーロッパの大衆的な想像、現地人の将来の歴史、人間本性についての議論に、はるかに大きな衝撃を与えた。ある歴史家が言ったように、太平洋は啓蒙の「新世界」であった。ジェームズ・クック（一七二八—七九年）、ルイ・アントワーヌ・ド・ブーガンヴィル（一七二九—一八一一年）他の探検を通じて、二万五〇〇〇の島々を含み、地球の表面の三分の一を覆う太平洋について、ヨーロッパは初めて正確な知識が得られることとなった。一七六九年から七一年の間に、タヒチから金星の通過を観測するために太平洋に派遣されたジェームズ・クックは、オーストラリアの東海岸とニュージーランド二島も発見した。続く航海で、彼はハワイを発見し、南極大陸の存在を証明することになった。彼はまた、空白だった北太平洋の海岸線の大半を埋め、北西航路〔大西洋から太平洋へと至る航路〕を探している最中に、ベーリング海峡〔アラスカと東シベリア間の海峡〕を航行した。一七九一年に、ジョージ・バンクーバー〔一七五七―九八年。イギリスの海軍士官・探検家〕が、クックの地図作製作業と現地人との接触をもとにして、北アメリカの北太平洋海岸へと探索を広げた。

これらすべてが、発展しつつあった世界貿易網に、初めて太平洋を招き入れる効果があった。一七九〇年代までは、年にわずか三隻か四隻のヨーロッパの船舶しか見られなかった太平洋だが、一八世紀末には、太平洋とロンドンあるいはセイラム〔アメリカ・マサチューセッツ州の都市〕間の統一航路で、中国茶、鯨油、ヌートカ湾〔現在のカナダ・バンクーバー島の湾〕のラッコの毛皮や、何千マイルも離れたマルキーズ諸島〔現在のフランス領ポリネシア。タヒチ島から北東に一五〇〇キロメートル〕の熱帯木材を取引するアメリカとヨーロッパの船団が見られるようになった。これらの貿易では、ヨーロッパの探検家と現地人の接触が、不可避に繰り返された。陸地と海洋どちらの探検も、新鮮な食料と水、そして地理情報の入手を現地人に依存したので、いずれにせよ接触せざるをえなかった。しかし、邂逅はそれ以上のものだった。ヨーロッパ人は貴重品を手に入れようとした。そして彼らはまた、未知の受入者《ホスト》についての知識を得ようともした。

クックの二番目の旅に同行したヨハン・フォースター〔一七二九—九八年。ドイツの博物学者〕は、『発見者クック』と呼ばれる有名な随筆を書いた。フォースターは、クックを素晴らしい船乗りとしてはもちろん、すぐれた人間観察者とも見た。

しかしながら、調査の最も重要な目的、われわれ人類を見てみよう。以前はその名を知らなかった、いかに多くの人種が、この偉大な人物の記憶すべき取り組みによって、彼らの最も小さな特徴に至るまで書き留められてきたかをまさに見てみよう。彼らの身体的多様性、気質、習慣、生活や衣服の様式、統治形態、宗教、科学についての考え方や芸術作品、要するに、ありとあらゆることが、同時代人や子孫のために、忠実に、また根気強い不断の勤勉さで、クックによって集められた。(1)

フォースターの説明によれば、クックのような探検家は、手ぶらで現地人との遭遇に向かうことはなかった。彼らにはあらかじめ欲しい情報の一覧があり、フォースターはそれを明確に列挙している。とはいえ、現地人との遭遇は、そう簡単に知識を生み出すものではなかった。言語の問題は重大であった。アリューシャン列島からタヒチまで、ヨーロッパで話される言葉と似た現地語は一つもなかった。探検家は多くの場合、遭遇者とつかの間の関わりしかもたなかった。クックの六週間のタヒチ滞在は例外的であった。実際のところ、結果としてそれは、双方にとって言語習得の真の始まり、そして島の住人と船員との関係の始まりとなった。しかし、ここでさえクックは、ジェイムズ・ボズウェル〔一七四〇―九五年。スコットランド出身の法律家・作家。『サミュエル・ジョンソン伝』など〕にこう告白した。

南太平洋の島々を訪れた彼とその同行者は、五感による観察に収まる対象に関するものを除いて、彼らが手に入れたあるいは手に入れたと思ったどの情報にも、確信をもてなかった。宗教、政府、伝統について分かったことはどれも、まったくの誤りかもしれなかった。(2)

この挿話が示すのは、持ち帰った知識の真の意味と格闘するクックの姿である。その姿は、第八章でみるように、自然から真理を入手できる可能性に夢中になった自然科学者の姿ともよく似ている。

これらの不確実な状況では、身振り手振りと品物が、意味作用に関して言葉が負えない重荷を担った。多くの遭遇は、大ざっぱに言えば、一人のヨーロッパ人さえかつて目にしたことのなかったニュージーランドのマオリ族と接触しようとする、ジェームズ・クックのやり方に従っている。クックは、言葉なしにどうやって接触するかを知っていた。クックがダスキー湾でマオリ族と接触した時の様子を、フォースターはこう説明している。

クック船長は小舟の先端に行き、親しげに彼に呼びかけ、自分のと他の者のハンカチ数枚を彼に投げた。彼はそれを拾わなかった。クック船長は、今度は、何枚かの白い紙を手に握り、武器をもたずに岩の上に上陸した。そして、その紙を現地人に差し出した。その男の表情には強い恐怖が表れており、いまや明らかに震えながら、その紙を手に取った。クック船長は男に近づいていき、彼の手を握り、彼を抱きしめ、自らの鼻で相手の鼻に触れた。それは彼らの挨拶の方法である。これによって彼の不安は消え、彼は二人の女性に……呼びかけた。われわれ数人が船長に付き添うために上陸する間に、彼女たちは男のところにやってきて、加わった。その後短い会話があったが、互いの言葉についての十全な知識がないために、どちらもその会話をほとんど理解できなかった。(3)

共通の言語がないなかで、クックは、自分とマオリ族の橋渡しをするために、小さな品物を使っている。こうした接触の状況では、品物はきわめて重要であった。いったん品物が交換されると、その後に身体的な接触へと進むことができる。クックは、鼻を擦り合わせるという彼らの挨拶の慣習を採ることで、彼自身の文化とマオリの文化の境界線を超える。同時に、彼は小舟から海岸へと物理的に移動している。太平洋のこの島の世界では、接触の場所は海岸であり、それゆえ海岸は暴力が起こる恐れのある場所でもある。クック自身、一七七九年二月にハワイのケアラケクア海岸で殺されることになった。共通の言語がないということは、また、出会う状況において、暴力の恐れが常にあることも意味する。意図を説明する言葉はないし、双方の身体言語《ボディーランゲージ》と身振り手振りの意味は、相手にとって定かではない。ジェームズ・クックとマオリ族の遭遇のような平和的な出会いの場合でさえ、容易に暴力へと変化した。これが、クックの船の乗組員が「彼に同行し続けた」理由である。逆に現地人にとっても、それは明らかに、極度の恐怖と不確実性からなる状況である。こうした状況で、多くの遭遇が一方の側からの暴力という結果に終わったのは驚くべきことではない。驚嘆すべきなのは、まったく暴力なしで進んだものもあることである。

探検、とりわけ太平洋の探検は、ヨーロッパの世論に大きな衝撃を与えた。しかし、太平洋の現実の世界と、啓蒙思想家をかくも魅了した太平洋世界の印象との関係は、たいていの場合、薄っぺらなものだった。探検家自身が、太平洋の島の生活に関するあらゆる種類の実際の事実を伝えるという問題に貢献した。ブーガンヴィルがタヒチに到着したとき、彼はその島を、ホメーロスの愛の女神の〔アフロディーテゆかりの地である〕キティラ島のように見ていた。現地女性は〔ローマ神話でアフロディーテに対応する〕ヴィーナスと比べられ、現地男性にはアイアース〔ギリシア神話の英雄〕、アキレウス〔ホメーロスの叙事詩『イーリアス』の主人公〕、歳をとった男性にはネストル〔トロイア戦争におけるギリシア軍老武将〕というように、古代神話から名前が付けられた。多くの探検家が、ギリシアやローマの叙事詩の色眼鏡を通して、太平洋とその住人を見た。これは、一七七一年に出版されたブーガンヴィルの『世界周航記』でよく見られる話である。特に、ホメーロスの『オデュッセイア』は、太平洋の島々を理解する源泉としてとりわけ適切に思われた。というのも、『オデュッセイア』の英雄であるオデュッセウスもまた、エーゲ海の未知の島々を歩き回ったからである。そこでは、異なる冒険がオデュッセウスを待ち受けていた。

クックはこれらの問題をよく知っていた。最初の航海から帰還した際、クックは自らの文筆力を信用していなかったので、自分の記録を航海記へと変えるために、よく知られた通俗文士で代筆作家のジョン・ホークスウォース〔一七一五―七三年〕に記録を渡した。文章が出版されると、クックはひどく怒った。というのも、ホークスウォースがクックの文章になかった話を挟み、タヒチ人の純朴さや美徳についての陳腐な考察を長々と付け加えたからである。何よりもクックを怒らせたのは、現実にまるで基づかない、性的関心をくすぐる場面を挿入したことだった。

クックの否認にもかかわらず、その本は一夜にしてベストセラーになり、いくつかのヨーロッパの言語に翻訳された。それがベストセラーになったのは、ありのままではなく、ぜひともそうあってほしいと読者が望むような太平洋の人びとの描写を提供したからである。読者が求めたのは、住民が平和を好み、飾らず純粋で、煩わしい政府なしに生活し、富や社会的地位の著しい区別がない素朴な社会しかない、ユートピアの存在を信じられることだった。政府がより介入的になった時代においては（第三章を参照せよ）、財産所有と経済競争がないか、あってもまれな世界、そしてとりわけ、ヨーロッパではきわめて重苦しかった性的統制から自由な世界について考えることは、癒しであった。一七〇年代ごろ、ヨーロッパ社会が初めて風景に審美的、道徳的価値を置くようになった時代に、太平洋の島々の美しさも大いに評価された。

実際に、太平洋の島々は、ヨーロッパの希望、欲求不満、願望などを映し出す場として機能した。さらに、それらには現に今あるという強みもあった。その島々は、ユートピアが夢ではなく現存していることを示すように思われた。この確実性は、クックとブーガンヴィルが本物のタヒチ人を連れ帰ってきた（クックはオマイを、ブーガンヴィルはアウトルを）という事実によって強められた。結局、ヨーロッパ人は「正しく理解する」こと——それこそクックにとって非常に重要だった——に、旅の話をもとに彼らがあると信じたい世界を想像上で作り上げることほどの、関心を示さなかった。

ここでわれわれは、明らかな逆説に直面する。ユートピアの願望が投影された島々それ自体が、一八世紀の営利産業の中心地だったという逆説である。先に言及したように、クックとブーガンヴィルの報告はベストセラーになった。旅行記は、小説を除いた他のどの分野よりも読まれた。ロンドンでは、「タヒチ」を舞台とした演劇が、満席の劇場で上演された。かつてなかったほど多くの太平洋の画像が入手可能だった。太平洋へ向かう船に初めて職業芸術家が乗り、彼らの手による、これまで知られていなかった人びと、植物、場所の絵画は、版画として安く再生産できた。バーナード・スミスが示したように、これらの画像は、探検や新奇な人びととの遭遇に、新たに興奮みなぎる審美的な側面を付け加えた(4)。太平洋の島々からの釣り針、羽毛の外套、戦闘の武器、織物の敷物などを売って不十分な報酬の足しにしようとあてこんだ船員によって、絵画と同様に工芸品も、太平洋から持ち帰られた。これらの品々が、現地の工芸品市場を初めて作った。それらの工芸品は、いちはやく公設博物館などに収蔵された。それらがなければ、異文化間の邂逅が啓蒙期のヨーロッパに与えた影響を理解することは不可能である。

出版された物語、遠く離れた世界の地域を描いた絵画、工芸品は、ヨーロッパ人の思想、印象、希望、感情といった領域で、重要な部分を形作った。こうした情報や画像の流入のすべてが、実在するユートピアを探し求める読書会によって熱心に採りあげられた。活字の言葉や劇場の公演、版画によって広く流通した絵画のおかげで、自分が啓蒙されたと考えたのは、第二章ですでにみたように、まさしく公衆であった。既知の世界との境目での異文化との遭遇が、思い切って故郷から遠く離れてみたことが一度もなくとも、自分自身を啓蒙されたと考えるヨーロッパの公衆の想像上の所有物となることができたのは、この商業的に生産される絵画の急増のおかげだった。

さらに、これらの物品は、世界の新しく発見された地域の知識、つまり、彼らが議論で経験例として使い、また理論の根拠として使った知識を、ヨーロッパ人が得る際のあいまいな基礎だった。例えばルソー*は、『学問芸術論』（一七五〇年）と『人間不平等起源論』（一七五五年）で、「文明」の価値についての議論を始めた。彼は、「文明」の価値についての問題に、「文明」と原始社会の生活の描写とを比較して答えようとした。西洋文明と交わる恩恵がなかったなら、人間生活は現実にどんなものだっただろうか。複雑に都市化された中国やインドの文明の外に住む異国人は、自然な人間のありさまを示していると見なせるのだろうか。そのような人は「高貴な未開人」なのか、それとも彼らの人生は、有名な政治理論家トマス・ホッブズ（一五八八―一六七九年）がアメリカ・インディアンの人生について断言したように、「汚らしく、野卑で、短い」のだろうか。ルソーが考えたように、人間には文明の外が「より善い」のなら、人間は理性や創造力といった「自然」の能力を、まさにそこから逃れた文明を否応なく再現することなしに、どうやって発揮すべきだろうか。

文明の価値に関するこれらの議論の多くは、一七七〇年代の太平洋世界の発見によって脚光を浴びた。ヨーロッパ人と太平洋の島人という、二つの相容れない「文明」の接触の影響についての議論の多くは、ますます大きな疑念とあいまいな感情を引き起こした。クックの次の記述には同時代の感情が多分に要約されている。

> 文明化されたキリスト教徒であるわれわれにとって、なおいっそう恥ずべきことだが、ただでさ

え悪徳に耽りがちな彼らの道徳をわれわれは堕落させている。そして、以前には知らなかった欠乏とおそらくは疾病を彼らにもたらしている。そしてそれらは、彼らとその祖先が享受してきた幸せな平穏を、かき乱すのに役立つだけだろう。この主張の正しさを否定する者がいるならば、アメリカ全土の現住民が、ヨーロッパ人と行った交易によって何を得てきたのか、私に教えてほしい。(5)

クックは、とうてい哲学者や社会理論家ではなかった。とはいえ、文化のあいまいさを実に鋭く考察している（それはわれわれのものであり、われわれを文明化し、キリスト教徒にした。にもかかわらず、それと接触するようになった他人をどういうわけか害する）。彼は、現地社会は無垢な状態から堕落し、かつては一切なかった欠乏に至るという、およそ普遍的な意見を示した。ここでクックは、文明はわれわれを偽の欲求（堕落した社会の経済を推進するものでもある）で満たすため、不可避に堕落するというルソー説に同意している。こうした偽りの欲求は、奢侈への願望を引き起こす。

ジェームズ・クックの考えは、啓蒙の大人物ドゥニ・ディドロ*の考えとともに、ブーガンヴィルの航海記に対する応答へと収斂した。ディドロは、一七七二年に『ブーガンヴィル航海記補遺』を書いた（が、一七九六年にようやく出版された）。ディドロは、「高貴な未開人」や「文明」についての議論を、新世界の「未開人」という従来の焦点から、まったく異なる太平洋の島人の記述へと動かした。ディドロもまた、タヒチを地上の楽園、あるいはユートピアと考え、その島人は彼らを発見したヨーロッパ人よりも自然であるから、より善い、より幸福な状態にあると見た。

未開人の生活はじつに簡素である。そして、われわれの社会はとても複雑な機械なのだ。タヒチの住人は、世界の先祖に近い一方で、ヨーロッパ人は、世界の老人に近い……。彼らはわれわれの礼節や法律について何も理解しない。そして彼らは、それらのうちに、一〇〇の異なるやり方で装われた束縛のみを見いだすに違いない。そうした束縛は、心の最も奥底にある感情が自由への愛である人間の軽蔑と憤慨を招くだけだろう(6)。

フランスにおいて一七七〇年代が、国王の専制と個人の自由との闘争と広く解釈される、国王政府と特権をもった法廷との間の政治的対立の時期だったことは、偶然ではない。理想化されたタヒチ人の話は、ヨーロッパのどの国内政治対立の目的に役立つようにも向けることができた。またディドロはタヒチ人を、「世界の先祖により近い」暮らしを送るタイムカプセルの住人としても見た。多くの啓蒙著述家のように、ディドロも、「高貴な未開人」を、ヨーロッパ自体の歴史の遠い昔の英雄的段階を覗く小型望遠鏡として見た。彼らの簡素で自然な文化は、ギリシアや共和政ローマのそれを再現していた。同じように、歴史家ジョセフ・フランソワ・ラフィトー〔一六八一－一七四六年〕は、一七二四年に著した『太古の時代の慣習と比べた、アメリカの未開人の慣習』において、アメリカのインディアン社会は、古代世界の社会の生ける見本であると論じた。

太平洋の島人あるいはアメリカのインディアンと、古代世界の英雄時代をそのように同一視するのは、啓蒙が社会や歴史を道徳として考えたから起こりえたにすぎない。教養あるあらかたの人から、古代文明は、市民精神、自制心、自己犠牲、苦痛や危険に晒された際のストア主義〔ここでは、理性に従うことでそのような情動から解放されることの意〕のような、一定範囲の徳を体現するものと理解された。ヨーロッパ人が、これらの特徴のうちのいくつかでも、彼らの遭遇した非ヨーロッパ人に確認できたなら、彼らのヨーロッパとの空間的隔たりと、古代世界との時間的隔たりとを融合させるのは、ごく簡単なことだった。ヨーロッパ社会の不完全性をこのうえなく強く認識し、ニコラ・ド・コンドルセ〔一七四三―九四年〕のような思想家の見方――歴史は人間性の漸進的進歩として理解できる――を受け入れられないルソーのような人にとって、この考え方はとりわけ重要だった。

このすべてが意味したのは、非ヨーロッパ社会が、ヨーロッパ人から、自分たちのとは正反対のもののように、またヨーロッパ自体の先祖の再現のように、しばしば見られたことである。非ヨーロッパ社会をそれら自体として考える努力は、まずされなかった。そのことから思い出されるのは、本当のタヒチを見つけ出したいからではなく、自らの関心を投影する場としてのタヒチが必要だったゆえに、劇場公演を鑑賞するために群れ集い、タヒチが題材と伝えられる版画を買う観衆のありようである。

太平洋の新世界と遭遇したヨーロッパ人から提起されたもう一つの問題は、人間性自体の本質であった。一方では、太平洋の島人やアメリカのインディアンが人間であるのは完全に明白だった。しかしその場合、なにゆえ彼らの歴史や文化が、さらには外見さえかくも多様なのか。ここで、啓蒙において多くの人種論がなぜ目立ちはじめたのか、そしてなぜ以前より活発になったのかが理解される。それまでは、非ヨーロッパ人は彼らの慣習や宗教信仰の観点から分類された。啓蒙は、人類の境界線を決定する方法として、大部分を身体的特徴に依拠した。もっとも、ヴィクトリア王朝時代の、人を外見と解剖学によってのみ分類する水準には達していなかった。例のごとく、啓蒙には人類の定義についての意見の一致が一切なかった。フランスの博物学者ジョルジュ＝ルイ・ビュフォン*（一七〇七―一七八八年）のように、人類は単一であると主張した者もいた。もし、ある人が他の人と違って見えたなら、特定の気候に晒されるなどの偶然の要因のためにそうだったにすぎない。激しい熱帯気候の地域に住む者はだれでも、太陽の作用を受けて、色の濃い皮膚をもつ運命にある。もしヨーロッパ人が同じ環境にあるなら、彼らもまた、色の濃い皮膚を発達させるだろう。しかし、ある人を生まれつき黒くしたり、生まれつき白くしたりするものは何もなかった。環境と気候が決定因であり、人間の何らかの先天的な特徴は決定因ではない。ビュフォンの著作は、アフリカの黒人、アメリカのインディアン、太平洋の島民はある根本的な点で劣る、あるいは違うと主張する人に、何の裏づけも提供しなかった。

しかしながら、ビュフォンの同時代人、スウェーデンの博物学者カール・フォン・リンネ*（一七〇七―一七七八年）は、彼の『自然の体系』（一七三五年）で違う主張を展開した。それは、人間には基本的な単一性があるどころか、四つの異なる分類上の集団、つまり、白色ヨーロッパ人、赤色アメリカ・インディアン、黒色アフリカ人、茶色アジア人に区別できる、というものだった。しかし、同著の一七五八年版では、人類を区別するためにかつて使用した分類に、野人、小人、巨人という新たな集団が加えられた。これらの範疇はどれ一つとして、他の人が作った範疇と同じではなかった。そして、これらと以前の版の『自然の体系』で導入された色による範疇との関係を説明するのは難しかった。

こうした事例は、人類の成員を分類しようとする啓蒙の試みの不確かで不安定な性質を示している。そしてまた、こうした事例は、人間であることとの境界線がどこにあるのかを見つけ出すことがいかに難しかったかも示している。例えば、スコットランドの法律家モンボド卿〔ジェームズ・バーネット。一七一四—九九年〕は、オランウータンは本当に人間であると論じた。というのも、オランウータンは道具を使い、言語をもっているように見えたからである。一方、リンネは、小人が人類の一員としての資格をもつかどうか、自信をもてなかった。

啓蒙において、人種について考えることは、神学的な争点も生起させた。人類は単一であるというビュフォン説は、すべての人間は結局のところ原初の男女一組、アダムとイブの子孫であると信じる人にとって、好ましいものであった。聖書の記述も、アフリカの黒人の異なる肌の色を、ノアの罰せられた息子であるハムの子孫に与えられた罰とみることで説明した。不幸にも、これらの単一起源論者は、聖書の記述の権威を拒否し、人種は根本的に互いに異なり、別々の時代に別々の場所で独自に出現し、アダム自身の創造以前に出現したものさえおそらくあっただろう、と主張する者によって反論された。啓蒙における人種思想には、歴史的な側面もあった。アダム・ファーガスンのようなスコットランドの思想家は、『市民社会史論』（一七六七年）で、人種の違いを、人間社会はどれも主要な四段階（狩猟、牧畜、農業、商業）を通って発展し、各段階がある特定の人種の特徴を示すという考え方と結びつけた。

人類の多様性を分類しようとする啓蒙の試みは、結局のところ、結論の出ないものであった。啓蒙において、人種論にはきわめて強い関心が寄せられたものの、逆説的にもその議論は、啓蒙の現実的な課題にはおよそ適用できなかった。それらは、奴隷賛成派と反対派のどちらにとっても、十分に決定的なものではなかった。人間についての学問の中心的主題である普遍的人間観は、黒人を劣っていると見ることや、多くの黒人を奴隷にすることと調和しえないものだったのである。

啓蒙の植民地化政策論にも同じあいまいさがあった。ジェームズ・クックは明らかに、現住民は発見され植民地化された結果、疑わしい前進を遂げたにすぎなかったと見た。他方で、多くの者は、(必要なら強制労働によってでも)地球資源を開発することを人間の義務と認めたし、成長している植民地貿易を含め、貿易自体を積極的な道徳的価値のあるものと考えた。答えられない問題が山積していた。奴隷制をやめる代価は何か。植民地化政策をやめる代価は何か。その他にルソーのような者は、奴隷制とそれに依拠する植民地体制は、主要な啓蒙思想とはかけ離れたものだと主張した。奴隷の存在は、人類がその共通の人間性のおかげで普遍的な権利をもつとする、ますます重要になってきた思想と矛盾していた。ルソーは『人間不平等起源論』で、植民地化政策はたんに不平等を永続化するための仕組みになるだけであり、それゆえ啓蒙の実現に障害となっていると指摘した。

一七七〇年に、アベ・ギヨーム゠トマ・レーナル*(一七一三―九六年)は、ディドロの支援もあって、大著『東西インドにおけるヨーロッパの諸制度と貿易の、哲学的・政治的歴史』を出版した。この本はすぐに成功をおさめ、社会のはるかな下層にも読まれた。今日のわれわれにとってこの本は、植民地の地理や経済に関する啓蒙の知識の概要としてだけでなく、非ヨーロッパ世界の広大な地域との経済関係を支える啓蒙の両義的な態度の概要としても価値がある。レーナルはこう書いた。

新世界の発見、そして喜望峰を経由するインド諸島への航海ほど、人類全体に、とりわけヨーロッパ人に衝撃を与えた出来事はかつてなかった。貿易革命、すなわち権力の均衡における、また慣習、産業、各国政府における革命が始まったのは、その時だった。この出来事を通して、最も離れた地にいる人びとが新たな関係と新たな需要によってつなげられた。赤道地帯の産物が極地で消費される……。いたるところで人びとは、相互に意見、法、慣習、病気と薬、美徳と悪徳を交換した。あらゆるものが変化したし、変化し続けるだろう。しかし、過去の変化とこれから訪れる変化は、人類にとって有益なものになるだろうか。人類の状況はより良くなるだろうか。あるいは、それはたんに絶えざる変化の一つとなるだけだろうか。(7)

原理上、理性と公平性は植民地化のいかなる正当化も提供しないことをレーナルは認める。ただし、その後に彼は、世界においてこれまで無人の地域であるか、「文明」を広めるためか、天然資源のより良い開発をするためなら、実際問題として植民地化は正当化されうると論じる。とはいえレーナルはなお、ヨーロッパ人と現地民の接触から良いことはほぼ生じなかったことを認めた。彼は混乱して、ほとんどの現地民を、原始状態《ネーチャー》により近く、より幸福で、より無垢で、実のところヨーロッパ人よりも道徳的に優れていると見た。しかし、原始状態との近さというまさしくこのことも、「文明」を広める方法として、ヨーロッパによる植民地化を正当化した。第六章でみるように、奴隷制への反応も、同じような両義性を示している。レーナルは、奴隷制は不当であると認める。にもかかわらず、奴隷制の即時廃止の要求には至らない。奴隷は自由になっても何をすべきか分からないだろうし、大農場経済が崩壊すれば、無秩序と暴力が解き放たれるだろう。一七八八年に設立されたフランスのエリートによる「黒人の友の会」や、奴隷制に反対して議会への大規模な請願を組織したブリテン奴隷貿易廃止促進協会といった圧力団体が、一八世紀末までに、少なくとも制度としての奴隷制の終焉をもたらそうと試みつつ、これらの矛盾を克服しはじめていた。しかしながら、これらの奴隷廃止論者は、論敵と同じく、強固に原始主義的〔自然ないし自然的なものを人間的価値の規準とする立場〕な思想から動いていたのである。奴隷廃止論は、アフリカ人をありのままに見ることとの必然的なつながりが一切なかった。

それ以外の非ヨーロッパ人についてのユートピア思想は、一八世紀末までに変わりはじめた。フランス革命の頃までに、未解決の政治的、経済的問題は、もはや南太平洋のユートピアの背後に隠したり、あるいは「異国的なもの」という隠喩のなかに移入したりできなくなった。一七七九年にジェームズ・クックがハワイで殺害されたことによって、一七九〇年代までに、島々の印象は、いずれにせよ色あせた。素朴で飾り気のない人は、ともかくも幸せで、自然で、ヨーロッパ人の模範であるとする考え方は、ヨーロッパの疾病が持ち込まれた結果、社会が絶滅に瀕している堕落した島々であるとする考え方に取って代わられた。

ドイツの思想家ヨハン・ゴットフリート・ヘルダー*（一七四四―一八〇三年）は、ヨーロッパが非ヨーロッパ社会に与えた衝撃を、全体としての啓蒙批判の始まり方として研究し始めた。ヘルダーは、人間の歴史を完成へ向けた進歩であるとする楽天的な史観に異議を唱えた。例えば、コンドルセやテュルゴ*は、こう考えた。人間は、彼らに共通の人間性のおかげで、みな理性をもっており、徐々に非合理的な迷信を捨て去るだろう。そして、人間に関する事柄を普遍的な自然の秩序に調和するようにするだろう。それゆえ、歴史の進歩は、世界の文化の調和を増やす結果になるだろう。その結果、人類は多くの異なる文化集団間でたぶんタヒチ人とブリテン人との違いほど幅広く分裂する代わりに、真に世界市民主義的統一体となるであろう。これらの考え方は、グローバル化理論にとって本質的なものである。

ヘルダーはまた、歴史、地理、気候によってはなぜか変わらない人間本性が存在するという考え方を否定した。

> われわれの世紀の概して哲学的、博愛主義的な風潮は、われわれ自身の徳や幸福という理想を、遠く離れた各国に、そして最も遠く隔たった歴史の時代にさえ広げたいと望んでいる……その風潮は、言葉を仕事と、啓蒙を幸福と、より進んだ洗練を徳と勘違いしてきた。そしてこのようにして世界の全体的改善という虚構を捏造したのである。

ヘルダーは、こうして気高い啓蒙人は、他の文化に対するヨーロッパ文化の優越を正当化してきたと考えた。

> われわれの哲学を特徴づけるさまざまな普遍性の発酵は、人類と諸国の自由の、市民と人びとにの自由の、抑圧と侵害を隠蔽することができる。[8]

ヘルダーは、新しく発見された非ヨーロッパ人についての啓蒙思想の中心にある矛盾を暴露している。ヨーロッパ人は、彼らを非ヨーロッパ人であると同時に親友であり、模範と同時に例外と見なした。これらは、たんなる啓蒙思想の奇癖でもなかった。こうした考えは、非ヨーロッパ世界の荒廃をもたらしかねなかった。レーナルのあいまいな言葉は、奴隷制を容認することをよりたやすくした。人間の歴史の背後には、進歩という単一の大きな動きがあるという考え方は、それぞれが独自の原動力で動かされる多数の文化が存在する可能性を覆い隠すとともに、異文化を攻撃してヨーロッパ世界へと均質化することを容易にした。ヘルダーは、共通の人間本性という考え方を受け入れたが、彼の主要な関心はその人間本性の多様性の程度だった。人間は基本的に一種類だと考えたコンドルセとは違って、ヘルダーの考えによれば、人間は基本的な単一性をもっていたが、地理や気候により大きく変えられもした結果、異なる言語を話し、身体的に異なって見え、異なる民話を語り、異なる詩を吟じ、異なる法律を作る別々の人びととなった。

非ヨーロッパ世界とその人びとに対する啓蒙の反応は、このように、並外れて矛盾していた。ヒューロン族のインディアン〔北アメリカの先住民。ヒューロンはフランス語で剛毛の頭ないし悪漢の意〕や太平洋の島民は、ヨーロッパの政治問題を解決する働きをするよう招かれた。共通の人間性に関するたくさんの記述は、奴隷貿易を終わらせるために何もできなかった。そうした記述のリストは増やせるだろう。ある重要な全般的な論点が残っている。すなわち、ヨーロッパの態度の矛盾やあいまいさは、啓蒙におけるグローバル化の過程の様式でもあったことである。(9)

第6章

人びとが所有物であるとき

――啓蒙における奴隷制問題――

たいていの人間社会において、奴隷制は、自由のない労働の最も極端な形態として存続してきた。それは多種多様な法的、経済的、社会的形態をとり、多くの国で現存している。奴隷制はほぼすべての人間社会にあるだけでなく、歴史的には、その存在に対する激怒や嫌悪を引き起こさずに、あるいは徹底的な挑戦を受けずに、存在することもあった。ギリシアの哲学者アリストテレスですら、奴隷が自然なありようである人間もいると論じた(1)。

アリストテレスから啓蒙までの世紀には、奴隷の境遇が羨ましいと主張する者は誰もおらず、多くの者が奴隷への人道的処遇を訴えた。しかし、奴隷制それ自体を取り出した攻撃以上のものは、一八世紀が嚆矢であった。本章の主題の一つは、フランスの思想家モンテスキュー*の『法の精神』(一七四八年)での攻撃の時期あたりからの、根本的な奴隷制反対論の複雑な発展史である。そうだとしても、奴隷の境遇への共感が融合し、奴隷制そのものを攻撃した「黒人の友の会」のような圧力団体を組織し始めたのは、一七七〇年代以降であった。新興のアメリカ合衆国では、この強まる意見がときに実践された。ペンシルヴァニアとマサチューセッツのクエーカー教徒は、奴隷保有を拒否した。ペンシルヴァニアでは一七八〇年から、そして、ロードアイランドとコネティカットでは一七八四年から、徐々に奴隷解放が始まった。コネティカット、マサチューセッツ、ニューヨーク、ペンシルヴァニアでは一七八八年に、デラウェアでは一七八九年に、奴隷貿易への参加が禁止された。

また一方、フランス革命期に唯一行われた大規模な奴隷解放は、大革命と同じ一七八九年に始まった。フランスのカリブ海植民地サン゠ドマング〔今日のハイチ共和国〕では、奴隷自身による暴力的で持続的な抵抗〔ハイチ革命〕が起こり、ついに奴隷は短期間の自由を手に入れた。フランスの別のカリブ海植民地グアドループ〔現在はフランスの海外県〕の奴隷は、革命中の約八年間にわたり解放された。(2) フランス革命期に、奴隷制は法的に終焉したものの、一七九四年には同法の一部が早々と撤回された。フランス政府は、白人大農場経営者や有色自由民の要求と、サン＝ドマングやグアドループでのような奴隷の暴力的反乱への恐怖との間で分裂していた。同じようにイングランドでは、一七九二年に、大規模な奴隷廃止運動が議会での奴隷貿易禁止法案の可決に失敗し、法的な禁止は一八〇七年まで待たなければならなかった。一八三四年にようやく、カリブ海のブリテン植民地で奴隷制そのものが禁止された。アメリカ合衆国では、一八六五年に憲法修正第一三条が採択されるまで、奴隷保有は違法ではなかった。はるかに多くの奴隷を雇っていたブラジルでは、一八八八年まで奴隷制は終わらなかった。奴隷制への態度の重大な変化にもかかわらず、啓蒙が奴隷制廃止をもたらせなかった理由は、本章のもう一つの大きな主題となるだろう。

一見したところ、啓蒙において奴隷制が存続したことは、逆説を提起するように思われる。啓蒙の時代は、『人間不平等起源論』（一七五五年）のジャン＝ジャック・ルソー*のように多くの思想家が、自由、平等、そして恣意的な権力の抑制について主に関心を持った時代であった。しかし同時に、人間が法的に所有者の動産として扱われる労働制度が容認され、カリブ海のプランテーション経済には不可欠なものと認識されてもいた。ヨーロッパ植民地におけるアフリカ人奴隷の使用が継続し、拡大していることは、同時代人には明らかだった。人を商品として扱うことで、奴隷制は、人間の定義や所有の経済的、政治的重要性というような論題を従来よりも鋭く提起した。奴隷制の正当化をめぐる論争が高揚したとき、聖書から自然法、実定法にまでいたる、およそ異なる権威の地位に疑問が投げかけられた。それらの権威は、さまざまな利害団体によって、奴隷制を正当化するのにもそれに異議を唱えるのにも使われていた。大農場での布教活動が増すにつれ、より多くの奴隷が洗礼を受け、キリスト教徒となった。それゆえ、霊的な平等と法的な隷属状態を結びつける問題がさらに起こった。服従をこのように正当化することは、たんに奴隷にとってだけではなく、ヨーロッパの女性にとっての問題でもあった。彼女たちがキリスト教徒であることと、彼女たちの魂の平等性とは、同様に、彼女たちの法的従属関係に反するとはほとんど考慮されなかった。奴隷制論争は、市民共同体の境界論争――所与の集団の内側にいるのは誰で、奴隷のように外側にいるのは誰か――と密接に関わっていたし、その論争を代行してさえいた。

いずれにせよ、奴隷制と啓蒙の関係によって提起された問題は、解決しにくいものである。奴隷制の存在と啓蒙の関係において、手に負えない逆説があるだけではなかった。この逆説を公にするよう強いたのは、啓蒙思想が普及したからなのか、あるいは奴隷制が進展したからなのかも分からない。よくあるように、各々が相互作用したのかもしれない。この時代にヨーロッパ植民地でアフリカ人奴隷の組織化と経済的重要性が変化したことは、それらの問題の解決の道のりと奴隷制廃止の道のりを少しも平坦にしなかった。

一八世紀の奴隷制は、経済的な点では衰えるにはほど遠かったが、道徳的な点ではますます不快なものになってきた。ハーバート・クラインが示したように、西アフリカ港からカリブ海諸島、ブラジルの広大なポルトガル植民地、北アメリカのイングランド植民地への奴隷の輸出入量はこの時代に最大に達した。イングランド植民地のジャマイカとバルバドス、フランス植民地のグアドループ、マルティニーク〔現在はフランスの海外県〕、サン＝ドマングのようなカリブ海諸島、フランス領ギアナ〔南アメリカ北東部〕、デンマークのヴァージン諸島入植地〔カリブ海の西インド諸島。現在は西側がアメリカ領、東側がイギリス領〕は、めっぽう儲かるプランテーション農業に専念した。各地は砂糖、タバコ、コーヒー、インディゴ染料のような作物栽培に特化した。これらは労働集約的農業を必要とする農産物であり、ヨーロッパからの需要はとどまることのないように見えた。この継続的な高い需要は、飽和点に達しつつある供給過剰市場における通常の経済学的動き方――需要量の逓減と価格の下落が生じ始める――とは別の何かが起こったことを意味した。通常とはまったく異なり、これらの熱帯産品の場合、プランテーション所有者の利益は、見たところ永遠に増大するようだった。

無尽蔵だったのは需要だけではない。プランテーションは、周囲の社会とのつながりを一切欠いた、それゆえ完全に所有者の意のままに使える奴隷労働者からなる労働力を供給された。奴隷は、その購入価格と衣食住費が市場相場よりもなお十分安価で済む労働力を、プランテーションの所有者にもたらした。一見して無尽蔵な奴隷供給によって、大農場経営者（プランター）は、南北アメリカ大陸に特有の労働力不足から解放された。このように、奴隷労働者は、植民地プランテーション農業の増大する利益に不可欠な部分だった。

植民地の経済と利益が奴隷の存在に依存していたことは、本国の経済も同様だったことを意味した。ブリテンの港町リヴァプールやブリストル、あるいはフランスの港町ナントやボルドーの経済は、奴隷貿易に影響された。商人や資本家はその貿易に投資することで生活していたし、奴隷運搬の特注大型船を組み立てる造船業者、大工、冶金工、縄作り、製帆屋とその組立工も同様だった。次には、彼らの賃金が地域経済の活性化に役立った。

奴隷貿易は洗練された金融制度の発展も促した。カリブ海市場向けに、西アフリカ海岸へ奴隷を買い付けに行く航海は、優に一年以上を要した。その航海は、銀行家や資本家から奴隷船船長への長期信用の提供によって可能となり、同時に、この時代により広範に行われた信用制度の拡大と奴隷貿易が結びついた。ナントやブリストルで行われた貸付が、遠い大陸での出来事の引き金を引いた。支払が確実だったので、アフリカ人やアラブ人の奴隷商人は、たいていアフリカの奥地で戦争捕虜のように捕獲された奴隷を白人の貿易商に売るために西アフリカ海岸まで運んでも採算がとれた。そしてそこから奴隷は、大西洋を横切り、ロンドン、パリ、ミラノ、ボストンへの植民地物産を作るためにカリブ海諸島やブラジルへと専用船で運ばれた。(3) 奴隷貿易は、その金融構造によって可能になった世界規模の重要性をもつものだった。

奴隷制と奴隷貿易、とりわけカリブ海とブラジルで頂点に達したものは、ますます統合された啓蒙の世界経済にとって不可欠だった。それらは、強力で高度に組織化された経済構造に組み込まれていた。奴隷労働は、奴隷貿易と植民地プランテーション生産に携わる者に高い利益をもたらした。こうした利益は、産業革命の鍵ではなかったかもしれないが、確実に経済という揚水機に呼び水を差したし、第三章で論じた拡大し続ける政府に、より多額の税収をもたらした。このように、啓蒙期において、個々の奴隷の境遇を非難するのではなく、奴隷制そのものの存在を疑問視しはじめるのは、困難なだけでなく、儲かり、成功し、世界的に組織化された経済構造の廃止を論理的に含む見解を考えざるをえないことでもあった。反奴隷運動が集結するのになぜとても長時間かかったのかを理解することは難しくない。

啓蒙は世界の経済的統合を目撃しただけではなかった。世界の舞台にいったん投射されれば簡単には解決されなくなる、計り知れない道徳的、知的問題も啓蒙は開陳した。この場合のように、往々にして経済的統合は、世界の道徳的統合に不利に作用する。奴隷がその点を何より最も明確に示している。強力な経済的利害が、奴隷制が存続するよう強く要求した。奴隷制廃止のための道徳的根拠は、あいまいに思われかねなかった。奴隷制への反応は、啓蒙思想の矛盾と逆説を検知する試薬の役割を概ね担った。トマス・ジェファソン*のような、奴隷制に反対した者でさえ、多くの場合、論敵とははだよく似ているように思われただろう。実際のところ、一八世紀における反奴隷感情の高まりは、長くしばしば混乱した歩みであった。奴隷制に反対した大規模な請願は、一七七〇年代にブリテンで始まった。一七八八年に設立された「黒人の友の会」のような、エリートによる反奴隷団体がフランスに現われた。しかし、奴隷制に対して支持・反対いずれの思想家の議論も、実際にはあいまいだったし、この時代を通じてあいまいなままだった。一九世紀半ばの、ヨーロッパとアメリカどちらの奴隷制廃止への道程も、ひどく長いものであった。[4]

奴隷制への大規模な反対は、一八世紀後半のブリテンでさえごく新しい現象だったし、フランスではまったく起こらなかった。〔奴隷への非人道的行為に関する個別事例に対してではない〕奴隷制への根本的な抗議は、一六八八年、当時はフィラデルフィアの外にあったジャーマンタウンのモラヴィア派〔チェコ発祥のプロテスタント一派〕植民地にまで遡ることができる。これは末頼もしい始まりのように見えたかもしれないが、実際にはその共同体さえも、奴隷所有に後戻りした。[5] たんなる経済上の理由だけでそうなったわけでもなかった。非国教徒の教会が、たいてい最初に根本的な反奴隷制の抗議行動を起こす一方で、彼らは、そうするための正当性を見いだす際、いくつかの問題に直面した。モラヴィア派のような教会は、聖書の権威に縛られていた。にもかかわらず、奴隷制廃止を裏づけるものは聖書になかった。旧約聖書の多くの節が、父祖の奴隷所有を示していた。奴隷制に反対する神の布告も一切なかった。新約聖書にはこの問題についての明示的な議論は何もなく、反奴隷制の意見は、正当化されるために、キリストからわれわれに贈られた「自由」の比喩的な解釈に後退しなければならなかった。聖書は依然として権威をもっていたが、決定的な奴隷制反対宣言をそこに得ようと求めた者にとって、このようにあてになりにくい原句だっただろう。例えば、一七八五年になってようやく、二六六人の奴隷所有者たちが、奴隷解放を促進する法案に反対してヴァージニア総会〔州になるのは合衆国憲法批准時の一七八八年〕に請願をおこなった。彼らは真っ向から聖書に基づいていた。結局のところ、アブラハムは奴隷を保有し続けた。そして「……キリストは、地上にあって救済に必要なことを教えるあいだ、奴隷を禁止しなかった。そのかわり、奴隷と主人とを規制する命令を残した」。ヴァージニアの請願者は、自分たちの根拠に基づいて論敵と対峙しようとし、「……大胆にも、八月の総会に奴隷の全面的解放を請願する者は、宗教上の原理によって動かされるように見せかけ、博愛を彼らの動機と勘違いしている」とも述べている。こうした批評は、奴隷所有者を自派集会から締め出すという一七八四年のメソディスト派の決議に対する直接的な反応として示された。(6) ヴァージニアの事例が興味深いのは、奴隷制支持・反対の双方の立場の基礎としての、宗教的論拠のうわすべり具合をよく例証しているからである。それはまた、奴隷制に賛成する聖書の論拠が非常に強かったため、ヴァージニアの奴隷制支持者が自らの立場を補強するために、人種に基づく論拠を持ち出す必要性を少しも感じなかったことも示している。さらにまた、啓蒙における権威の源泉としての聖書の困難な地位も示している。メソディスト派や奴隷所有者が想定したと思われるように、一七八〇年代のヴァージニアで、実定法の制定に介入するために聖書を使うことはできたのだろうか。そして、啓蒙の「仁愛」や「博愛」といった新しい理想が、聖書の原句に対してどれほど権威をもったのだろうか。奴隷制支持集団と反対集団は、必ずしもはっきりと違いの分かる論拠を配置したり、自らの大義を正当化するために異なる証拠を使ったりしなくてよかった。

　宗教団体も、奴隷制廃止のための説得力ある主張を筋立てる際に、別の問題に直面していた。ジョン・センスバックによって記述された、「アフリカ系モラヴィア派」――ヴァージニアのモラヴィア派小農園主によって保有された、改宗し洗礼を受けた奴隷――が一例である[7]。カリブ海の大農場とはおよそ異なり、これらの奴隷はヴァージニア奥地の小さな農園において主人の傍らで働いた。彼らは洗礼を受け、同じ建物で共に祈り、一緒に食事をとるために同じ長椅子に座り、やがて同じ墓地に埋葬された。この状況は、洗礼を受けた奴隷と主人の霊的な平等という矛盾を鋭く提起した。一方では、教会や仕事で日々混ざり合う彼らの生活と、他方では、白人の主人への完全な従属状態にある奴隷の法的状況とは、調和させがたかった。このうえない霊的な平等と法的な不平等が、一人の人物に共存しているように思われた。第七章で見るように、メアリ・ウルストンクラフト*のような初期男女同権論者《フェミニスト》が、ヨーロッパの女性の境遇と奴隷のそれの類似性を指摘したのは、一向に驚くべきことではない。彼女たちは洗礼を受けた。しかし、霊的な平等性は、彼女たちに男性と平等な法的地位自由も、平等も、互いにきちんと並んだわけではない。「平等」とは「自由」のようにあてにならない言葉であった。異なる形態の自由も、平等も、互いにきちんと並んだわけではない。

人種論が奴隷制の議論に介入する点に関しても、これはもちろん当てはまる。アフリカの黒人は「人種」を形成しており、その特徴上、彼らは比類なく奴隷に適しているため、奴隷という境遇を課すのは「性質に合う」こととして正当化されるとする主張が――ヴァージニアの請願例が示すように、必須ではなかったものの――、世紀末までに、奴隷制支持の立場の共通要素となっていた。このことがなぜ起こったのかを理解するため、第五章で論じ始めた、啓蒙において人種思想が構成された方法に立ち戻る必要がある。

ヨーロッパ人が人種と奴隷制を結びつけることはより容易になった。というのも第一に、一七世紀末からカリブ海、北アメリカ、ブラジルに到着した奴隷は、(ヨーロッパ人が北アフリカとアラブでまさしく見た奴隷のように)ほぼアフリカの黒人だったからである。契約労働者の大半はヨーロッパ人だったが、一八世紀後半までには一般的ではなくなり、南北アメリカ大陸では、自由のない労働制度として概ね完全に消えた。これによって、通常は白人限定だった自由のない他の労働形態がなくなり、奴隷論争がサハラ以南のアフリカ人の人種的特徴論争と関連づけられるようになった。初期には、モンテスキューが『法の精神』で、アフリカ人の身体的特徴が彼らの奴隷化を正当化すると考えている者を風刺した。彼は皮肉をこめて、奴隷制を擁護しなければならないのであれば、こう主張するだろうと記した。

問題の連中が頭からつま先まで黒く、かくも低い鼻なので、彼らを気の毒に思うことがほとんどできない。すこぶる賢明な存在者である神が魂、とりわけよい魂を真黒の体に入れたことに納得できる者はいない。……彼らを人間と考えるのは不可能である。というのも、もしわれわれが彼らを人間と想定するならば、われわれ自身がキリスト教徒でないと思われはじめるだろうからである。（根岸国孝訳『法の精神』、『世界の大思想』第二三巻「モンテスキュー」河出書房新社、一九七四年、二一八頁）

さらなる二つのことが進んだために、人種と奴隷は結びつけられるようになった。一つは、啓蒙において人間の定義としての霊魂の所有への信頼が減退したことであり、もう一つは、一八世紀に自然物の分類を含むあらゆる事物に関して興味が増大したことである。かつてミシェル・フーコーが「分類学的衝動」と呼んだもの、つまり自然物を分類したいという欲求によって、自然哲学者は、人間と霊長目の動物との間の境界線をどこに引くべきか、また人間自体がいくつかの種に分類されうるのかどうか、分類されるならどんな基準に基づくのかを問うようになった。後にジェファソンが『ヴァージニア覚書』（一七八五年）で表現したように、人間自体が「博物学の対象」となった時代がこれである。

人間のさまざまな違いを体系的に分析する方法を見つけるのは容易ではない。当時の最も有名な分類学者リンネ*でさえ、オランウータンを（直立し、道具を使い、異論もあったが話したことで）人間に分類した場合もあれば、しなかった場合もあった。また、「巨人」や「毛深い人」などが人間の独立した範疇として時に含められ、時に除かれた。人間と霊長目の動物との境目をどこにおくべきかについて議論が高まった。それは骨格に基づくべきか。それとも外見か。あるいは社会的なふるまいに基づくべきか。「人間とは何か」という問題は、啓蒙において次第に答えるのが難しくなってきた。一八世紀に、ますます人間が、まさしく権利や法的根拠——奴隷には否定されたもの——を所持するものとなるにつれて、正確に答えることが難しくなった(8)。

世界のさまざまな地域出身の人々の間にある、一目瞭然の身体的な違いについて考えることは、一八世紀においてはそれ以前の世紀とは非常に異なっていた。ルネ・デカルト〔一五九六—一六五〇年〕以来受け入れられてきた旧来の「前成説」の考え方は、人間は神によって永遠の昔から前もって形作られていたとするもので、換言すれば、アフリカ人の黒い皮膚や日本人の色の濃い直毛は、いつの世も各々に定められていたとする考え方であるが、それはもはやさほど説得力をもつようには思われなかった。モンテスキューとビュフォン*のいずれも、外見、性質、気性は風土や地理によって形作られると論じた。モンテスキューは、人間がアダムの子孫である点で単一の起源を有するとも思いつつ、ビュフォンのように、皮膚の色は風土によって形成された後天的性質にすぎないと考えた。両者は、人類はもともと白人であったに「違いない」し（むろん聖書に何の典拠もない意見であるが）、色の濃い皮膚の人は、暑い風土にさらされたためであって、彼らが実際に人間の最初の原型から異なっていたからではないと信じていた。そのような考え方が含意したのは、人種的特徴が風土と環境によって形成されるなら、それはあらかじめ神によって定められていたのではなく、ある人種が居住環境と今日呼ばれるものを変えれば、それらの特徴は変わりうるということである。

しかし、世紀末までに再び考え方は変わりつつあった。ペトルス・カンパー〔一七二二―八九年。オランダの博物学者。オランウータンの解剖研究〕やヨハン・フリードリヒ・ブルーメンバッハ〔一七五二―一八四〇年。ドイツの比較解剖学者。「前成説」に反対〕のような解剖学者が、今度は皮膚の色や髪型のような外的特徴ではなく、身体の内的構造、とりわけ骨格と頭蓋骨に集中して取り組んだ。これらの仕事は、解剖学的な形態や頭蓋の角度、皮膚の色素沈着を精査し、それに基づいて、人間の自然な階層という観念に正当性をもたらした。これはまったく新しい人種観だった。カンパーとブルーメンバッハの主張によれば、骨格構造という観点からの人種間の違いは、風土や環境の影響かもしれないと、まことしやかに主張されたものよりも、はるかにうまくいくように思われた。そのような研究の後、人種間の違いは、世紀初頭よりも不安定ではなくなったように思われた。人種による違いは、はるかに不可避で必然的なものと思われだした。女性の解剖学的な構造、とりわけ骨格、頭蓋骨の大きさと形状に次第に科学的な注意が向けられるようになったのも、この時期であった。骨格に関する証拠は、女性がより小さい頭蓋腔をもち、それゆえ「生まれつき」知的な面で男性に劣ることを「証明」するために使われた。奴隷と女性が「科学的」証拠に基づいて劣ると主張されたのはおよそ偶然ではない。女性と奴隷は、法的不平等と霊的平等という両極を最も危険なほどに体現した二つの集団だった。

第八章でみるように、自然であることもまた啓蒙において大きな力をもつ道徳的範疇として現われた。自然であることは（通常は）善いことでもあり、不可避のことでもあった。それゆえ、ヒュームの反論にも関わらず、奴隷についてはもとより女性について考える場合にも、一八世紀の人があることからあるべきことへと、自然であることから社会的に規定されることへと飛躍せずにいるのは困難だった。実質的に、「自然であること」は、部外者《アウトサイダー》としての人間階層を指定する新しい方法になった。その点で、分類学だけではこの目的を達成できなかった。解剖学者は、カリブ海の奴隷所有者に雇われたわけではなかったが、彼らが提供した人間の違いについての理論は、なるほど奴隷制支持者の大義名分を弱めなかった。彼らの理論は、アリストテレス説――「野蛮人」は実際のところ「生まれつきの奴隷」であり、それゆえ、野蛮人が奴隷化されるならば、彼らの真の本性と調和して生きることになるだろうという考え方――を改良する機能を果たした。したがって、こうした議論から奴隷制は、自然の秩序を維持するものと見られた。そのような議論は、南北アメリカ大陸のスペイン植民地で、入植時から広く使われた。一八世紀後半の解剖学者の主張は、同じことの別の言い方であった。(9)

とはいえ、新たな解剖学が真新しかったのは、解剖された全員を科学の「対象」へと、つまり科学者によって観察され、解剖される限りでのみ存在するものへと変化させた点であった。そのことによって、科学の「対象」となった人間を非人間的に扱い、部外者としての地位を強要することが可能となった。ここで重要な資料は、トマス・ジェファソンの『ヴァージニア覚書』(一七八五年)である。この文章が重要なのは、著者が新興のアメリカ合衆国第三代大統領だったからだけでなく、とりわけ繁栄する奴隷社会のただなかに生きた彼のような人物が、奴隷制について明晰に考えることがいかに難しかったかを示すからでもある。ジェファソンは、一七七六年に起草した独立宣言に、奴隷制と奴隷貿易を非合法化する条項を最初は挿入していた。しかし、ジョージアとサウス・カロライナの代表団が抵抗し、同条項は削除された。

とはいえ、『ヴァージニア覚書』で、ジェファソンはこう述べた。「不名誉なことに、一世紀半にわたってわれわれは、黒人やインディアンという人種をまのあたりにしてきたにもかかわらず、依然として彼らを博物学の対象と見ていないと言わざるをえない」。もともとヴァージニアの聴衆向けではなかったこの文章は、奴隷制の道徳的恐ろしさについて詳しく説いており、奴隷を所有する白人社会全体への不道徳な影響について説明している（ただし、彼は奴隷自体への悪影響にはほとんど注意を払っていない）。もっともジェファソンは、人種的な違いについての科学研究の重要性に注目する際、何の違和感も覚えていないように思われる。科学的知見が不十分であったため、ジェファソンは次のように考えている。

それゆえに、黒人は、もともと異なる人種であれ、時間と環境によって異なる人種になったのであれ、身体と精神両方の素質において白人に劣るのではないかということを、疑念としてのみ進めることができる。同類の異種、あるいは同種の変種が異なる資質をもつかもしれないと仮定することは、経験に反するものではない……色、そしておそらくは能力の不幸な違いは、これらの人びとを解放するのに強力な障害となる。

この一節が興味深いのは、奴隷制と奴隷貿易への反対が、必ずしも黒人と白人が同等であるという信念を含むわけではなかったことを示すからである。

この「科学的証拠」への訴えは、議論を正当化しうる力としての科学の権威が世紀後半までに徐々に増してきたことを、きわめて明確に示している。とはいえ、聖書の権威に訴える議論と似て、科学は決定的な方向性を与えそうになかった。解剖学者の著作や、人間科学についての研究者の仕事は、奴隷制支持者と反対者どちらの議論にも、明白な根拠を何も与えなかった。ブルーメンバッハは、例えば、人種という観念が出てこざるを得ないような解剖学を作った。しかし彼の著作は、人間には精神を所有することのような普遍的な特徴があるという考え方から始められている。ジェファソンはそのもう一つの事例である。彼は博物学の用語と分類学（分類の科学）を使って、奴隷解放は直ちに元奴隷の国外追放を伴わなければならないと論じた。彼は声高にこう言う。

博物学の愛好者、つまり、哲学のまなざしで動物のあらゆる種に段階的変化《グラデーション》を見る者は、造物主が形づくってきたのと同じぐらい明瞭な段階的変化を、人間という区分に保持するための努力を許さないのだろうか。……ローマ人の間では、奴隷解放はただ一つの努力しか要求しなかった〔解放奴隷税の負担〕。奴隷は自由にされたとき、染色せずとも、主人の血統と混ざりかねなかった〔多くは元主人やその一家と関わり続けた〕。しかしわれわれには歴史に知られていない別のことが必要である。奴隷が解放される場合、交配の起こらない場所に退去させられるべきである。

解放奴隷は、白人とのどんな性的関係も起こりうる前に、ただちに国外追放されるべきである。ジェファソンはここで、アフリカ人を白人と同じ人種であると認めてもいるし、否定してもいる。種は物理的な類似性によってのみ定義されたのではなく、交配能力によっても定義された。ジェファソンは、アフリカ人奴隷が人間であると信じたい。彼らは十分に白人に似ているからである。その一方で、黒人奴隷に白人と交配して欲しくない。このように彼は、黒人奴隷が白人と同じ種であるかどうかあいまいである。

ジェファソンは、社会的、経済的動揺を「刺激」せずに達成できる限りにおいて、奴隷を解放したいと望んだ——それはつまり、決して望まなかったということである。奴隷は人間であると彼は考えた。けれども、奴隷をそのように人間とみなす先にある、彼らが白人と性的関係をもちうるという結論に直面したくなかった。ジェファソンの奴隷観は脆弱で矛盾している。その点で彼は、一向に特殊ではない。奴隷制を嫌悪する多くの者と同じように、彼は奴隷を保有し続けた。人種間の交配を嫌悪する多くの者と同じように、ある女性奴隷と長期間関係を維持した。しかし、そうした矛盾は個人的な水準を超えた影響を持ちえただろう。アメリカ独立革命の立役者の一人として、独立宣言の主たる起草責任者として、そして新しいアメリカ合衆国の第三代大統領として、ジェファソンは、出だしから奴隷問題による矛盾に蝕まれている新しい国を生み出す力になった。フランス人の友人ジャン＝ニコラ・デムーニエ〔一七五一—一八一四年〕に宛てた一七八六年六月の書簡で、ジェファソンは、奴隷解放へ向けた立法がヴァージニアで失敗したことを嘆いたが、それは既に示してきたように、「自分やその友人がイングランドに反抗して決起したものよりも忌むべき隷属」を奴隷に課しつつなされた。[10] 新国家の創設者は、自分たち自身に不可侵の自由を要求した。しかし、同時にその自由を奴隷には否定した。その国には、七〇年以上も後の南北戦争によらなければ解決されない深刻な問題が残されたのである。

科学的な議論も聖書の権威からの議論も、奴隷制支持者や反対者の意見のための確かな根拠をもたらさなかった。後で見るように、所有や自由についての政治的イデオロギーや法的決定でさえも同じことだった。各方面の人が奴隷制反対・支持のいずれかを正当化するために、あまりにも多くの試みがなされてきた事実がまさしく示すのは、第一に、奴隷制が啓蒙思想の命運にかかわるくらいの争点だったことであり、第二に、そのような正当化の権威がどれほど不確実なものだったかということである。奴隷制論争は、啓蒙において権威がさらに広範な危機に瀕した適例であった。ただし、啓蒙の奴隷観にある明白な矛盾には、長期にわたる良性の結果も同じようにあったと言えよう。奴隷にされた者が全体として「奴隷にできる部外者」と見なされうるならば、奴隷制の維持には有用である。しかし、魂の平等は市民的自由へと導きはしなかったものの、徐々に奴隷は、たいてい主人と同じ教会の洗礼を受けた成員となった。ジェファソンのような多くの者が、奴隷の人間性を認めた。ただし、奴隷制を廃止するための直接的な行動は一切しなかった。世紀末の法的決定も、奴隷は人間というよりもむしろ所有物であるということを明白にしないままであった。いくつかの点において、同時代の解剖学者の研究にもかかわらず、奴隷は啓蒙において完全に「部外者」ではなくなりだした。そしてこのことはまた、少なくとも北アメリカとヨーロッパでは、まっとうな制度としての奴隷制を弱体化させるのに貢献したに違いない。

啓蒙が奴隷と奴隷制をどのように所有についての考えに統合したかを見るとき、事情はやはり複雑である。奴隷は所有物だった。彼らは家畜や書物がまさしくそうだったように、明らかに一定の市場で売買された。啓蒙においては、所有物をもつことと自由は、密接に結びついていた。政治的イデオロギーである「古典的共和主義」の伝統では、所有物をもつ権利と現実に所有物をもつこと、とりわけ地代や貸借料の課されていない土地の自由保有権は、横柄な君主の気まぐれから臣民を守るものであった。それは人びとに「国への利害関係」を与え、誰にも自由をもたらさない秩序の崩壊を防ぎ、政治と同じように社会を安定させた。それは、イングランドの内乱やフランスのフロンドの乱〔一六四八―五三年。フランスにおける最後の貴族反乱で、絶対王政を導いた〕以降の世紀に暮らす人にとって、重要な点であった。これはたんにエリートの政治イデオロギーではなく、とりわけイングランドと北アメリカ植民地では、ほとんどの社会階層で抱かれた信念であった。

同様にフランスでは、ルソーが『人間不平等起源論』（一七五五年）で、所有物をもともと平等に造られた人間の間での有害な不平等の原因と考えたが、このルソー説を支持する者はほぼいなかった。例えば、『百科全書』の「自然の不平等」の項目で、シュヴァリエ・ド・ジョクール〔一七〇四―七九年〕は、所有権を自然かつ絶対的なもので、あらゆる社会の基礎であるとはっきり主張した。しかし、奴隷貿易自体への攻撃はもちろん、奴隷解放のどんな構想も、所有権を弱体化させ、政府の権力を増大させるだろう。というのも、政府だけが奴隷解放を命令し、計画する――それゆえまさに自由の基礎を危険にさらす――ことができたからである。第三章でみたように、ヨーロッパ全土にわたって各政府が当時の国際競争で優位に立ち続けようと勢力を拡大し、租税という形で、かつてなかったほど多くの余剰財産を引き出そうと試みる時代において、これらは微妙な争点であった。主要などの君主国でも、臣民の権利と自由は危険に晒されていることが広く認識された。それゆえイングランドにおいて、組織化された反奴隷制運動が人びとを動員するようになったのがまさにこの時代だったのは、この主題をめぐる数多くの逆説の一つである。

反奴隷の感情はまた、これまで論じてきた問題とあいまいさをすべて明らかにする判決が下されたいくつかの裁判事例を創出することに成功した。明らかに最も有名な事例は、ジェームズ・サマーセットに関するものである。彼は、大農場経営者チャールズ・ステュアートに所有された奴隷であった。一七六九年にステュアートは、サマーセットをイングランドに同行させた。一七七一年一〇月、彼らがヴァージニアに帰還する日が近づいたとき、サマーセットは主人から逃亡した。ステュアートはサマーセットを再び捕らえ、彼が売却されることになっていたジャマイカへの出港を待つ間、ロンドンの港に投錨していた船に無理やり監禁した。その行為に関して、ステュアートは、財産所有者として奴隷を無条件に処分できる権利が自分にはあると主張した。グランヴィル・シャープ〔一七五三―一八一三年〕などの反奴隷制活動家は弁護団を組織し、サマーセットの代理人となった。そして、判事マンスフィールド卿〔一七五六―八八年〕のもとで裁判が開かれた。サマーセット弁護団は、帰還を非難することで、「われわれの植民地や他国から連れてこられることによっては、当地で始まっているようには、家内奴隷の復活は実行不可能とされるであろう」と主張した〔イングランド国内で拘束されたのを不問にすれば、奴隷輸出と同じことになる〕。サマーセットは彼の意思に反してヴァージニアへの帰還を強制されない旨の判決を、マンスフィールドはしぶしぶ下した。

奴隷制の状態は、いかなる道徳的あるいは政治的な理由に基づこうと導入されえない性質のものである。しかしながら、唯一実定法によってのみ、もたらされる。実定法は、奴隷が設けられた理由、機会、時代自体が記憶から消え去ったずっと後でも効力を維持する。奴隷制はあまりに酷いため、実定法を除いて同制度を支持することが容赦されるものは一切ない。……それゆえ、本件黒人は解放されなければならない。

ある部分では、奴隷に関する条項のなかったイングランドの法律と、それがあったヴァージニアの法律との対立の解決策として、サマーセットは解放された。マンスフィールドの論法は、奴隷制はあまりに酷いため、実定法体系によってのみ支持されることができ、自然法からのどんな支援も受けられないだろうという主張を含んでいた。マンスフィールドの判決がいかに気乗りせぬものであれ、サマーセットはもはや、奴隷の地位が意味すると主人が主張したような無生物の財産としてではなく、人間として扱われた。反奴隷制活動家は、サマーセット裁判を大勝利と称賛した。とはいえ、この事例が成文法を制定しなかったことに注意すべきである。解決したのは、サマーセットと主人の間にあった個別の争点だけであった。この事例は、奴隷制も奴隷貿易も廃止しなかったし、イングランドでの奴隷保有もその植民地での奴隷保有も違法にしなかった。しかし、サマーセット裁判は、奴隷制反対陣営には、衆目を集めた成功だった。したがって、それは、この時代のブリテンに特有の反奴隷制運動に大衆を動員するのに貢献した。そしてまた、この裁判は、メソディスト派の指導者ジョン・ウェスリー*の注意を引き、奴隷制と奴隷所有に反対するメソディスト派の運動の「覚醒」を導いた(11)。

これまで、われわれは奴隷制の問題をめぐる多くの争点を集めてきた。人種的な相違の規範的な力、所有と自由の関係、奴隷制について聖書の教えに与えられた権威の程度、したがって、聖書自体に与えられた権威の程度、霊的な平等の限界、身体的な相違における社会的、法的な劣等性の根拠などである。それらはすべて、啓蒙思想の中心にある問題、すなわち差異の意味と取り扱いに主として関わる問題である。それらの問題は、強力な抽象概念を頻繁に扱う啓蒙思想が、行動への明確な根拠を往々にして示せなかった経緯も説明する。啓蒙は、「普遍的」な人間主体、つまり「人間科学」の基礎として使われうる、合理性をもった経済的に自由な行為者を創出しようとしていた。奴隷制は、そのような理想が達成されるにはどれほど遠いのかを示した。そのうえ奴隷制は、啓蒙初期には、たいていの人にとって容認できる慣行だったが、徐々に容認しにくくなり、終わりにはより問題のあるものへと変化した。世紀中葉までには普通の人びとによってさえ、奴隷制は残酷で不当なものとしてだけでなく、ともかく変えられないものとしても、ますます見られていた。世紀末までに、サマーセット裁判とその帰結――メソディスト派の反奴隷制への「覚醒」や、イングランドでの奴隷制反対の大規模請願の増大のような――が示したのは、世論の潮目がどのように変わって、制度としての奴隷制がカリブ海で経済的重要性のまさしく最高潮にあった時、それに反対し始めたのかということだった。

メソディスト派の奴隷制反対への転回は、ブリテンでの、そして北アメリカのブリテン植民地の一定範囲での世論総動員の一部をなした。この変化の発端はいまだ定かではない。宗教的な動機は明らかに重要だが、最も強力な奴隷制への糾弾は、多数派の教会からではなく、まさに最も信徒の少ない宗派から起こった。そうであったにせよ、ヴォルテール*やモンテスキューによる奴隷論の綿密な知識を主張できた人よりもたぶん多くの人が、直接的、間接的にメソディスト主義やクエーカー教から影響を受けただろう。しかしなお、何が奴隷制への態度を劇的に変えたかを問う際に、それを宗教的要因に帰すことは実際のところ難しい。国教会から分かれた関係にあった、モラヴィア兄弟団〔兄弟団自体はフス派の流れをくみ国教会の分離派とは言えないが、その敬虔主義はジョン・ウェスリーを通してメソディストに影響を与えた〕やクエーカー教のようなプロテスタントの「証をする」教会は、早々と先導して奴隷制に異議を唱えた。もっとも、国教会自体には、宗教上の分割の証拠はない。オランダのカルヴァン派は、フランスのカトリックや南部アメリカ共和国のプロテスタントと同様に、奴隷制廃止にほとんど共感しなかった。

大多数の人にとって、より重要だったのは、宗教的あるいは経済的な動機や、人種的特徴についての科学的議論よりも、感情、人間性、博愛に価値をおく啓蒙のイデオロギーの普及が進んだことだったかもしれない。奴隷制は、奴隷なき社会の自由の維持にとって危険であると論じた者もいた。こうした見方はすべて、奴隷の苦しみに対してしかるべき世話を焼いた。しかし、彼らの意見の理由により関係があったのは、結局のところ、自由な白人の自尊心や、「自由」が脅かされていると感じた白人社会の安全を確保することだった。

奴隷制に反対する動員は、世紀末には、いくつかの実質的効果があったように思われる。法的な奴隷制廃止の年表はめざましいもののように思われる。イングランドでは、奴隷保有ではなかったにせよ、奴隷貿易は一八〇七年に違法と布告された。そして奴隷制は、ブリテンのカリブ海諸島で一八三三年から違法になった。新しいアメリカ共和国のいくつかの州でも、一七九九年のニューヨーク州のように、段階的奴隷廃止法が採択された。カリブ海諸島で奴隷制の完全廃止を唯一達成したのは、フランス領サン＝ドマングであった。同地では、一七九一年から一八〇四年まで続いた一連の暴力的紛争のなかで、奴隷自身によって解放が達成された。フランスは、一七九四年に自国植民地で奴隷制を禁止したものの、一八〇二年にはグアドループで、一八〇三年には全植民地で奴隷制を復活させた。新しいアメリカ合衆国で、奴隷制を「廃止した」州は、いずれにせよ、カリブ海のプランテーション諸島と比べて、白人に対する奴隷の比率がそれまで非常に低かった。そうした州でさえも、即座に完全解放するよりも、むしろ二五年間以下の期間にわたって、徐々に奴隷を解放していくのが常であった。最大の奴隷社会ブラジルは一八八八年まで、そしてアメリカ合衆国では、南北戦争と一八六五年の憲法修正第一三条まで、奴隷制は完全に廃止されなかった。歴史家は、ルイジアナや他のアメリカ合衆国南部諸州、ギアナ、トリニダード〔ベネズエラの北に位置するカリブ海諸島〕のような地域では、フランス革命からアメリカ南北戦争までの期間に、現実には奴隷の使用は拡大していたかもしれないとも主張している(12)。

また、奴隷解放と奴隷制廃止論は、必ずしも両立しなかったことも記憶されるべきだろう。ヴァージニアの大農園主（プランター）に属する奴隷は自分たちで人口を再生産していたので、大農園主にとって奴隷貿易は一切不要だった。それにとどまらず彼らは、奴隷商を恩着せがましい商人階級と見て、貿易反対運動を起こした。ヴァージニアの例は、奴隷貿易反対運動をしながら、にもかかわらず信念をもって奴隷を所有するのが可能だったことを示している。イングランドでの奴隷制廃止に対する大衆の支持でさえ、本国での自由を維持することへの懸念により関わるものに違いなかっただろう。そのような支持は、元奴隷がイングランドで生活するのを見たいという切望や、他のどこかの奴隷の窮状への大いなる共感を必ずしも含まなかった。結局、大規模な奴隷制廃止論は、イングランド国内限定のものだった。「黒人の友の会」のようなフランスの圧力団体は、もっと後の大革命直前に設立され、エリートの組織にとどまった。奴隷制廃止論は、フランスの一般大衆には人気のある大義ではなかった。

奴隷制廃止運動は啓蒙における「政治的争点」としてかなり遅くに現われた。それは、活字や世論における運動——例えば、法的拷問や不平等課税への反対運動、あるいはカトリック諸国でのプロテスタントの市民権、農奴制の廃止、カトリック教会の経済的、文化的影響力の縮減を求める運動など——よりもはるかに後だった。フランス革命が起こった後でさえ、平等な諸権利という新しいイデオロギーは、奴隷解放を即座にも、恒久的にも、事実上もたらさなかった。女性のような排除された他の集団も、諸権利の帰属を待たねばならなかった。往々にしてそれらはつかの間獲得されたが、後に再び剝奪された。改革者に課された問題は、差異を維持することに利益が付与された奴隷制のような経済的、政治的諸力に直面して、そして人間の生物学的相違という「事実」に直面して、どのように平等で普遍的な諸権利をもたらすかであった。これは依然としてわれわれが抱える問題である。

第7章

性についての啓蒙の考え

もし女性が理性という資質を男性と分かち合っているとすれば、誰が男性を排他的な審判にしたのか。

真理は、私がその言葉の意味を理解しているとすれば、男性にとっても女性にとっても同じでなければならない。にもかかわらず、詩人や小説家によってたいそう上品に描かれた、真理と真実を犠牲にするよう求める女性らしい夢見がちな性格にとっては、徳は効用という土台しかない相対的な観念になる。そして男性はその効用について、男性自身に都合のよいように解釈し、恣意的に判断したがるのである。

男性はある限られた時のみ男性である。女性は一生女性である。……あらゆるものが、たえず自分の性別を彼女に思い起こさせる……完璧な女性と完璧な男性は、容姿と同様に精神において互いに似ているはずがない。(1)

啓蒙は性(ジェンダー)の定義づけに大きな労力を注いだ。実際のところ、その労力がいたく多大なものだったため、この時代を、性差を定義づけようとするヨーロッパ文化による試みにおける分水嶺と考えてきた歴史家もいる。(2) 性は異国と同じく差異の領域だった。それゆえ性は、啓蒙思想がもついくつかのきわめて強固な要素に異議を唱えた。それらの要素は、普遍的な人間本性と人間の普遍史という観念——そのどちらも、人間が合理性という単一にして普遍的な形態をもつことで立証される

――が強調されたものだった。一八世紀末までに、メアリ・ウルストンクラフト*のような多くの思想家が、奴隷に対する権利を否定することと、女性に対する権利を否定することとを同一視したのは、何ら偶然ではなかった。その各々は、啓蒙の決定的な前提を揺るがした。にもかかわらず、実際にも、また多くの啓蒙の著作においても、それぞれが主張された。本章ではこの矛盾を理解しようと試みる。

啓蒙において払われた多くの努力が焦点としたのは、女性らしさの定義であった。口うるさい女、売春婦、女傑といったこれまでの時代の強烈な女性像は影をひそめ、男女間の社会的、文化的相違を「自然なもの」であり、それゆえ正当で不可避のものと定義しようとする数多くの医学的、科学的試みに置き換えられた。多くの論争が、女性の性的な体質と、母親としての女性の役割の重要性に焦点をあてた。(3) これらの論争では、科学と医学がますます重要な意見として貢献した。

医学書は、女性は実質的に人類における別個の種であり、彼女たちの生殖機能と、しばしば否定され抑圧された性欲によって特徴づけられることを、次第に匂わせるように思われた。とはいえ、逆説的にも、家庭内環境では、女性はたいてい道徳と宗教の管理者という役割を帰せられた。これは、明らかに多くの矛盾する要素を含む女性観だった。それはまた、フランスのような、政治構造が個人の同一性にではなく圧倒的に団体の同一性に立脚していた国においてさえ、男性が法的、経済的領域で、自立した個人の行為者として、ますます自らを定義していたまさしくその一方で、個人としての完全な地位を女性に否定する見方だった。(4) 性についての啓蒙思想は、このように、内在する多くの矛盾に直面した。啓蒙思想は、男性が徐々に要求するようになった諸権利や自律と、相変わらず女性に要求された依存の間に、大きな格差を設けた。それは、メアリ・ウルストンクラフト、テオドール・フォン・ヒッペル〔一七四一―九六年。ドイツの風刺家。『女性の市民的改善について』など〕、コンドルセ侯爵などの著述家によって、同世紀末に提唱されることになった議論を形成するはずの格差だった。(5)

ウルストンクラフトの著作は重要である。というのも、それが当時の男女同権思想における規範となる地位を得たからだけではなく、性についての啓蒙思想にひそむ諸々の矛盾と真っ向から対峙し、それらの矛盾が啓蒙思想の構造にとっての懸案であることに目を向けさせた、最初の著作の一つだからでもある。ウルストンクラフトはこう指摘した。ルソー*のような著述家によって支持された女性らしさの考え方、すなわち女性が男性とは異なり、男性に劣るものという考え方は、ヴォルテール*が以前留意したように、君主や貴族が臣民に、あるいは奴隷所有主が奴隷に行使した、特権や専制的権力に基づく政治制度――当の思想家が別の文脈で喜々として批判したもの――を、たんに家庭内生活で複製しただけである。(6) ウルストンクラフトは、啓蒙思想が性のまわりに鈴なりに連ねたような、さらに深刻な矛盾も見極めた。彼女は、啓蒙は万人に生まれつきあるか、万人が獲得するとされている「理性」や「徳」のような理想に基づいていると指摘した。しかし、合理性は、ルソーなどの著述家や医学書の著者によって、まさしく女性に否定されたものであり、他方で「徳〔貞操〕」は、女性にとってたんに性的な意味でのみ定義された。しかしながら、ウルストンクラフトが指摘するように、そのような策略は危険な道徳的相対主義を導くだけであり、「道徳に性別を持ち込むこと」で、啓蒙の進展を妨げもするだろう。(7) 男性にはこれ、女性には別のこれというように「徳」を定義することで、啓蒙と宗教を結び付けるどんな試みもまた蝕まれるだろう。彼女はこう言う。

> もし女性が生まれつき男性に劣るならば、彼ら彼女らの徳は、同程度ではなくとも、同質のものでなければならない。さもなければ徳が相対的な概念ということになる。……徳は単一にして不変の基準をもつ(8)。

> 自分自身の理性の行使に由来するのではない徳をもつ誰かを有徳な者と呼ぶのはこっけいである(9)。

ある人（女性）にとっての徳は合理性に基づかず、他の人（男性）によって実践される徳と異なるように定義されるということは、神に由来しないことを意味する性質を徳に付与することになる。なぜなら、神は一つの永遠にして理性的なるものだからである。

ウルストンクラフトによれば、もし女性が実際のところ理性的でないのなら、見栄を捨てて彼女たちを動物と同じように社会生活から完全に排除する方がはるかに好ましいだろう。もし彼女たちが現に理性的であるならば、彼女たちは、男性と同じ道徳的、知的生活に参加すべきである。

> 女性の権利を求めて闘う際に、私の中心的な主張は、次のような単純な原理にだけ基づいている。もし女性が、教育によって男性の伴侶となるための準備をしないなら、彼女は知識や徳における進歩を止めるであろう。というのも、真理は誰にとっても共通でなければならないからである。さもなければ、一般的慣行への影響の点で、真理は効力のないものになるだろう(10)。

仮に人類の半分が理性か徳かのいずれかの資質のための能力を欠くと思われるにせよ、普遍的で性別によらない道徳や合理性の基準がなければ、理性や徳に基づく普遍的価値体系を通じた解放という啓蒙の企図《プロジェクト》は、維持されえないだろう。言い換えれば、性についての啓蒙の考え方が否定し、蝕み、異議を申し立てたのは、普遍的に適用可能な企図としての正当性を求める啓蒙の権利だった。

これらの矛盾の多くは、性別の議論と自然というあいまいな概念を結びつけた啓蒙の方法から生じた、とよく指摘されてきた。ルソーや彼に似た者の関心は、女性らしさを「自然」で、それゆえに「正しく」、不可避なものとして定義することだった。そうすることで、彼らは女性らしさについての議論を啓蒙の中心的関心事の一つに付け加えていた。「自然なもの」は、いろいろな多くのことを意味しうる。例えば、「社会的に定義されたのではない」、「人為的」でない、「外の物質的な世界に基づいた」などである。往々にしてこれらの意味が混じり合って、圧倒的に「自然なもの」という用語が使われた結果、二一世紀のわれわれなら、社会的に作られ、それゆえ変化や批判を受けやすいものと見る取り決めが、正当化され統制された。[11]「自然らしさ」もまた、まだ完全には現れていなかった事態を生じさせようとする主張を正当化するために、よく使われた。「自然なもの」は、言い換えれば、実際のところたいてい斬新で、いつも高度に規範的な見解に賛成する議論のためのなかなか良い方法だった。社会的な取り決めは、「自然なもの」と表現されることで、さらなる正当化が与えられた。女性の役割の「自然らしさ」に賛成する議論は、用語のあいまいさゆえに、作り出された「自然なもの」に関する生物学上の主張から、また同時に、社会の「人為的なもの」――「人間の本性」の真の、あるいは「現実の」構造と食い違う社会慣行を意味した――に反対する啓蒙の度重なる論争術から、力を得た[12]。

このように、「自然なもの」という用語の極度のあいまいさは、この時代には、女性らしさを定義する複合的な方法で使うことができた。女性は、解剖学や生物学の意味する「自然」によって決定される存在になっていっただけでなく、男性よりも「自然」に近いものと次第に定義されるようになった。とりわけ女性は、外の創造された世界――人間が、一つには操るために、一つには理解できる状態にするために働きかける領域としての――を意味する「自然」の定義に影響を受けた。「自然」は、人間が理解し、使いこなし、わがものとしてきた世界の一部分であると捉えられえた[13]。同じように、女性が男性より自然に近いという考え方は、二つの主張を含んでいた。一つは、彼女たちの身体的な「本性《ネイチャー》」ゆえに、女性は感情的で、お人好しで、客観的な推論ができないという主張であり、同時にもう一つは、家庭内で女性は新たな道徳の使者であり、その道徳を通じて文明の非‐自然らしさ、その人為性が超越され、自然で、洗練され、近代的な社会が創り出されるという主張であった[14]。女性らしさと自然なものとの間にある、この複雑な関係性についての文化的な描写は、モーツァルトのオペラ『魔笛』（一七九一年）における迷信の理性への、あるいは女性の男性への最終的な従属から、ジャック＝アンリ・ベルナルダン・ド・サン＝ピエール（一七三七―一八一四年）のベストセラー『ポールとヴィルジニー』（一七八八年）で表現された女性を通じた再生の兆候にまでいたる、幅広い範囲に及びえたのである。

女性たちは、自然法の第一の基礎を制定する。人間社会の一番早い創始者は、家族の母親である。彼女たちは男性たちの間に散在し、何よりも自分が男性であることを彼らに思い出させる。そして、政治的な法律にもかかわらず、基本的な自然法を支持する……。女性たちは、自然の絆のみならず、社会の絆によっても男性たちをまさしく結びつける。(15)

しかしながら、これらすべてのあいまいさにかかわらず、一つの点がはっきりと突出している。「自然なもの」を「善いもの」と定義する啓蒙の傾向にもかかわらず、女性を「自然なもの」と同一視することは、女性に男性との平等性や男性への優位性を与えるように作用しなかった。むしろ逆説的に、それは女性を男性と紙一重の場所に置き、彼女たちを「他者」として——その本性が自明で道理にかなう者というよりも、むしろ定義されるべき者として——定義するように作用した。「女性らしさ」の定義と「自然なもの」の定義がひとたび一致させられると、その各々が疑わしいものとなることも重要である。なぜ女性は男性よりも「自然なもの」であるべきなのか。とりわけ、別の文脈においては、全体としての人間性が、人為性や因習を捨ててもっと「自然なもの」になるよう、啓蒙にたびたび促された時代に。ここで重要な点は、女性らしさを定義する計画が、「自然なもの」のような啓蒙の鍵となる概念の大多数をかき乱し、疑わしいものにしていることである。

おそらくそれは、啓蒙の科学的、医学的な性の定義づけにおいて、それほどの興味を引き起こす「自然なもの」をねじ伏せようとする試みだったのだろう。近年、トマス・ラカーなどの歴史家が主張したところによれば、一七世紀から一八世紀にかけて、男女の定義は、医学的な性差を反映した身体の定義に大いに影響され、再定義され始めた。科学や医学の文化的な地位が上昇することで、「生物学上の真理」は、「神に命じられた階層や、男女関係における力の創造や配分のための根拠としての太古からの習慣に」、取って代わることができた。[16] 手短に言えば、女性の生殖器官を男性のそれの反転あるいは相同と見なすと同時に、女性の身体は本質的に男性の身体のもう一つの型であるとした旧来の考え方は、ラカーの主張によれば、女性と男性の身体は完全に異なるとする考え方に代替された。[17] 解剖学で、骨格や神経組織のように男女共通と考えられていた構造は、今や区別された。卵巣や精巣のような器官は、以前は名前を共有していたが、今や異なる名称が付けられた。[18] 女性の脳の解剖学的研究が、彼女たちの脳の容積はより小さいと論じ、それゆえ女性が知的職業に向かないことを最終的に実証した。[19] 例えば、ラエティティア・ホーキンス〔一七五九―一八三五年〕は、ウルストンクラフトの『女性の権利の擁護』に直接応答し、一七九三年の著書『女性的な思考についての手紙』で、こう主張した。

私が思うに、知力には性別による違いは一切ないと心から言い張ることはできません。造物主《ネイチャー》は確かに区別をするつもりでした……一般的に、またほぼ例外なく、女性らしい知性は、力強さをより欠き、より鋭いのです。結果的に、私たちが知性を働かせる場合、私たちが示す根気はより弱く、より活発なのです……。[20]

ホーキンスのような著述家は、同世紀のより早い段階で、ジャン＝ジャック・ルソーなどの有力な著述家が用いたのとほぼそっくりな考え方を、一七九〇年代頃にオウム返ししているにすぎなかった。教育論『エミール』（一七六二年）で、創作した「理想の女性」としてソフィーを描きながら、ルソーは、ソフィーの体質が彼女と婚約者のエミールをはっきりと区別もしていれば、その働きによって、第一に彼女の彼への従属が、第二に母親かつ家庭内の存在としての彼女の定義づけが確かなものにもされることについて、こう語る。

男性はある限られた時だけ男性である。女性は一生女性である。……あらゆるものが、たえず自分の性別を彼女に思い起こさせる。そして、その役割を果たすには、適切な体質が彼女に必要である。……女性は赤子に乳を吸わせるため、座りがちで穏やかな生活を必要とする。家族をまとめておくために、どれほどの配慮と敏感さが女性に必要なことか。……両性が負う義務のかたくなな厳格さは、同じではないし、同じでありえない[21]。

当時の医学文献から推測されることに基づいたルソーのような著述家にとって、女性の仕事は、「彼女たちの生殖機能に根づき、それに制限されたものであり、その必然的な帰結であると受け取られた[22]」。性についての考えがこんなふうに議論されえたという事実は、二一世紀の性についての考え方が一八世紀のそれとは異なることを重要にも示している。われわれの時代には、たいていの者が、男女差について、男女の異なる生態に根づいた違いより、大きくはなくとも同程度には、訓練、教育、社会的期待の違いから生じると考えるようになった。他方で、啓蒙にとっては、生物学的な違いと文化的に誘導された性別役割は、一つの同じものとして見られた。ほとんどの一八世紀の思想家にとって、生物学的な違いは、例えば、女性が妻や母親に特有の役割に適しているとますます強調したように、男女に帰せられた社会的役割を直接的に生み出すものだった。われわれの考え方ともう一つ決定的に違うのは、一八世紀は、性別役割が露骨に一般化されていたことである。他方、今日では、各個人に、各々独特の混ざり具合で「男性的」あるいは「女性的」属性があるとよく言われる。

生物学的、医学的「証拠」を通して性別を絶対的な相違として定義する傾向が強まっているとするラカーやその先導に従う歴史家の議論は、説得力をもつように思われる。しかし、彼らはこの時代の性別観の変化という問題の全体を扱っているのだろうか。まずはこう指摘しうるだろう。すなわち、ラカーは、どれほどの人が実際に女性らしさを再定義するために提示された科学的、医学的理論を信じたのかを知ることはおそらくできないだろうと、ごく率直に認める[23]。ラカー自身、性についての多くのより古い考えが、啓蒙による再定義と共存してきたように思われると指摘している[24]。エリートに属さないほとんどの者——医学的な議論が対象にした者——にとっては、医学的、科学的文献が生み出した、ますます分化した男女の生理学的ひな型は、男性らしさ、女性らしさに関する多くのより古い考え方と共存するものであった。ラカーがさらに認めたように、医学的に推進された新しい性差観は、圧倒的な証拠に基づく科学的合意に由来するわけでもなかった。性差に関する諸説は、どれ一つとして勝利を収めなかったし、人間の解剖学や生理学の新たな知識は、性差についてなされた主張を裏づけるものではなかった[25]。科学的事実という「あること」から社会における性別役割という「あるべきこと」へと移ること、別の言い方をすれば、記述的なものから規範的なものへと移ることは、論理的に不可能だった。そうだとすれば、ラカーは、なぜ一八世紀の著述家が、かくも多大な精力を費やして女性のさまざまな生物学的特質と社会的役割を綿密に関わらせようとしたのかという問題に、実際のところ取り組んでいない。

多くの歴史家が、大規模な産業の変化と発展を、女性の社会的役割における変化の原動力として指摘してきた。彼らによれば、工業化と世界市場の形成が「性別分業」を構築せざるをえなくし、それによって、工業化を通じて入手可能となったますます多くの商品を消費する任務が、女性、とりわけ中産階級の女性に割り当てられたのである。[26] この「分業」が「家庭の領域」の構築を必然的に導き、そこは消費の中心地にして、とりわけ女性の領域になる予定だった。そのような歴史家は、ラカーと違って、女性の生物学的特質についての啓蒙思想の多くが、もともと階級に基づくものだったことも指摘している。つまり、女性の身体についての医学的説明で記述されていることは、どんな女性にでもあてはまるわけではなかったのである。その身体は、とりわけ重労働をする農婦や都市の女工のものではなく、中流階級の女性ならそれらしくあてはまるような、はるかに華奢で軟弱な身体であった。ナンシー・アームストロングなどの歴史家は、この議論を押し進め、こう断言するにいたった。すなわち、家庭的な中流階級の女性に新たな経済的役割が割り当てられたことは、真に最初の近代的経済人が女性だったことを意味する。というのも、女性の役割が経済的な機能として記述された嚆矢だからである。[27]

もっとも、女性の領域は家庭の世事であるとする考え方は、一八世紀において何ら新しいものではなく、工業化や女性の生物学的再定義のはるか以前からよく主張されてきた。[28] 啓蒙において変化したのは、この考え方を裏づけるために、医学的「証拠」がますます信頼されるようになったことである。常に留意すべきことだが、そのような医学的な正当化もまた、聖書の命令や伝統的慣例といった手段を通じて、女性の家庭への責任によって定義される、かなり古い女性の役割の正当化と共存してきた。したがって、啓蒙の性別観を独特で新奇なもののように強調する歴史家は、一八世紀に特有の歴史的背景から自説を正当化する際に、往々にして現実的な問題に直面した。また、社会における「女性の役割」について、あるいは女性の定義についての議論にさらされた中産、上流階級の女性の大部分でさえ、そのような教えを本当に受け入れ、それが彼女たちの生活に影響を与えるよう考慮されたかどうか、とうてい定かではない。多くの歴史家が、この時代の女性の再定義にとって中心をなすものと見ていた、妻や母としての女性の「新しい」社会的役割ですら、大論争に包囲された[29]。

女性の経済的な役割は、ますます感情面での役割に取って代わられた。そして、とりわけ母親としての子供へのあたたかな面倒見や、配偶者への愛情ある夫婦づきあいといった家庭的な義務に「生まれつき」適している女性の姿は、ますます一八世紀の著述家によって賛成され、芸術家によって描かれた[30]。そのような家庭を主張する理論家は、雇われの乳母に授乳や世話を任せるために、たいてい離れた村へ乳幼児を送りだす慣行に、とりわけ注意を払った。この慣行は、大陸ヨーロッパで、最貧層を除くすべての社会階級にわたり遂行されていた。啓蒙期までに歴史上すでに確立されていたため、それは社会に受け入れられた慣行として、フランスでは少なくとも一九一四年にいたるまで残存した[31]。しかし、一七六〇年代に、ルソーなどの著述家がそれに反対しだした。子守りしてもらうために子供を遠方へ送る母親は、その生理学的構造に示される母親の義務を拒んでおり「自然に反する」と、ルソーが『エミール』で主張したとき、彼は多くの同時代人と同意見だった。「街の華やかな享楽にその身を任せる優しい母親は、子供が村で産着の布にくるまれて、どんな扱いを受けているかに、あらためて思いを馳せるだろうか」[32]。依然として、これはイデオロギーであった。母乳育児を支持するこれらの痛烈な批判を取り入れた女性が、若干の犠牲を払ってそれに従った。ルソーが明らかにしたように、母乳育児や親密な乳幼児との母子関係という問題に関して、母親としてやましくない心の代償は、都市や家族外の世界の魅力を味わう自由と引き換えに、ますます家庭の中に閉じ込められることだった。

ルソーや彼を模倣した多くの著述家の議論は、別の意味でも興味深い。彼らが支持した女性らしさの型は、往々にして、はるかに古い起源をもつと示すことができた。しかし、性に関する議論が、啓蒙思想における他の関心と、その時代に特有である方法でまさしく交差していたのも事実である。これは強調すべき点だ。というのも、そのことを通じて啓蒙が性に関する議論に何らかの新機軸をまさにもたらしたことを、第二にそのような議論が啓蒙思想の一般様式においてなぜ重要なのかを、正確なかたちで手際よく言えるようになるからである。

性別についての問題だけが啓蒙思想の深層構造を多少混乱させたのではない。そのことは、奴隷や貧民のような「異なっている」と認識されたどの集団であれ、啓蒙の普遍主義に苦労してただ受け入れられる経緯にもあてはまった。とはいえ、女性自身が啓蒙文化の形成への参加を貫いたため、性差の問題を排除することがはるかに困難になったのも事実だった。一八世紀は、「三文文士」の一員としてにせよ、メアリ・ウルストンクラフトのような知識人としてにせよ、アンゲリカ・カウフマン

〔一七四一―一八〇七年。スイス出身のオーストリア新古典主義画家。『デヴィッド・ギャリックの肖像』など〕やエリザベート・ヴィジェ＝ルブラン〔一七五五―一八四二年。一八世紀で最も有名なフランスの女性画家。『水浴びをする女性』など〕のような画家としてにせよ、さまざまな形態の文化的作品によって独立生計者となった女性が、かなり出現した最初の世紀であった。自立したそのような女性は、第二章で見たように、出現しつつあった男性の自立した知識人層に大問題を提起した。彼女たちは、女性であるがゆえに知的に劣り、社会的、政治的権威――まさしく執筆することによって彼女たちが暗に要求したもの――を本来的に欠くと特徴づけられた。男性知識人による、女性の知力への数多くの激しい攻撃、とりわけ女性の著作への激しい攻撃は、彼らの懸念を示している。それは、女性の自律知識人層への加入が、依存状態と非合理性――ルソーなどの著述家によって、女性に本来備わった性格の一部とごく一般的に主張されたもの――という烙印で、仲間の男性の名声を汚しかねないという懸念である。そういうわけで、「性別」は、啓蒙による省察にとって単に難題なだけでなく、啓蒙がそれを誰のことでどんなものと考えたのかということに影響する主題でもあった。啓蒙は、真に自律的で、合理的で、客観的で、したがって正当な運動だったのか。そしてそれゆえに、啓蒙は男性――社会秩序を批判する彼らの権利は、男性性をも定義するまさにその性質そのもののうちにあった――の運動でもあったのか。あるいは、男性の裏面である女性も含む運動だったのか。メアリ・ウルストンクラフトによって提起された、合理性は人間の普遍的特質かそれとも男性に限られたものかという問いは、啓蒙思想家にとって、哲学的な問いだっただけでなく、多分に政治的な問いでもあった。というのも、その問いへの回答にこそ、啓蒙知識人《フィロゾーフ》が正当性をもって批判業を遂行する権利がまるごと存在したからである。

しかしながら、啓蒙において、女性は、ハーバーマスが理論化した「公共圏」（第一章）だけでなく、「世論」と「知識」双方の生産にも関わって、より伝統的な役割を果たした。大陸ヨーロッパにおいて、女性は、啓蒙の最も特徴的な知的集合体の一つを組織するのに不可欠な存在だった。それはサロンである。啓蒙思想の形成と伝播に不可欠な経済構造や社交性に関するこれまでの分析が強調してきたのは、公的で、商業的で、そして主として男性が支配した思想の市場や普及網までだった。サロンはおよそ別物だった。思想に関わる社会形態としてのサロンは、一七世紀に、とりわけフランスの宮廷社会にその起源があった。貴族階級の女性は、だいたいは自分より身分の低い男女双方を自らの周囲に集めはじめ、その集いで、参加者によって、精緻で文芸に通じた共通の文化が作られることを支援した。参加者は、サロンの女主人に前もって示された話題を論じるために会合を開いた。演劇、詩、散文などの作品が創作され、参加者のうちで朗読され、そしてしばしば、公衆に広く披露される前に、サロン参加者からの批判に応じて実質的に手直しされた。サロンでの発表を、単に創作過程の必須部分としてだけでなく、活字出版と概ね同等なものとして考えた者もいた。このように、サロンは一七世紀においてことのほか重要なものだった。というのも、サロンは、社会エリートの間で知的議題を定め、多くの場合に、集いの文学的、知的作品になったものに、社会的な公共広場を提供したからである。これらすべてにおいて、女性は不可欠であった。女主人が創案したそれぞれ独特の特徴、予定、集いの文化が各サロンにあった。集いのための場所を提供したのは女主人だったし、通常それは彼女の家族の邸宅であった。交際費をまかなったのは、彼女（あるいは間接的に夫）であった。サロンの参加者を選び、参加者が形成する関係を監督したのは女主人だった。それゆえ、集いの知的議題を統制したのは主に女主人であった。言い換えれば、サロンの女主人の資金力だけでなく、その社会的地位も、より低い社会階級に属する傾向のあったサロン参加者の知的作品を正当化した。またその結果、サロンは、知的な様式や女性参加者の議題を正当化した。一七世紀において、サロンの女主人やその女性参加者は、しばしば才女《プレシューズ》と表現された。その際立って独特な、妙に気取って控えめな話し方や書き方、そして彼女たちの言葉遊び好みは、サロンという特徴的な文芸文化が発達した極北だった。

それゆえ、一八世紀の時点で、サロンにはすでに長い歴史があった。それは女性をエリート文化の形成者として祀る歴史である。この点でサロンは、話し言葉による、文芸に通じ、比喩に満ちた共通の文化も創作し始めていた。そしてその文化は、男女で非常に異なる教育や社会的役割によってもたらされた両性間の隔たりを取り除くのに役立った。しかし、一八世紀には、サロンに重要な変化も起こった。サロンは宮廷社会の外に出はじめた。貴族の女主人は、成功を収めた資本家の妻であるデュ・デファン夫人〔一六九七―一七八〇年。イギリスの作家ウォルポールへの恋文が有名〕や、ダランベール*の母親であり、彼女を取り巻いた醜聞だけで小説家としての名声は凌駕されたうえ、事実上宮廷から締め出されたデュ・タンサン夫人〔一六八二―一七四九年。『コマンジュ伯爵回想録』など〕、あるいはダランベールの最愛の人であり、デュ・デファン夫人の貧しい親戚で被後見人であるジュリー・ド・レスピナス〔一七三二―七六年。『恋ぶみ』は邦訳もある〕といった女性に取って代わられた。参加者を勧誘してサロンを組織したり、議題を決めたり、参加者間の個人的関係を管理したりする女主人の機能の多くは、同じままだった。しかし、啓蒙における女主人〔の出自〕のより広範な社会的基盤によって、知的議題の主導権が、宮廷からはるかに幅広い社会的、知的エリートへ、ごくゆっくりと渡っていった様子が明らかになった。またそれは、貴族階級や司法、行政エリートに属さず暮らしはじめた、ディドロ*〔刃物師の家に生まれた。パリ大学で学んだ後に放浪生活もしている〕のような多くの者を、サロンに参加させられたことも意味する。そのような非エリートのサロン参加者は、自作品に対する聴衆や貢献だけでなく、後援を求める働きかけによって、エリート自体に出世することに通じる人的関係という社会資本への接近も得られた。また、非貴族階級の参加者からなるサロンが増加することで、知的議題が、才女の文化から、歴史、経済学、政治学に関する批判的著作という幅広い焦点へと、すなわち言葉遊びの世界から伝達内容そのものへと広がったことも、事実であった。このように、サロンの焦点が変化したことは、文化的創作物の方向性の変化を総じて反映していた。その創作物の企画が魅了しようとする対象は、次第に社会的、政治的ピラミッドの頂点に向けられることが減り、宮廷の影響圏外で世論を形成した多種多様さを増すエリートに向けられることが増えた。宮廷は、公共圏における唯一にして最重要な決定者、あるいは行為者であることをすでにやめていた。宮廷の知的優位性のこの浸食は、その政治的支配の浸食と同時に起こった。偶然そうなったわけでは一切なかった。

　しかし、サロンにおける性別の重要性とは何だったのか。文化が伝達、創造される際に、サロン以外の多くが、サロンとまったく違って、女性の文化的、知的役割を弱体化させるよう限定されていると思われたその時代に、なぜサロンは強い影響力を維持できたのか。一部にはサロンは、周囲の公共圏がまさしく拡大したがゆえに、生命力のある社会的、知的形態でありつづけた。旧来の宮廷貴族の外部に生まれた職業知識人の数の増加は、彼らの才能を目にみえる社会的、政治的認識へと変換するのを受け入れられる、社会的な出世の仕組みを必要とした。サロン文化に特徴的な「集合的」創作も、広範な市場への結果的な出版と両立することができた。サロンは、前もって読者の反応を試す安全な方法とさえ見なされることができた。しかし、なぜ男性ではなくて女性がサロンの主催者として現われるのか。それに回答するには大部分、本章の前述部分における性についての論争に再言及すべきだろう。これは一つには、一八世紀において、女性の役割が実際のところ、その生殖機能よりもはるかに広く定義されたからである。つまり、実際の母親としての役割を通じてにせよ、次世代に文化的価値観を伝える知的な母親としての役割を通じてにせよ、女性の役割は、文明国の代理人や担い手としても定義されたのである。男性的な知識生産の主催者、世話役、そして必要ならば閃きを与える者というこの役割は、もちろんムーサ九柱〔ギリシア神話で文芸を司る女神たち〕のそれと同じくらい古い。しかし、すでに見てきたように、以下もまた女性の役割であった。すなわち、他のやり方ではその知的自活を疑問視された女性が、他の知的人物との親密な交流――彼ら自身の公的な経歴を強化するために必要な交流――に尽力する者に変化できる役割であり、なおかつ（主に男性の）サロン参加者を自らの手で制御しておける役割である。文芸制作者でもあった女主人――一七世紀の女主人は概してそうではなかった――が増加したことは、さもなければ、彼女たちを性別のために拒否したはずの知的共同体に足掛かりを置くための、サロン開催者としての役割の柔軟さに、女性が気づいていたことを示している。

サロンがルソーのような著述家の激怒を買ったのは、女性支配であるという、そして凝って気取った言葉への「才女の」関心という遺産をもったサロンの特質や先例のためかもしれない。ルソーはサロンを痛烈に批判した。というのも、サロンの女性支配や、腐敗してお高く気取った宮廷文化との歴史的関連性といったそれらの要素そのものが、彼の怒りを招くに十分だったからである。ルソーにとって、サロンの人為性は、人の政治形態を特徴づけるべき、また同様に人間関係を統制すべき透明性や「自然さ」に対するあからさまな侮辱だった。同じ理由で、ルソーは公共劇場についても痛烈に批判した。ルソーのように、女性はその性的役割や生殖機能に支配されていると考えた者にとっては、どんな社会組織であれ女性が牛耳るなら、それが性的な堕落に満ちているのと同義であった。それゆえ、ルソーのサロン攻撃は、いわゆる女性の性的駆け引きが政策を支配するゆえに君主政自体を腐敗したものと特徴づける、次第に強まっていく傾向に油を注いだのである。啓蒙における女性の知的役割とその能力をめぐる論争は、したがって、政府自体の力関係や文化そのものを作り変える試みと密接に関わっていた。そしてそれは、見てきたように、啓蒙における強い関心事だった。

近年の歴史学は、経済変化が性についての啓蒙の再定義に貢献してきた新しい方法——ここは異論もあるにせよ——を示すのと同じく、女性の「自然」についての生物学的定義の重要性を有益に強調する一方で、この争点に対する啓蒙の反応の複雑さをおそらくは無視してもきた。性に関する論争が強調点を擱いた、「自然」のような鍵となる概念は、女性らしさについての激しい議論に反映された。その議論は、生物学や経済学とさほど関係もなければ、『エミール』におけるルソーの教えで現在通用している強調について、われわれが思うほどには、露骨に抑圧的でもない。結局のところ、忘れるべきでないのは、『エミール』が、出版された際に、パリの高等法院から非難され、（性に関する考え方のせいではないが）公の場所で焚書され〔宗教と王権に背いた咎で〕、以来ずっと物議を醸し続けてきたことである。実際のところ、他の啓蒙知識人の女性観は、ルソーとは非常に異なっていた。(33) ヴォルテール、モンテスキュー、*ディドロはみな、公生活のどんな地位からも女性を排除していた法典と女性が及ぼしうる影響力の実際の程度の間に、ある食い違いを指摘した。(34) ディドロは医者や科学者とは違って、特定の特徴が一方の性よりも、もう一方により頻繁に見られるものの、男性と女性はさほど異ならないと論じた。(35) 知性の領域においては、ヴォルテールはルソーと違い、「女性は男性と同じでありえる」と主張した。そのような考え方は、女性の家族内での特別な役割によって正当化された、性的な道徳の二重基準を弁明するような文人を思いとどまらせなかったが、ルソーとは似ても似つかない男女共通の人間性の肯定へと展開することへの関心を確かに示した。そしてその人間性は、ルソーや医学的な女性らしさの定義によって、かくも重要視された生殖の役割を乗り越えるはずであった。ヴォルテールは、夫を家庭における唯一の支配者とする考え方に異議を唱えた。ヴォルテール、ディドロ、モンテスキューは、母親を女性の全人格としてではなく、人生の一時的な局面の一つと描いた。(36) そのような考えの真価を認めることは、歴史学や文学で現在流行している関心――啓蒙における性について――への有益な矯正手段として働きうる。

性に関する啓蒙の論争は、啓蒙思想の中心に矛盾と異議を持ち込んだために、これほど精力的に行なわれた。性にまつわる論争を調査することで、啓蒙はその普遍主義的な主張ゆえに、それまでの時代には、主要な人間共同体の部外者として等しく規定された集団——女性のみならず、下層階級や他の人種も——にとっての場所を見つける際に、たいへんな苦労を伴ったことが示される。女性の場合、性の定義づけについての問題は、「自然」、「理性」、「徳」といった啓蒙の鍵となる用語に影響を及ぼした。注目すべき主張とともに、「自然なもの」や、生理学的、医学的「事実」に基づいた両性間の社会的差異を表現しようとする新しい試みがなされた。これが示したのは、社会的論争が科学によって正当化されるという新しい傾向だった。そのことは、次の世紀にはごく普通の方法になる。女性の知力を問題視することで、啓蒙の論争は、「文芸共和国」あるいは「世論」に亀裂ももたらした。ウルストンクラフトが指摘したように、これらの亀裂すべてによって、理性と徳からなる普遍的企図《プロジェクト》に裏付けられた「人類の集合体」になるという啓蒙の主張を支持することが困難になった。

さらにそのような主張は、公生活における女性の立場をはなはだ不確かなものにもした。啓蒙思想家は、一方で女性が人間として権利をもっと主張したように思われたが、他方でいわゆる非合理性と自立性の欠如ゆえに、彼女たちは政治参加を認められるべきではないと主張したようにも思われた。(37) ルソーのような著述家はさらに進んで、女性の政治参加は目立って有害であると論じた。そのような主張は、特にフランスにおいて、国王の寵愛を受けた女性によって行使される非公式だとしても現実の権力に向けられた、またマリー・アントワネットのような王妃に向けられた、敵意の高まりをあおり立てた。[38]

未来のための資源として、啓蒙は同じようなあいまいさを示した。啓蒙の実践は、フランス革命の間、完全に男性的な政治文化が生み出される舞台を整えた。しかし、その普遍主義の理論は、性の抑圧的な定義づけから女性を自由にするために闘うことになる者に、攻撃手段も与えた。[39]女性論争はこのように、第三章の主題である啓蒙における権力の再形成に貢献したのである。

第8章

学問と啓蒙

――神の秩序と人間の知性――

創造主が、かくも並外れた好奇心、精妙な手際、巧みな御業を彼の創造物に用いられたのは、おそらく、われわれがぞんざいで不注意なまなざしを向け、とりわけ軽んじてきおろすような、そういう事物にするためではない。主がそうされたのは、彼の創造物を世界の合理的な部分から称賛されるものにするため、そして神自身の力、英知、善を、世界中にあまねく、長きにわたりくまなく広げるためである……わが文章が神の御業を称賛するのは、それが偉大だからのみならず、その御業を探し求めのぞき見する意気や工夫に富む研究者に賛成するからでもある。われわれが神の御業をのぞき見て、発見すればするほど、それらがますますより際立って見事であるのを見いだし、いよいよ讃えるに値するものと分かり、われわれはそれらの偉大な創造主を、いっそうはっきりと賛美する。

私が最初に見た人間は痩せこけた容貌をしており、手と顔は煤で汚れていた。髪の毛とあごひげは長く、ぼさぼさに伸び放題であり、ところどころ焼け焦げていた。彼の衣服、肌着、肌はどれも同じ色だった。彼は八年間にわたり、キュウリから日光を抽出する研究をしていた。キュウリは小瓶に秘術めかしく密封しておき、寒い荒れた夏に、空気を暖めるため取り出される予定だった。彼によれば、あと八年で、統治者の庭にほどよい日光を供給できると考えていた。しかし彼は、蓄えが少ないと不満を述べ、発明の才への奨励として何か恵んでくれるよう私に乞うた。キュウリ代がとりわけ高騰する季節だったからである。私は彼にわずかばかりの金を与えた。というのも、私の〔世話をしてくれた〕貴族は、彼らが見学者全員に物乞いをする習慣があるのを知っており、わざわざ私に金をもたせていたからである。[1]

今日おそらく科学は、二一世紀の文化において、最も強力な影響力をもつものであろう。科学は、環境を技術的に制御するわれわれの潜在能力を決定している。またわれわれの文化的、知的前提の多くや経済的、技術的、農業的基礎を決定している。二〇世紀には、ほぼすべての科学が何らかの形で公的資金を受領しているし、科学的な実践や前提はまた、当時の政府が運営されるべき方法論の多くに重大な影響も与えてきた。これは一八世紀にはおよそ当てはまらなかった。科学の知的な地位には異議が唱えられ、その制度的な組織はたいてい脆弱で、地盤も確かに薄く、経済や政府との関係は概ね希薄なものだった。科学団体は労働の主要な雇用主では一切なく、ほとんどの国において教育機構は科学的知識を広めることにまず注意を払わなかった。科学において、常勤職によって自らを扶養できたのはほんのわずかな人だけだった。

にもかかわらず、科学はこの時代においてやはり重要な争点であった。それは以後の世紀における科学の拡大にとって先駆的な立場にあるからだけでなく、まさに一八世紀においては、科学は不安定な知識形態だったため、明確に守備範囲が示された知的領域で問題解決に集中できる今日の確立された科学ならまずは直面しないような、多くの重大な問題に対峙しなければならなかったからでもある。一八世紀の科学は、人間と自然の関係、外的世界をまさしく知る可能性、そしてそのような知識を体系づける最善の方法といったような、より大きな論点と格闘しなければならなかった。また科学は、啓蒙思想の明らかに異なった領域間をつなぐ役割も果たした。後に見るように、科学は当時の宗教の発展とも深く関わっていた（第九章）。まさに科学の主題である「自然」は、啓蒙においては多くの者に「倫理規範」としても記述された。「自然」なものは「善い」ものに違いなかった。科学は「理性」や「合理性」といった、啓蒙の中心的な価値を体現していると主張する者もいた。「合理性」という言葉は、情念、偏見、迷信をもたず、宗教的啓示によるもののような証明不可能な言明に論及しない、客観的思考を通常意味した。より最近では、フランスの哲学者ミシェル・フーコーが、異論も多いが影響力のある考え方——科学はこの時代におけるあらゆる知の深層構造が変化した典型《パラディグマティック》であったというもの——を提示した。(2) したがって、何人かの歴史家にとっては、科学は啓蒙の宗教的範疇——ヘーゲルにはきわめて中心的なように思われたもの——というよりも、むしろ啓蒙の文化的範疇である。

このように、啓蒙における科学に注意を払うことには、十分すぎる理由があるように思われる。しかし警鐘の言葉が必要である。かりにもこの「科学」という言葉を使うとき、われわれは実際のところ、時代錯誤の罪を犯している。「科学」や「科学者」という言葉は、一八三〇年代までイングランドでは使われていなかった。以前は「自然哲学」という言葉がたぶん最も使われていた用語だっただろう。フランス語の科学《シアンス》は、ドイツ語の科学《ヴィッセンシャフト》のように、「知識」や「知ること」を意味しており、自然に関する知識という意味とは必ずしも結びつかなかった。特に、自然探究に携わる者を呼ぶための科学者《シアンティフィーク》という用語は、一九世紀後半の新造語である(3)。このように、主要な二言語において、自然の探究やその実践者を特定して記述するための言葉は何も存在しなかった。このことから注意すべきなのは、いかに「科学」がまだ他の知的領域から切り離されておらず、その実践者が他の知的探究形態のそれと容易には区別されなかったかである。ニュートン*の数理物理学の通俗化に努め、その一方で演劇、詩、短編小説、政治評論などを生み出したヴォルテール*が啓蒙の常態の代表例だった。あるいは、ディドロ*によっても代表される。ディドロによる自然の体系や人間の知覚の性質についての思索は、たとえば『ラモーの甥』や『ブーガンヴィル航海記補遺』における植民地化政策などに含まれる探求や議論に現れた。

言葉の点では、「科学」が依然として一定の知識の総体ではなかったことも露呈している。つまり科学は、他の知識体系と分けられた、自らの主題を持つ一つの知識体系、すなわち「学問分野」ではなかったし、言うまでもなく「生理学」や「地理学」のような下位区分に分けられてもいなかった。現在「科学」と呼ばれる研究は、一八世紀にはまだ「自然哲学」という見出しのもとに一つに結びつけられた、別々の学問分野で行なわれていた。その次に、最近の歴史家が指摘したように、「「自然哲学」の核心は、自然と世界を、神によって創造されたものとして考えること、したがって、神の力と目的が体現されたものとしてそれらを理解しうるように考えることだった(4)」。

この意見は、英語圏の啓蒙で実践された「自然哲学」にとりわけ当てはまるが、大陸ヨーロッパで取り組まれた自然哲学の多くにおいても説得力のある要素だった。信仰や啓示といった「非合理的な」源泉に左右されずに、神や神の目的についての情報を提供できる「合理的なキリスト教」（第九章）の構築と深い関係があった時代において、五感の証拠に訴える科学は、神学論争における不可欠な参考資料であった。例えば、ジョン・レイ（一六二七―一七〇五年。「イングランド博物学の父」とも呼ばれる）の『天地創造の御業に明示された神の英知』（一六九一年）という題名は、当時の他の多くを代表しうるものだった。神を自然法の背後にある起源の力と大差ないように考える理神論者の議論においても、自然の秩序の意味は、神と自然法が往々にして同義語であるように思われるほどであった。

このように、ほとんどのヨーロッパ諸国で、「自然哲学」は、多かれ少なかれ、このより大きな枠組み内で機能した。それゆえ、どこで「自然哲学」が終わり、どこで「科学の女王」たる神学が始まったかをはっきりさせるのは、たいていの場合まず不可能であった。自然の研究が、区別された実践者の集まりからなる区分された知的学問分野となるのは、容易ではなかった。自然哲学と神学との結びつきは、特にプロテスタント諸国では、ほとんどの自然哲学が聖職者によって行なわれたという事実によって、より強められた。余暇、教育、そして田舎の邸宅が、多く観察にかかる科学の源泉だった。

このように「合理的なキリスト教」を追い求めることで、自然哲学は、啓蒙においてますます重要となった場所に投入された。ただし「自然」は、やや異なる意味においても重要性を帯び始めた。「自然哲学」にとって「自然」は、神の秩序づける手を表現したものとして考えられ、それゆえ、相当な反対証拠があったにもかかわらず、「法則」に従い、人間――神の意図が実行できるように神自身によってしむけられたもの――に優しい生息環境をもたらすように、秩序づけられたものとして大部分は表現された。しかしながら、「自然」は啓蒙において別の重要な意味ももっていた。その多くは、「自然哲学」の背後にある考え方が広がり、非宗教化したものであった。「自然」は、原初の、本物の、素朴な、腐敗していないことを意味する「善いこと」として、そしてルソー*や他の者の著作の拡張を通じて、人為的で腐敗している「文明」と反対の状態として考えられた（第五章）。このように「自然」は、科学的に認識されうる秩序であるだけでなく、道徳的理想を表現したものにもなり、自然哲学者にとって、目に見え、触れられ、測定できる外的な秩序としてだけでなく、人の心に宿りうる何かとしても見られたのである。したがって、「自然」の意味は悪名高くも不明確だった。そのあいまいさと「合理的なキリスト教」の追求はともに、啓蒙思想における「自然」研究の重要性を高めた。確かにそれらは、科学の実際の遂行に確たる方法論をもたらさなかった。

しかし、かりに「自然」が倫理的規範あるいはキリスト教の表象《イメージ》のどちらかとして作用することになっていたにせよ、自然哲学は、そもそもどうやって「自然」を知りうるのかに関する考えによって、補強されなければならなかった。外の世界の知識を過小評価する旧来の知的伝統は、当時まだかなりの影響力があった。その伝統は、創造主の存在と性質から、創造主による創造物の存在と性質を推論することが可能なだけでなく、妥当でもあるとするもので、一般的な啓蒙思想よりもはるかに前からあった。世間一般には、科学は往々にして滑稽で、無益だとさえ考えられていた。たとえば、一七四〇年にスウェーデンの博物学者で、その命名体系が植物学でいまだに存続しているカール・リンネ*は、科学の目的そのものを疑問視する批評家に返答しなければならないように感じた。彼はこう書いた。

ろくに教育を受けていない人が、自然の所産を調査する自然哲学者を見るとき、自然への好奇心をもつ者に、いつも一つの質問がなされ、いつも一つの異議が唱えられた。彼らはたいてい嘲笑しながら、「それが何に使えるのか」と尋ねる。……そのような人は、自然哲学はたんに好奇心を満たす、怠け者か愚か者にとっての暇つぶしの気晴らしでしかないと考えている。(5)

リンネは、ジョナサン・スウィフト〔一六六七―一七四五年〕のラピュータ島の描写のように、無学の者のあざけりや無理解だけでなく、知的好奇心を満たすことを拒む強い偏見にも取り囲まれた、きまじめな自然哲学者像をもたらした。中世とルネサンスにおいて、好奇心は、アダムとイブの楽園追放に帰着した欲望と衝動の形として評判が悪かった。これは、かつての神学書が途切れずに出版され続けたことで強固に生き永らえていた見方だった。一七六二年になってさえ、ルソーは影響力ある教育書『エミール』で、好奇心は知識を高めることで役に立ちうる徳である、と依然として主張しなければならなかった。(6)

創造された世界についての好奇心を覆う道徳的ためらいを捨て去った社会層でさえ、科学的知識の地位に関する別の問題に直面した。哲学者はこう問うた。人間はいったいどうやって自然という外の世界を知りうるのか。かりに知っているとして、その知識が正確だったとどうやって確信できるのか。いったい、事象や実在のめくるめく連続を、予言的なものかもしれない一般法則へとどうやって還元しうるのか。ナポリの歴史家ジャンバティスタ・ヴィーコ〔一六六八―一七四四年〕が適切に命名された『新しい学』（一七二五年）で論じたように、多くの者が、「自然哲学」は真に確たる形の知識には決してなりえないと主張した。ヴィーコによれば、人がある知識分野に普遍的で永遠の原理、「科学」と呼ばれるにふさわしいものとなる原理を探し求めるならば、人間史や人的制度のような、人間が生み出したものに注意しなければならない。例えば、物理「科学」は、決して直接的に体験できない、そしてそれゆえわれわれにとって完全に異質な実体を扱う。われわれは、対象物についての多かれ少なかれ蓋然的な理論を作り出せるにすぎない。しかし、われわれは時代を超えて人類を結びつける必要や欲求を理解することにおいて、直感的な確信をもちうるし、そのことは人間として共通の経験に照らし合わせられる。ヴィーコ説は、世紀を経ても、他の多くの者によって繰り返された。そして、歴史的、文学的判断は、ヴィーコのいう理由によって、自然についての知識よりもはるかに安定しており、それゆえより優れた種類の知的所産を表わす、というのは、依然としてよくある意見だった。

ジョン・ロック*やエティエンヌ・コンディヤック（一七一四―八〇年）のような外部世界の知識の基礎を見つけようとした啓蒙思想家は、それまでの考え方と袂を分かち、抽象的な概念形成における外部世界の知覚印象を強調した。この意見の結論は、人間は外界の事物の実在的本質ではなく、現象《アピアランス》のみを知りうるというものだった。

諸観念はわれわれが事物の実際のあり方を知ることを決して許さない。諸観念は事物自体とわれわれとの関係という観点から事物を描写しているにすぎない。そして、このことだけで、事物の

本質を理解したと偽る哲学者たちの努力のむなしさを証明するのに十分である。(7)

言い換えれば、われわれの外部世界観が形成される方法ゆえに、自然哲学は決して「第一原理」、つまり原因の原因を説明できなかった。そこで多くの者が、自然哲学と神学は共同作業すべきことを引き続き受け入れた一方で、哲学で実際のところ強調されたのは、人間が自然の秩序について何らかの深い知識を獲得できる可能性を制約することだった。逆説的にもこれが、もっぱら他と異なる形の知的企てになっていく科学への道が、「科学の女王」たる神学において支配的だった「第一級の」問題から徐々に分離する第一歩となることになった。

しかし、かりに科学が事物の核心を凝視できないとしても、少なくとも科学は、一貫性があり、秩序だっており、法則に支配された外部世界の像――完全に「真理」ではなくとも、最低限自己矛盾はない像――を構築できただろうか。とはいえ、ここでも哲学者は、自然界に興味をもつ者に対して事態を簡単にはしなかった。ある事象が別の事象を引き起こすと述べるのは、「自然哲学」においては明らかに重要である。例えば、特定の化学物質の存在は特定の反応を引き起こすと言えることを、科学者は好む。しかし、そのような因果関係を述べることの有効性でさえ、異議を唱えられた。スコットランドの哲学者デイヴィッド・ヒュームは、デカルト説に――そして別の理由でロックやコンディヤックのようなもっと後の思想家の説にも――異議を唱えた。ヒューム説によれば、われわれの知覚印象が明らかにする、こま切れでその場限りの世界から、とりわけ物理学で描写された秩序正しく「法則に合う」世界へどのように推移しようと、有効性が保証される簡単なやり方があった。ヒュームはその事実をこう説明する。すなわち、彼が「習慣」と呼んだもの――知覚印象の世界から、「自然の秩序」として描かれた自然界の秩序だった描写へと飛び越えるよう人間に促す、社会的に同意されたやり方――を参照することで、人間は実際のところ、この推移をごく普通になしうるように思われる。

このことゆえに、神に定められた自然の秩序を記述することから、その因果関係を探究することへといったん科学が変わると、自然哲学のいくつかの分野にとって、まさに中心をなす因果関係の主張は、とりわけ宇宙科学や物理学においては、正当性を無条件には与えられなくなった。因果関係についての科学的説明は、多かれ少なかれ、自己矛盾しないと主張できる一方で、それらの真理値は論争の余地あるものに留まらねばならなかった。ヒュームによれば、因果関係の点で諸々の事象を結びつけるようわれわれを強いる唯一のものは、過去の同じような場面での経験である。因果論的に推論するのはわれわれの習慣である。しかし因果論的推論が、現象との無矛盾性よりも、真理を生み出すことを保証するものは何もない。また、同じ順序でいつもこれらの現象が現われることを保証するものは何もない。今日より前に何百万回も太陽が昇ってきたことは、明日陽が昇ることを保証しない。

これらの考え方は、イマヌエル・カント*のようなヨーロッパの哲学者に大きな衝撃を与えた。しかし、神学の中心的な前提、つまり神が創造した自然は、神の精神そのものの秩序、考案、充満を反映しつつ実際に「そこに」現存すると言われうる前提や、自然の秩序がますます人間の近づけるものになりつつあるという前提と、これらの考え方とを調和させるのは難しい。ヒューム説では、それらの前提が実際のところ事実であろうと何の障害もなかった。しかし、人間自身の知覚において生得的な多くの障害が設けられている結果、人間は、それらの前提の保証するものが「もっともらしい」というよりも「真理」であるように、自然の秩序をたえず知覚できたようにも思われた。このように、神の知識あるいは「合理的なキリスト教」が、「自然哲学」による発見によって裏付けられうるようには思えなかったのである。このことゆえにヒュームは、人間である自然哲学者によって作り出されたものとしての自然の秩序の性質から、神の性質を推論することはできない、とも主張した。創造主はその創造から推定されえないだろう。

このようにして、「自然哲学」は、神学の目的を遂行する自らの能力を損なう哲学的探究との緊張関係がますます高まっていくなかで仕事をした。このことは、とりわけ英語圏およびプロテスタント諸国で、自然哲学が、その神学的前提にもかかわらず、実際の実践において、熱烈に支持されるのを妨げなかった。もっとも、それは、啓蒙が科学的探究を知識の最良で最も「合理的な」形態として諸手を挙げて支持した、と言いうることを意味しない。「科学」としての歴史学や文学と、ましてや神学と比べた場合の有用性や安定性についてだけでなく、科学の地位や「真理値」についても、厳しく根強い疑いがあった。

にもかかわらず、自然の探究はまさしくこの時期に発展し、われわれの時代に科学が有するとされる文化面での支配的な地位には、決して及ばなかったものの、世紀末には世紀初頭よりも実際のところ、より高い地位にいた。というのも、一つには、存命時は歴史家として知られていたヒュームのような有名な著作家からさえも表明された疑念は、科学の実用化や、英語圏での自然神学の重要性にほとんど影響を与えなかったように思われたからである。このことの理由は、おそらく哲学者がほぼいつも科学に対する彼らの疑問を、科学の実用化や有用性からではなく、「自然」に直面した個々の「観察者」の苦境から始めたからかもしれない。ヒュームやカントのような人は、彼らの遺した著作の重要性にもかかわらず、科学がどのように、またなぜ社会環境において人間によって共通して追求される活動として作用しうるのか、という問題に取り組まなかった。この点において彼らは、啓蒙の哲学によって、真理の容器として理想的で孤独で代表的な個人におかれた一般的な強調だけでなく、彼らをとりまく世界での科学の相対的な社会的、制度的脆弱性も反映していた。

さて、啓蒙において、どのような「科学」が実際に行なわれたかを見てみよう。[8] 多くの点で、自然哲学が次第に神学上の目的から乖離していったことが分かる。これは、その世紀の最も有名な科学者アイザック・ニュートン（一六四二―一七二七年）の著作の一解釈である。啓蒙は確かに、ジョン・ロックの人間精神と人間社会を理解しようとする試みとともに始まっただけでなく、『自然哲学の数学的諸原理』（一六八七年）における宇宙の秩序、惑星の運動、有名な万有引力の法則、惑星空間は無限であるとする考え方を数学的に記述しようとする、ニュートンの試みとともに始まったとも論じうる。ニュートンの業績は、ヨーロッパのほとんどの国で、多数の普及者によって、同世紀以来ずっと伝えられた。すでに見たように、ヴォルテールさえ含む普及者は、成長しつつあった通俗科学の市場でその役割を果たした。普及者は、複雑で数学的な表現を要するものに相当する言葉を各々で作り出す際に、彼ら自身の解釈の歪みを挿入した。[9] ほとんどの普及者は、工夫の末、ニュートンが創造された宇宙全体を記述し、その秩序を合法則的な運動の自己調節的で釣り合いの取れた体系として記述した、という考えをどうにかこうにか生じさせた。これらの多くの通俗説においては、外部世界についてのわれわれの知識の可能性に対する神学上の異議がどのようなものであれ、少なくとも運動の物理法則は、自己矛盾のない数学的体系によって完全に記述されえたようである。

実際には、ニュートンの考えははるかに複雑だった。宇宙は数学的に記述されうる一方で、どのように宇宙はその存在と運動を保っているのかという「第一級の」問題に答えるために数学を用いることはできない、とニュートンは主張した。ニュートンの法則は自己発生的、自己調節的宇宙を記述しているわけではない、と彼自身が否定もした。ニュートンによれば、「運動は得られるよりも失われる傾向の方がはるかに強いものであり、常に減衰している」。エネルギーは創造主の直接的で定期的な介入によってのみ宇宙の体系に復元されうる、と彼は考えた。ニュートンの考えは、宇宙を動かし続けるための何らかの第一原因の必要性を示しているように思われた。しかし、何人かの普及者の主張にも関わらず、第一原因が多少なりとも旧約・新約聖書の神に似ていること、あるいはキリスト教の教義のために科学的基礎があることを、ニュートンの考えは一切保証しなかった。(10)

ニュートンの影響は混ぜ合わされた。一六九〇年代には、神学者リチャード・ベントレー（一六六二—一七四二年）が、ニュートンに宗教擁護への協力を求める説教を行なった。一七三四年までに、聖職者で哲学者のジョージ・バークリー（一六八五—一七五三年）（独我論的な主観的観念論を提唱。『人知原理論』など）は、ニュートン主義を異端や無神論に導くものと考えた。ニュートンが実際のところ、どうやってその業績を達成したかという点についての論争すらあった。ダランベール*は、一七五一年の『百科全書』序文で、科学における数学的分析の優位性を示すために、ニュートンを引き合いに出した。その一方で、ニュートンの著作を純粋な観察の勝利だと考えた者もいた。ニュートンの名声によって、彼の自然哲学と同じほど法〔則〕に適うだろう「人間科学」が正当化されうることを期待する者もいた。一八〇二年になってさえ、多くの人から社会主義の父と目されたフランスのユートピア思想家クロード・アンリ・ド・サン＝シモン（一七六〇―一八二五年）は、理性、秩序、普遍的法則という「ニュートン的」諸原理に基づく社会システムを提案した。

ニュートンの業績は偉大であったが、地球自体に生きる存在の性質についてほとんど言及しなかった。これは、啓蒙の科学が大きな努力をつぎ込んだ第二の分野であった。自然の秩序を理解する人間とはどのようなものか。そのような秩序は存在するのか。異なる生物間に関連性はあるのか。もしあるとしたらどのような種類の関連性か。自然は、神や神の天使から下方に伸び、人間を通って複雑な下降順序を辿りながら、虫や石で終わる二次元的な「存在の大いなる連鎖」として端的に理解されうるのか。[11] それとも生きている物の関係はもっと複雑なのだろうか。

啓蒙の自然哲学者は、大いなる連鎖のうち人間の上方にあるそれらの部分を、だんだんと無視しはじめ、自然を視覚化するのに、むしろ人間を先頭にして表現する傾向を強め、その人間は通常自然の秩序の外側かつ上方にあるものとされた。リンネのような探究者はまた、生物と非生物を明確に区別し始め、そのことによって、地質学や鉱物学などの「地学」が植物学や動物学などの「生物学」から区別されることが可能となった。リンネと弟子たちは、生殖に関する特徴に基づいて生物の二項分類法を作った。リンネの分類法は植物においてはことのほか成功したが、他の生物ではさほどでもなかった。リンネの自然への接近法は、総じて非‐歴史的なものだった。もっとも、一七四四年までにリンネは、著書『居住可能地の増加についての講義』で、動植物の新種が交配により徐々に発達してきたかもしれないと考える心構えができてはいた。しかし結局のところ、リンネは依然として、自然を全体として神によって作られた調和して安定した体系とみていた。それはニュートンの普及者がニュートンの宇宙観自体を表現したのと非常によく似たやり方であった。

　リンネの考え方は、同じようによく知られ影響力のあった博物学者ジョルジュ＝ルイ・ルクレール・ド・ビュフォン伯*（一七〇八―八八年）によって異議を唱えられた。一七四九年に出版されはじめ、直ちに成功を収めた『博物誌』で、ビュフォンは自然の「真の」構造を明らかにするように生物を分類する可能性そのものに異議を唱えた。リンネが諸々の種は自然の真理をまさしく明らかにできると考えた一方で、ビュフォンは、自然の各存在がそのような「真理」を明らかにするような形では分類されえず、リンネの分類はたんに発見的《ヒューリスティック》な工夫でしかない、と確信したままだった。(12)

　ビュフォンはまた、自然には歴史があり、現状は神が自然を創造した時の状態とは違うという考え方に、リンネよりもはるかに関心をもった。そして、ビュフォンは化石という証拠と物理的な実験を使い、世界と生命そのものは、創世記の天地創造説に示された年代記に厳密に従うことで示唆されるよりも、はるかに古いと主張した。この歴史的思考の自然史《ナチュラル・ヒストリー》＝博物学への導入は、ミシェル・フーコーによって啓蒙の科学がそれより前の時代の科学――生物を互いの分類学上の静的な関係性に位置づけることにはるかに関わりがあった――から本質的に分かれ始めた、ごく基本的なあり方の一つとみなされた。(13)フーコーは、この自然にも歴史があるという考えや、種は神の手から完全かつ不変なものとして現われたのではなく、他の圧力に応じて、認められている聖書の年代記の解釈で示された期間よりはるかに長い期間にわたって変化したという考えを、次の世紀のダーウィン理論の出現にとって必須の、したがって科学的近代性の始まりにとって必須の前提条件と考える。われわれの目的により適うことに、自然がもつ歴史という問題は、科学的探究と神学上の目的の間に現れつつある区分も示している。ビュフォンの地球冷却率についての著作は、パリ・ソルボンヌ大学の神学部によって批判された。というのも、その結論が、地球はそれまでに考えられていたよりもはるかに古くからあることを暗示したからであった。にもかかわらず、その研究成果は彼のベストセラー『自然の諸時期』に再録された。

さらに、ディドロなどの他の啓蒙知識人は、「生命」そのものの性質に熱中し、自然の構成力としての、すなわち生物それ自体にある、生き延び、生殖し、自らの生存法則に従う衝動としての「生命」像を作り出した。動的な力としてのこの生命像は、とりわけディドロによって強調された。そして、自らの目的を持つものとしての生物という考え方、あるいは目的論は、カントによって進展させられた。二人とも、自然は安定し、不変で、完全なものであり、存在の大いなる連鎖の階層的な秩序において、創造主の意志によって自然自体の外側から活力を与えられている、という考え方をそれほど支持しようとしなかった。

一八世紀末までに、多くの神学者によって残された、静的で安定的な自然観は維持できなくなっていた。自然は徐々に変化する動的な過程の秩序体系《エコノミー》と見られ始めた。「存在の大いなる連鎖」によって記述されたことからはるかに離れて、自然は別々の分類群に分けられるようになった。自然における人間の地位すら問われはじめた。神による最も高度な創造物である人間は、人間に利用され役立てられるために創造された、自然の秩序の上方に安定的に位置づけられるのか。あるいはその秩序に不可欠な一部とみなされるべきなのか。人間は魂をもつ比類なきものにもかかわらず、結局のところ、一般的な構造において、大型の猿と驚くほど似ているように思われた。地球自体、いまだに変化しているのだろうか。もしそうだとしたら安定的に変化しているのだろうか。もし神が慈悲深く、全知であるならば、なぜ神の創造した多くの種が絶滅したのか。世紀が進むにつれ、次第に大きな反響を引き起こしながら、それらの疑問は長く続いた。そして、神学の目的や前提と「自然哲学」のそれらとの間に乖離が生じた。この乖離ができる際に、自然史の問題が主要な役割を果たした。そのことは、「一般の人」の神話的な自然観が同世紀の初頭とは著しく異なっていることを意味した。歴史をもつ自然という考え方は、次第に受け入れられた。そしてその歴史は長く、自然の日々の作用の緩慢な蓄積によってと同じように、激しい大変動によっても変化が生じるとみなされたかもしれない。神の明確な属性を反映するものとしての神学的な自然観は、依然として多くの人に容認できるように思われた一方で、それと同時に、とりわけ大ブリテンでは、神学上の目的からかなり離れた自然観を人びとがだんだんと持てるようになったと思われた。つまり、自然は宗教的ではないような情緒的癒しとして働き、また一方で、哲学者の非難にもかかわらず、自然についての知識はより妥当かつ重要に思われ始めていたのである。

科学における社会変化自体がこの過程を促進した。ほとんどの人が科学関連の常勤職や、科学の教職にさえ就くことが望めなかった事実は、次の世紀でも優にそのままだったが、にもかかわらず科学は実際はるかに目に見えて、接近できるものになった。活況の出版市場には、先に論じたニュートンの普及者を先鋒として、通俗科学書が多く見られるようになりはじめた。通俗科学の講義は、ブリテン、オランダ、フランス、イタリアにおいて都市生活の日常の一部となった[14]。ドイツ諸邦では、ゲッティンゲン大学などの新大学設立の波が一七四〇年から起り、将来の官僚を法や歴史においてだけでなく、林学、農芸科学、工学、鉱物学においても訓練した。同時期は科学協会の黄金時代でもあった。ロンドンの王立協会とパリの科学アカデミーが創立された一六六〇年代をはじまりとして、全ヨーロッパ、とりわけドイツとイタリアにおいて、公私に認可された学術協会やアカデミーが、熱狂的な愛好家の、さらにパリの場合には有給常勤科学職の科学研究を保護、支援した[15]。動物園や、ビュフォンによって管理されたパリ植物園のような植物園が、初めて公開された。新しい科学誌が作られた。特定の科学分野、とりわけ植物学は女性の間で人気になり始めた。女性は、彼女の兄弟には依然として一般的だった古典語や歴史の教育から往々にして締め出されていた。林学、鉱物学、獣医学、農学などの科学の技術面は、政府にとってより魅力的なものとなり始めた。かつてないほど政府は自然環境を統制しようと試みていたし、工学、農業、公衆衛生における問題に悩まされていた。世紀末までに、結果として科学は、政府の事業に関与するようになり、とりわけ統計学や確率論のような新しい科学は、政府が依存する社会的資源、天然資源に対する需要予測や制御可能性〔の情報〕を提供しはじめた[16]（第三章をみよ）。

これらのことすべてが、科学がまだ実験主義に支配されていなかった時期に起こったために、逆説的に、科学の「輪郭」もさらに浮かび上がった。自然の直接的な観察や注意深い公開された実験の重要性について説得する言い回しがたくさんあった。しかし、依然として、ディドロによって提示されたような自然界についての思索的な執筆に従事することもまったく可能であり、それは実験的な接近法に基づかないものだった。これは散漫な科学であり、一般人に読まれるために書かれ、活字媒体を通じて広まった。図書目録の証拠が示すのは、同世紀初頭に最も幅広く購入された書籍は神学書だったが、世紀末には、小説か通俗科学書だったことである。催眠術のような科学に基づく大流行が現れ始めた[17]。フーコーが主張する、ヨーロッパ思想全体における、そしてもちろん博物学についての特定の関心という点における「分類への衝動」の支配については、異議を唱えられるかもしれない。フーコーがより説得力ある立場に基づいているように事実思われるところは、啓蒙の地学や生物学が新しい歴史的な構成要素をもっており、それが科学と、神学による科学のかつての正当化との間に楔を打ち込んだという主張に賛成する点である。これらすべてが示すのは、どの程度科学が次第に支配的な文化的「構想」として宗教に取って代わったかということであり、また、どの程度科学が、知識は宗教とは無関係で、ありのままの世界に関わるものであるという考えや、人間の好奇心が最も向けられうるのは現世であるという考えを、文化的な価値として植え付けたかということである。無学の者のあざけりや哲学者の警告にもかかわらず、科学は追求する価値のある知識の一形態として容認できるものになり始めた。

世紀末までに、自然の理想化、とりわけ植物と野生の山の風景の理想化は、それまでなら情緒の乱れに対して宗教的手段で与えられた癒しに代わる、非宗教的な新形態を提供するようになっていた。別の方向から他の形態の科学——応用科学と統計学——が政府にとって利用できる統制と開発の手段としてだんだん重要なように思われ始めた。哲学的な異議や「観察」対「実験」の争いのような方法論的な内部対立にもかかわらず、科学は、「真理」や無矛盾の客観性を要求することまでではないにせよ、少なくとも無矛盾性かつ現実的な有用性を要求することに、徐々に成功した。[18] 科学は、自然や社会を統制し、利用し、予測する主張を用意し始め、非宗教的な知識を提供しはじめていた。その知識においては、世界についての人間の知識は、創造主についての知識に左右されることができなくなった。科学はラピュータ島からずいぶん進歩したのである。

第9章

近代的異教の台頭か

——宗教と啓蒙——

啓蒙は概ね宗教関連のものにすぎないと、いまだに大多数の人が信じている。

ヨハン・ペツル

すべての先入観と迷信が取り払われたとき、この問題が生じる。あとに何が残るのか。啓蒙が先入観と迷信に代わって広めた真理は何か。

ゲオルク・ヴィルヘルム・フリードリヒ・ヘーゲル

私はかつて本物の神学者を知っていた。……彼は、ユダヤ人はもちろん、バラモン〔ヒンドゥー教の僧侶階級〕、カルデア人〔セム系民族、新バビロニア王国を興した〕、……シリア人、エジプト人について知っていた。彼は聖書のさまざまな読み方に精通していた。……造詣を深めるにつれて、だんだん彼は自分の知っていることすべてを信用しなくなった。生きている間、彼は我慢していた。そして今際の際に、彼は自分の人生を無駄に費やしてしまったと告白した。

ヴォルテール*(1)

見てきたように、「啓蒙」は、当時の人からも、後代の歴史家からも、異なる多くの方法で定義された。しかし、当時の定義と後代の定義の最大の違いは、宗教の領域にあった。啓蒙にとって宗教問題が中心であったというヨハン・ペツル〔一七五六―一八二三年。ドイツの作家。『モロッコ人の手紙』など〕の当時の判断に同意する歴史家は、最近までまずいなかった。実際に、一九世紀には多くの保守的な歴史家が、啓蒙を宗教上の信仰や組織を弱体化させるための意識的な努力によって特徴づけられる時代と考えた。啓蒙によって育まれた反宗教的態度を、一七八九年のフランス革命の勃発に結びつける者さえいた（第一〇章を見よ）。近代の歴史家の多くも同様に考えた。啓蒙の総合的研究の一冊に、意義深くも「近代的異教の台頭」と副題をつけたのは、ピーター・ゲイだった。同じように、キース・トマスは、一八世紀を「世界の脱魔術化」――神秘的な宇宙を体系化する魔術的、あるいは霊的な力に満ちたものとして、世界をみるやり方の崩壊を意味する――の時代と考えた。トマスは、宗教的価値観におけるこの変化が非常に重要な結果をもたらした、と論じる。トマスによれば、創造された世界を越え、外側へと動いてゆく力として見られていた神から、「自然の諸原因を通じて作用するように制限され」、そして「人間の研究でも接近可能な自然法に従った[2]〔ものとして見られるように変わった〕」。トマスは、啓蒙が宗教信仰の終焉を目にしたと論じているわけではもちろんなく、一八世紀初頭から宗教という概念に根本的転換があったと論じている。啓蒙を超自然的で「神秘的な」宗教の衰退期とする認識は、英語圏の歴史家に限られるわけではない。ミシェル・ヴォヴェルもまた、宗教信仰の緩慢な衰退とみなし、それをいくぶん劇的に南フランスにおける「脱キリスト教化」として描き、遺言における宗教的な言葉遣いの使用や、宗教上の目的をもつ遺産数が減少したことによって証拠立てている。彼の研究は、もっぱら史料選択の点で論争を巻き起こしたにもかかわらず、多くの人にとって魅力的に思えた。というのも、それが、一七八九年以前の宗教信仰の衰退と、大革命期のフランスにおけるキリスト教信仰の根絶、および「合理的」で「自然」な新しい形の宗教を創設する試みとの関係性を指摘しているように思われるからである。[3]

このように、ゲイ、ヴォヴェル、トマスはいずれも、啓蒙は宗教信仰における絶対的な衰退と、宗教信仰の意味や背景の根本的な変化の両方を経験したと主張する研究を行なった。これは新しい啓蒙観ではない。この見方の系譜は、前の世紀における啓蒙と大革命との関連性を考える保守的な歴史家によってだけもたらされたわけではない。この啓蒙観は、ドイツ人の大哲学者G・W・F・ヘーゲル（一七七〇―一八三一年）による宗教への啓蒙の影響についての同時代的な分析からも裏づけられ、その主張の多くは、ホルクハイマーとアドルノの『啓蒙の弁証法』にも採用された。[4]ヘーゲルの分析は、啓蒙思想における根本的な転換を指し示すものとしての宗教という論点を的確に示している。ヘーゲルにとって、啓蒙、とりわけフランスにおける啓蒙は、本質的に宗教運動であり、そこでは啓蒙知識人が「さまざまな形式でルター派の宗教改革を遂行した」。ヘーゲルにとって、宗教改革と啓蒙はどちらも同じ目的、つまり人間精神の自由に貢献するものであり、「ルターが心の中で始めたことは、精神の自由であった」。にもかかわらず、ヘーゲルは、信仰は合理性によって評価されるべきだと論じる際、啓蒙は方向を誤ったと主張した。彼はまた、啓蒙知識人による霊的経験の実在性への攻撃が、すべての実在観念は結局のところ感覚経験にのみ由来する、という考え方に依拠することにも関心を寄せる。このことはヘーゲルにとって、啓蒙が宗教改革を完遂するという歴史的任務を達成する代わりに、信仰を完全に破壊する深刻な危険があることを意味した。ヘーゲルによれば、そうすることにおいて、啓蒙は人間の自己認識の決定的な側面、すなわち人間と絶対的で霊的なものとの関係を破壊していることになる。

かつて人間には、思索や心象という豊かな富に飾られた天界があった。あらゆるものは、光の糸によって天界に結びつけられ、その結びつきのうちにあらゆるものの意義があった。人間の視線はいまある世界にとどまる代わりに、その光の糸に沿って現世を超え、いわば彼岸にある世界へと向けられた。精神のまなざしを地上に向けさせ、ここにとどめておくには強制力が必要だった。天界の者のみにあった明晰さが、此岸のものに纏わりつく濁った不明瞭な感覚を貫通して、いま・ここ自体に目を向けること――これが「経験」と呼ばれた――が興味深い健全な企てだとわかるには、長い時間を要した。しかし、今では正反対のことが必要に思われる。感覚は地上のものにあまりにも深く根付いてしまったため、そこから引きずり出すには同程度の強制力が必要である。精神はあまりに痩せこけた姿をさらけ出し、神を感じるほんのわずかな気持ちをさえ一服の清涼剤として欲しがるように見える。まるで砂漠の旅人が一口の水を渇望するように。

さらにヘーゲルは、啓蒙は宗教信仰に取って代わりえた一連の信条を創出しそこねたと主張した。彼の考えでは、啓蒙は実際のところ、一六世紀から一七世紀の宗教革命期に取り憑いた宗教的、神学的真理という問題から離れて、宗教論の立脚点を転換した結果、社会的安定を提供するという意味で、同じように宗教の有用性に取り憑かれるようになった。ヘーゲルによれば、あるいは啓蒙は、たんに宗教を人間が知りうる自然法のような別の現象の発露としてだけ理解した。いずれにせよ、宗教は人間が部分的にしか知りえない信仰の世界に関するものとしての自立的な地位をもたなくなり、人間の必要や理解力に全面的に同質化されるようになった。啓蒙思想においてヘーゲルがそう断言したように、人間は自分自身が目的となるやいなや、つまり宗教的熱望を失うやいなや、自らの唯我論に陥るようになり、自分のことを正しく判断できなくなるか、あるいは他人との実利的な結びつきしか形成できなくなる。このようにヘーゲルも、カント*のように、啓蒙を知的、精神的自由への未完の計画として考えた。しかし彼にとっては、人間の自律性と自己充足性を強調する啓蒙の作り出した人間像の性質ゆえに、啓蒙はそれ自体を裏切り、自らの宗教的使命を果たさずに放置した[5]。

　啓蒙と宗教の関係についてのこれらの考え方は、ことさら大きな影響力をもった。ヘーゲルによる啓蒙の宗教思想観も、とりわけフランスの場合においては、相応の実態があった。とりわけ、ブリテンとフランスで強力だった理神論のような宗教運動は、人間が「神の」存在という端的な事実から離れて創造主についての知識を得ることは一切できないとした。ヴォルテールのような著述家は、既成宗教すべてに反対するか、宗教の遵守は、それが実際に真理だからではなく、社会の安定を作り出す際に現実に有効だから容認されるにすぎないと主張するかの、どちらかを交互に行った。ジュリアン・ド・ラ・メトリー*（一七〇九―五一年）のような唯物論者は、著書『人間機械論』（一七四七年）で、魂のようなものは存在せず、あらゆる知識は突き詰めれば、周囲の物質界の感覚印象に由来すると論じた[6]。ドルバック男爵*は、もう一つの悪名高い唯物論の論文『自然の体系』（一七七〇年）で、人間は「自然」と調和するために宗教を全面的に捨てるべきだと論じた[7]。そしてさらに、アダム・スミス*のような人物の著作における啓蒙の経済思想は、救済よりも私利を追求する自律した者として個人を定義した。

しかしながら、「近代的異教」というわれわれの啓蒙像は、ほぼフランス啓蒙限定の、断固として反宗教的だった思想家の小集団に向けた視線を断念した時点で、かなり複雑になり始める。すでに見てきたように、ヘーゲルなどの才能ある思想家が、啓蒙を宗教的な範疇内でのみ理解される運動と考えた。もっとも、啓蒙は人間の宗教的な性質を裏切ったとするヘーゲルの主張を評価する者もいた。実際のところ、啓蒙は、既成宗教に対してきわめて多岐にわたる反応を引き起こした。それらの反応は、ヴォルテールによる宗教への激しい敵意から、正統派の信仰が合理的で自然法に調和していると証明することを通じて、その信仰を奨励しようとする試みにまで及ぶものだった。また同世紀は、特徴ある新たな宗教思想、つまり寛容という思想を生み出した、宗教上の創造力にすぐれた時期としても考えられる。寛容の思想は、おそらく、続く世紀にとって最も重要な遺産であった。啓蒙が経験したのは、正統派の信仰が人間理性に受容できることの証明を通じて、その信仰を安定させようとする試みだけではなく、イングランドのメソディスト運動〔ジョン・ウェスリー*が興した信仰改革運動の主張。規則正しい生活の実践が中核〕、北アメリカ植民地の「大覚醒」〔一七三〇―四〇年代における一三植民地に広がった宗教再生運動。メソディズムの布教による影響〕、ポーランドのユダヤ教におけるハシディズム〔バール・シェム・トブによって始められたユダヤ教内部の敬虔主義運動〕として知られている神秘宗教の台頭、ドイツ諸邦の敬虔主義運動もそうだが、それらはすべて個人的で情動的な信仰を重視した。キリスト教とユダヤ教の宗教論争は、人間社会の歴史的発展観を全面的に改訂しながら、この時期の歴史研究の進展に互いに大きな影響を与えた。それと同時に、理神論、つまり宇宙を支配する自然法の働きを前提として、神が存在する事実以外、創造主についてほぼ何も知ることができないという信条は、科学と宗教の関係を鋭く提起した。一八世紀は、説得力ある多種多様な宗教論と革新の世紀であり、それらの議論や革新はもちろん、ヴォルテールの有名な標語「虫けらどもを捻り潰せ《エクラゼ・ランファーム》」（既成宗教の不品行をやっつけろ）に要約されることはできない。

最初に最も特徴的な啓蒙思想、すなわち宗教的寛容の重要性について考えてみよう。とりわけイングランドやフランスでは、一七世紀にすでに寛容を支持する意見もあったが、この問題について決定的な議論や決定があったのは一八世紀であった。宗教面では確かに、啓蒙の世紀は寛容についての二つの重要法案に縁取られているように考えられうる。一つは一六八九年にイングランド議会が寛容法を可決したことである。この法は、英国国教会に帰依していなかった者、特にカトリック教徒と非国教徒に対する法的な罰を大幅に減じた（撤廃したわけではなかった）。もう一つは、一七八七年にフランスの君主がユグノーに限定的寛容を認め、市民としての法的無能力を多少緩和する法令を発布したことである。この二つの法令の間には、この問題をめぐる長期間にわたる闘争と議論があった。

宗教的寛容の問題は、啓蒙において、かくも強い情熱や継続的な論争をなぜ生起させたのだろうか。図らずもその理由の大半は、啓蒙がヘーゲルの理解とは別の意味で宗教改革の継承者でもあったからだった。啓蒙は、知的自由の潜在的な遺産の継承者であるだけでなく、軍事的、政治的闘争の継承者でもあった。その闘争は、一六世紀にルターによるカトリック教会改革の試みによって引き起こされた。一六世紀から一六四八年のウェストファリア講和条約まで、少なくともある部分では敵対者に自らの信仰を課すために、対立する信仰をもつ支配者の国家は互いに闘った。国家間で闘争が勃発するのと同時に、国内でも宗教的異議が急増した。フランスなどのカトリック国では、戦闘の準備を固めたプロテスタントの少数派が形成された。イングランドなどのプロテスタント国は、カトリックを迫害し、国内ではプロテスタント宗派同士の相互対立の急増に直面した。そのような国内の宗教的軋轢は、外国の介入を招く豊かな土壌であった。プロテスタント、カトリックどちらの陣営でも、誤った信仰は何の権利ももたないし、統治する君主と異なる宗教観をもつ者は不忠な臣民であって、その存在は国家と社会の結束と安定を揺るがすと一般に考えられていた。寛容の問題と真剣に取り組もうとする啓蒙の試みは、かなりの程度、その直前の過去と対峙し、未来の結果に影響を及ぼそうとする試みでもあった。啓蒙思想家は、二〇世紀後半のホロコーストが引き起こした問題に格闘したのと同じ切迫感をもって、宗教的不寛容に満ちた過去と格闘したのである。

これらのいくつかは、「三〇年戦争」として知られるヨーロッパで長引いた戦争をウェストファリア条約が終結させた時に変わりはじめた。三〇年戦争の最も主要な原因は、カトリックとプロテスタントの国家間の敵対関係にあった。宗教的な忠誠を強いる目的をもったその国家間戦争の終わりは、一六四八年だった。依然として自領内に宗教的統一を課そうと試みる支配者もいた。というのも、もちろん、それまでの長い宗教対立はどの国家内にも、宗教的な同質性を生み出さなかったからである。しかし、国際状況の変化は、諸々の宗派や王朝がもはや宗教問題をめぐる戦いの準備をさほどしないことを意味した。一八世紀に諸国家は、国内で宗派の統一性を得ようと努力し続けるのか、あるいは宗教的多様性を許容するのか、許容するにしてもどの程度かに関して、現実的に決定することに次第に直面するようになったのである。それと同時に、高まる世論は、国家間や国内での過去の宗教闘争によって生じた荒廃や無秩序を、嫌悪感とともに振り返った。闘争と不安定は、宗教的統一のために払うには高すぎる代償だったのか。そして信仰はどんな場合でも強制されえないことが、ますます指摘されるようにもなった。信仰は外国勢力のように人間を支配すべきものではなく、良心や理性のように内部の力から勝手に生じるものと徐々に見られはじめた。このように、力によって統一を課そうとする試みは、理にかなうものではなかった。

とはいえ、例えばヴォルテールの『寛容論』(一七六三年)で明らかにされたような、宗教的寛容を支持する世論の高まりにも関わらず、多くの君主にとって、それを法的に履行するための決定的な一歩を踏み出すことは容易ではなかった。われわれならごく当然に受け入れられるように思われる宗教的寛容は、実際のところ、国家と君主政の性質に関する多くの論点を提起し、それらは簡単に解決できないものだった。したがって、宗教的寛容は直ちに、もしくは迅速に獲得されたのではなかった。ブリテンにおける寛容法とフランスの寛容令の間の一世紀の開きが、そのことに気づかせる。

多くの者にとって寛容は、多くの問題に答えたのと同じほど多くの問題も提起した。支配者や国教の教会とは異なる信仰の臣民をどうすれば偽りなく忠臣と見なせるのか。どのように彼らは拘束力のある宣誓をできるのか。宗教的寛容の拡大がどの程度国家と君主政の性質を変えるのか。大多数の国家が君主政――その正統性は少なくとも部分的には特定の教会に忠誠を主張することに由来する――に基づいて支配された時代には、この問題は特に重要であった。若干の例を挙げると、フランスでは臣民に相当数のユグノーが含まれていたが、君主は異端を根絶する戴冠宣誓をした。イングランドの君主は英国国教会の世俗の長であった。プロイセン王はルター派教会の総監督《スムス・エピスコプス》であった。国家に支持された宗教的寛容を得ようとする奮闘で問題となったのは、必然的に信者の一様な共同体も含む君主の国家という考え方から、宗教的忠誠が国家自体への忠誠から切り離されうる人格をもたない国家という考え方への移行であった。言い換えれば、旧体制に特徴的な政治秩序から近代により典型的なそれへの移行である。例えば、これはオーストリアのマリア・テレジアのような君主にとっては、ことさら魅力的な選択肢ではなかった。彼女は自分の役割を明確にカトリック君主としてふるまうことと考え、依然として一様なカトリック国家の創設に向けて取り組むために、何千人ものボヘミアのプロテスタント臣民を積極的に国外追放した。

したがって、これは、きわめてさまざまな立場のある問題であった。例えば、マリア・テレジアと彼女の息子にして継承者のヨーゼフ二世は、寛容の問題について強く対立する意見をもっており、彼らの意見は、近代の政治体の性質、それゆえ支配者の役割の性質についての異なる理想を反映していた。ヨーゼフは、臣民を宗教的忠誠とは別に定義できるよう望んだ。マリア・テレジアは依然として、宗教改革が破壊した、統一されたキリスト教国の理想と関わりのある政治体を探し求めた。ここには、互いに対立する二つの異なる世界観があった。(8) どちらにももっともな論拠があり、どちらも無視できない。

このように、寛容についての思想は既定の結論がなかった。マリア・テレジア（一七一七—一七八〇年）とヨーゼフ二世（一七四一—一七九〇年）がこの問題と格闘した一方で、同時代人のプロイセンのフリードリヒ二世*（一七一二—一七八六年）は、マリア・テレジアと同じ一七四〇年に玉座についたが、この問題にかなり異なる方針を採用した。フリードリヒは、プロイセンにおける多数派であるルター派教会の総監督だった事実にもかかわらず、王位を継承すると直ちに、領邦内に幅広い宗教的寛容策を実施した。彼は、自分の役割をプロイセンの多くの異なる宗教集団間の中立的な監督者と定め、一七四七年、首都のベルリンに新しいカトリック教会を建立するために国庫から資金を充当さえするほどだった。異端説の研究や神学の公開討論は禁止された。プロイセンのユダヤ人を対象とした一七五〇年の改定特権規則基本法は、ユダヤ人の権利を拡大した。全面的な寛容の水準ではなかったものの、彼ら自身の法で審理される権利や、彼ら自身の学校、共同墓地、シナゴーグの所有権が認められた。宗教的寛容はプロイセン軍によって強制された。フリードリヒは個人的には信仰をもたなかったが、一七四〇年六月の有名な書簡で、宗教的寛容についてこう書いた。「あらゆる者は寛大に取り扱われなければならない……ここでは誰もが自分独自の救済への道を選ぶことが許されている(9)」。

フリードリヒの反応は、なぜマリア・テレジアのそれときわめて異なったのか。その答えは、端的に彼の王国の政治的背景に見いだせるのだろうか。確かに一七四〇年から少なくとも一七六〇年代中葉まで、戦争によってのみならず、広範囲に散らばった領土を、できるだけ合わさった領土圏にまとめようとした、継続的な交換と折衝によっても、フリードリヒの領土は拡大しつづけた。フリードリヒはまた、プロイセンの経済的、工業的発展を促進するために、ヨーロッパ全土から熟練労働者を雇い入れた。このような状況で宗教的統一を強要するのは、非常に困難だっただろう。

経済的効用と政治的便宜に基づいた寛容の主張が強力になされたものの、この問題に関する支配者間での態度の違いを説明するのには十分ではない。経済的な見地からの寛容賛成論は、ヨーゼフ二世には圧倒的なように思われた。そして疑いなくフリードリヒ大王は受け入れた。しかし、その議論は、ボヘミアとハンガリーに住むプロテスタントに対する大規模な国家的迫害を止めるほどには、マリア・テレジアに好印象を与えなかった。また、この問題についてカトリックとプロテスタントの支配者を区別するのは誤解でしかない。マリア・テレジアが非カトリック教徒を迫害したにせよ、非プロテスタント教徒は、国教として公認の教会がなかったブリテンの北アメリカ植民地は別として、プロテスタントが多数派であるどの国でも、ことによるとオランダでも、（さほど劇的な虐待はされなかったものの）、完全に同等の地位と権利を得ることはまずなかった。どこであれ、ユダヤ人はキリスト教のあらゆる宗派の隣人よりも不利な状態で働いた。実際のところ、特殊な主張をしない限り、どの宗派も寛容に扱われるという、プロイセンにおけるフリードリヒの考え方は、一八世紀にはかなり珍しいものだった。そのことが示しているのは、フリードリヒの君主政が、ブリテンの可能性を除いて、伝統的な様式を離れて最速で進化した道すじである。宗教的な文脈におけるその意味は、フリードリヒがおそらく他のどの支配者よりも徹底的に、一七世紀末の国家間の宗派戦争の終結によってもたらされた自由を探究したことである。

　諸々の宗派自体も、この新しい状況を探究しなければならなかった。一六四八年以降、国家間の宗教闘争だけではなく、重要な例外も若干あるものの、宗派間の内紛も沈静化しはじめた。ルターが多くの人に、教会の権威や啓示――預言者のような特別に選ばれた霊媒者を通じて、神によってただ告げられうる霊的事項についての超自然的知識――に訴えても、宗教的真理について他人を説得できないことを明示して以来、一〇〇年にわたる闘争があった。すべての宗派において、多くの人が、人間の理性によって把握可能で、それゆえ万人に等しく利用可能で、したがって、力に訴える必要なしに納得させられる独自の信仰の形を構築したいと切望するようになった。一六九五年に、ジョン・ロック*が意義深くも『キリスト教の合理性』と題された著作を出版したのも偶然ではない。

「合理的な」キリスト教を構築しようとする努力の背後には、一七世紀にきわめて広範に行き渡った社会革命の恐怖を往々にして伴った、宗派対立の忌まわしい記憶があった。また、国内での宗教的な敵意が、一八世紀においてさえ断続的に爆発し続けていたことによっても、その努力は動機づけられた。リトアニアのプロテスタントは、一七二〇年代にポーランド人の支配者によって迫害された。ハンガリーとボヘミアのプロテスタントは執拗に攻撃された。フランスでは、一七四〇年代から少なくとも一七六〇年代の有名なカラスとシルヴァンの事件〔一七六一年、トゥルーズの新教徒商人ジャン・カラスが旧教に改宗した息子を殺害したとされ死刑になった事件がカラス事件で、冤罪であった。シルヴァン事件は同年、トゥルーズ近くの村の学者で同じく新教徒のシルヴァンの二人目の娘が古井戸で死体となって見つかった事件。この娘は旧教に改宗したがっていたとの風評が立ち、一家に殺害の嫌疑がかけられたが、ヴォルテールが介入して無罪となった〕まで、ユグノーに対する敵意の爆発が再開した。「合理的な」キリスト教を構築する推進力は、前世紀の記憶によってと同じく、こうした爆発によっても焚きつけられた。(10)

しかし、「合理的なキリスト教」はまた、それ自体の新しい問題を引き寄せた。もしキリスト教が、理性的な者なら誰でも受け入れられる形に作り直されることになったならば、聖書の地位に何が起きるのか。聖書は非合理的なことや、預言者や使徒の個人的な証言にあふれている。彼らは、合理性を通じて「新たな天国や新たな現世」の啓示を受けたのではまずない。キリストによってなされた自然法則を覆す奇蹟のような、明らかに非合理的な出来事は何が起こったのか。このように、聖書の地位と権威を問うことは、意図的ではなかったにせよ、「合理的な」キリスト教を確立する試みの主要な副産物となった。

理性を支持して啓示を軽視する試みには別の結論もあった。啓示はその定義上、キリスト教が他の宗教と共有できないものだった。世紀が進み、異教の知識が増えるにつれ、キリスト教に特有と考えられていたものの多くが、実は異教と多くの類似物をもつことが、次第に忘れがたく認識された。例えば、大洪水の伝説は、ユダヤ教やキリスト教と歴史的関連のない多くの東洋文化にみられた。[11] さらに、異教への関心が次第に増加したことは、神から自ずと与えられる啓示としてよりも、人間が生み出したものとしての宗教研究に結びついた。例えば、この新しい焦点は、デイヴィッド・ヒュームの『宗教の自然史』（一七五七年）で明らかにされているし、一八世紀を通じて、今日では「比較宗教学」分野と呼ばれるものへの関心が増加したことにも現われている。ヴォルテールの神学者が啓蒙における唯一の人物というわけではなかったし、異教の地位との関連で、キリスト教信仰の地位をめぐるヴォルテールのいや増す疑念もまた、唯一のものではなかった。

かりに比較宗教学研究という新分野が不安定なものだったにせよ、科学自体が、啓蒙の宗教思想にあいまいな言葉を伝えた。何世紀にもわたり、神の力と慈悲の証拠としての自然や宇宙論を示すことが常とされてきた。地球は、人間のために慈悲深く秩序づけられた居住地として創造され、人間は自らの利益のために、他の被造物を制御し利用する権利をもつと論じられた。[12] しかし、ニコラウス・コペルニクス〔一四七三―一五四三年〕とヨハネス・ケプラー〔一五七一―一六三〇年〕による一六世紀の天文学研究が証明したのは、地球が宇宙の安定した中心であるどころか、太陽の周りをまわる他の多くの太陽系の惑星の一つにすぎないことだった。

一六八七年にアイザック・ニュートン*（一六四二―一七二七年）は『自然哲学の数学的諸原理』を出版した。難解な数学にも関わらず、同著は啓蒙全般を通じて大きな影響を及ぼした。というのも、神が現にどのような関心を創造物に示しているかという問いに答える根拠を、同著が提供するように思われたからである。旧約聖書が暗示していると思われるように、神は、選ばれし者の生活に日常的に介入しているのか。あるいは神の関心ははるかに遠く離れているか、はたまた存在しないのか。ニュートン自身は、秩序づけられた宇宙を、数理的法則に従うとともに、創造主によって原初に動かされただけでなく、不規則を修正し、エネルギーを補給するために相当な量の神による介入を必要とするものとして描いた。ニュートンが独創的に想像したように、宇宙は、神が存在することと、人間の日々のふるまいにではないにせよ、少なくとも物質的な創造物に神が持続的な関心のあることとの、両方についての広大な証明として理解されえた。

ニュートンの普及者の著作は、ニュートンの原典よりもはるかに多く読まれたが、それらの多くは、『数学的諸原理』を創造物と神の距離を示すものとして解釈した。このようにニュートンの著作は、彼のもともとの意図からかなり離れた仕方で使われ、一八世紀に理神論者と呼ばれた者、つまり神をたんに宇宙の創造者にすぎず、事実上、自然法〔則〕自体と同じ存在として考える者の裏付けとなった。そのような神は、人間の道徳的選択には何の関心も示さず、たんに第一原因としてのみ存在した(13)。そうしている間に、スコットランドの歴史家にして哲学者のデイヴィッド・ヒュームは、自然の秩序や宇宙の法則が存在しても、必然的にその創造者の本性について何らかの秘密を漏らすことになるわけではないし、もしくはそもそも実際に創造者が存在していたことになるわけでもないと指摘した。とはいえ、この著しく理論的な結論は、相対的にあまり読まれなかった。ニュートンの著作の普及版は、ヨーロッパや南北アメリカの各地ではるかに多くの人に読まれ、神の存在を疑う者や理神論者にとっての絶好の攻撃手段を間違いなく提供した一方で、ほとんどの一八世紀の人は、地球や宇宙が慈悲深い神によって人間に適する居住地として創造されたとする考えを、相変わらず信じていた。逆説的にも、世紀が終わりに近づき、まさに次の世紀へと入ろうとする時も、神の存在に好意的な主張は、とりわけプロテスタント国では、自然の「秩序と工夫《コントリヴァンス》」であり続けた。この点で、他の多くの点と同じく、科学は啓蒙を宗教的に発展させる矛盾した言葉を伝えた。

混乱したのは、啓蒙の宗教思想というこの特定の領域に限られるわけではなかった。多くの人の心には、より古い正統派の信仰と啓蒙の意見が、窮屈そうに並んでいた。世紀を通じて、啓蒙知識人は人間の生まれつきの善性と完成可能性を説いた一方で、正統派の哲学者はアダムの罪による人間の生来の罪を強調し続け、死後罪人に間違いなく起こるだろう天罰について声を張り上げ続けた(14)。ここで提起された問題は、一般の信者の心中に明晰さを維持する問題よりも深いものだった。その問題は、キリスト教の中心的教義、すなわちキリストの神性へと、そしてアダムの不従順さが招いた罪深き状態から人間を救済するために、十字架にかけられたキリストの犠牲の必要性へと回帰した。実際のところ、人間が生まれつき罪深くなかったなら、なぜキリストを信じる必要があるのか。

同時に、キリストの神性も別方面から攻撃を受けるようになった。キリストの神性の証拠は、彼によってなされた奇蹟であって、そのことは福音書に証されていると思われていた。ラザロが死から甦ったこと、カナの結婚式で水がワインに変わったこと、そしてキリストの復活それ自体といったような奇蹟はすべて、自然法〔則〕、つまり啓蒙において多くの者がしきりに神と完全に同一視しようとした、まさしくその法〔則〕をひっくり返すことを意味していた。デイヴィッド・ヒュームの『奇蹟論』（一七四八年）は、キリストの奇蹟的誕生と復活を祝福したゲオルク・フリードリヒ・ヘンデル〔一六八五―一七五九年。バロック期の代表的な作曲家〕の『メサイア』の初回公演にダブリンの観客がつめかけた六年後に出版されたが、それはヴォルテールの『奇蹟に関する疑問』（一七六五年）とともに、後に続く議論の基礎を築いた。ニュートンの自然法〔則〕観は、現実に起きている奇蹟の可能性に疑義を生じさせた。またヒュームは、キリストによる奇蹟が起こった証拠が、福音書のいわゆる目撃者の話にあると指摘し、目撃者の話は、あらゆる形態の証拠のうちでたいてい最も信頼できないものであるとした。もし福音の証人が語った出来事と類似するものが今の時代にないなら、彼らの信頼性はどうやって評価できるのか、とヒュームは疑問視した。確かに、あらゆる奇蹟のなかで最も重要な奇蹟であるキリストの復活に類似するものは、当時にはなかった。また、ヒュームの指摘によれば、人間の証言は奇蹟の信憑性を認めさせるのに必要なものの一部かもしれない（さもなければ、それらの奇蹟の存在を知ることさえなかっただろう）が、目撃者の証言は、自然法〔則〕や現代人の経験どちらにも矛盾する出来事の説明に信憑性を付与するには十分ではない。

歴史的な知識の本質と歴史と宗教の関係についての議論もまた激しくなった。ゴットホルト・エフライム・レッシング（一七二九―八一年）のようなドイツの啓蒙知識人や、最も有名なヨハン・ゴットリープ・フィヒテ（一七六二―一八一四年）の指摘によれば、歴史研究が示しうるのは「何が起こったか」だけであり、出来事の倫理的な意味や合理的な状況を示さない。このため、新約聖書の歴史情報は啓示としての地位を構築するのに不十分である、と彼らは論じた。同時に一八世紀の歴史家は、中世とルネサンスの歴史観――定義上、罪深き人間の住む「世界という舞台」で神の意図が実現してゆく物語としてのもの――を次第に断念した。彼らはナポリの歴史家、ジャンバティスタ・ヴィーコ（一六六八―一七四四年）によって裏付けられた歴史観――進歩への人間自身の能力の物語として歴史を見るもの――にはるかに近づいた。例えば、エドワード・ギボン（一七三七―九四年）は、『ローマ帝国衰亡史』（一七七六―八八年、第一五章）で、純粋な人間組織としての初期キリスト教の台頭についての有名な説明を提供した。キリスト教の発展は、ローマ帝国自体の発展とまったく同じ観点から理解することができた。

このように奇蹟は、次第にドルバックなどの反宗教思想家の標的になった。奇蹟の物語は、無知で騙されやすい者に対する聖職者の計略に属するものだとして、苦もなく攻撃された。ニュートンの著作に影響を受けた人や、「合理的な」キリスト教を構築したいと望んだ人にとっても、奇蹟は問題だった。どうして神は、自らの自然で合理的な法を破壊しようと望んだのだろうか。そのことによって、こうした論争を認識していた教育を受けた階層では、キリスト教信仰の中心的な地位はもはや不動のものとはならなかった。とはいえ、彼らはとりわけカトリック国では、一般の信徒集団に影響をほぼ与えなかった。また、啓蒙知識人は、彼ら自身の理性的探究を下層階級にまで広めることで社会的地位が低い人の素朴な（そして社会に必要な）信仰とみなしたものを壊そうと意図したわけでもなかった。

宗教の教えについての啓蒙の査問は、すべてがたんなる論理的探究に基づくわけでもなかった。時おり、諸々の出来事によって、キリスト教の教えではいつも解決に至らなかった特定の争点が、人心の注目の的になった。そのような「注目の的になる機会」の一つは一七五五年に起こった。同年リスボンで大地震が起き、その後の津波も伴って一万人以上が死亡し、街は廃墟と化した。ヴォルテールや他の多くの者は、こう問うた。愛のあふれる全能の創造主としての神という概念と、この出来事は、どう折り合いがつけられうるのか。かくなる不幸がこれほど多くの人に起こることをどのように神は許されたのか。邪悪の存在という問題は一八世紀に目新しいものではまずなかった。しかしリスボン大地震がもたらしたものによって、邪悪や不相応な不幸の存在と、多くの啓蒙思想家によって説かれた徐々に強まる楽観主義の不一致に注目が集まった。この「楽観主義」は人口に膾炙していたことから、哲学者ライプニッツは、「神義論」という新語を造り出して、邪悪の問題を「解決」しようと繰り返された試みを記述し、邪悪が存在することと「合理的」宗教や情け深く全能の創造主がありうることが両立する説明をもたらした。一七五九年までにヴォルテールは、意義深くも『カンディード、あるいは楽天主義説』と題された著作で、この世界は「あらゆる可能な世界のうちで最善のもの」と信じているパングロス博士という登場人物を通じて、容赦なくライプニッツを風刺できた。[15] 楽天主義からのそのような変化は、キリスト教信仰をさらに不安定なものにできただけだった。

これらの問題に多種多様な反応があった。一つは啓示に徹底した敵意をもつ理神論である。もう一つはキリスト教を「合理的」にしようとする試みを拒否し、信仰、啓示への信頼、宗教体験の個人的な証言を重視する宗教観に回帰することだった。このようにして、「熱狂的」な新宗派、例えば英国国教会から独立したメソディスト派や、北アメリカのブリテン植民地における「大覚醒」として知られる宗教復興運動に大きな刺激が加わった。ほぼ同じような新しい衝動が、ドイツ北部の敬虔主義として知られる運動の背後にあった(16)。

敬虔主義に目を向けることで、宗教上の論点がエリートの上品な議論をはるかに越えて、社会や政治に劇的な影響を及ぼした仕方が検討される。敬虔主義は、三〇年戦争の余波のなかで、ドイツのプロテスタント諸邦を一世風靡した宗教復興運動であった。敬虔主義者はこの戦争を神によってドイツに課された罪への恐ろしい罰とみなした。その創始者は、「合理的キリスト教」を作り出そうとする、当時の試みからかけ離れた個人的な宗教体験という考え方を強調した。初期の敬虔主義者は、ルター派教会内の改革任務に関わっていた。彼らにとって、一六世紀初頭以来の宗教上の取り組みは、ルター主義が、教会改革に注意を払いすぎ、教会が世界をどう改革できるかという論点には注意を払わなさすぎることに帰結した。敬虔主義の運動は、社会に宗教的混乱を作り出し、ルター派教会との暫定協定《モーダス・ヴィヴェンディ》を覆す力があるという理由で、ドイツの君主の多くから敵視された一方で、プロイセンの支配者フリードリヒ・ヴィルヘルム一世（一六八八―一七四〇年）からは手放しに歓迎された。このプロイセン選帝侯〔選帝侯としてよりは「兵隊王」として有名〕は、世界を改革するために敬虔主義の熱狂をどのように利用するかを考え、プロイセンにおいてそれは、貧民への奉仕や領邦への奉仕に献身することに向かった。敬虔主義は、少なくともプロイセンでは、たんに宗教信仰を恍惚として証す手段やキリストの再臨を待つことにとどまらず、社会的、政治的な活力でもあった。フリードリヒ・ヴィルヘルムは、敬虔主義を使って、プロイセンのルター派教会と貴族階級の代表団体とを結びつけている以前からの強力なつながりに楔を打ち込んだ。貴族の多くは、フリードリヒの中央集権化や改革の計画に反対した。選帝侯は、以前は正統派のルター主義者に牛耳られていた教育や他の機関の統制を、知名度の高い敬虔主義者に委ねた。メアリ・フルブルックが主張したように、敬虔主義は、社会エリートやルター派教会に対する支配者の権力を強化し、分割されたプロイセン領における文化的統一に向けた、有効な刺激を提供する強い力となった。他人や領邦への奉仕という敬虔主義思想の広まりは、プロイセンの貴族が司法志向の官僚へと転換するのに不可欠であった。そうした官僚なしには、プロイセンの絶対主義は生じなかったし、機能しなかっただろう。

このことはまた、敬虔主義のような活発な新宗派でさえ、その宗教信仰の影響は教義だけからは読み取れず、彼らの活動した社会的、政治的背景に左右されたことも意味する。ヴュルテンブルクにおいては、恍惚とした、情動的で、社会を分裂させる宗派であったものは、プロイセンにおいては、領邦に奉職する組織された力であった。

啓蒙においては、ほぼすべての主要な宗教が、内部から生み出された改革運動を進展させたことに留意することも重要である。ルター主義には敬虔主義があった。カトリックにはジャンセニスムがあった。英国国教会にはメソディズムがあった。選帝侯フリードリヒ・ヴィルヘルムが改革計画を進展させるために敬虔主義を利用したように、トスカーナ大公ペーター・レオポルトは、カトリックの聖職者階級の多くの反対にもかかわらず、教会改革計画を進展させるために、ジャンセニストの派閥を利用した。オーストリアでも、ジャンセニスムは、改革への要求の背後にある強力な要因であった。

例えばフランスのように、多くの国々でジャンセニスムは、君主権力を支持するよりもむしろ脅かすものと解釈された事実にもかかわらず、これらのことすべては、それでもなお、啓蒙君主が宗教の社会的機能をいかに意識していたかを示している。プロイセンの敬虔主義が一七四〇年以前に支配者権力を首尾よく支援したことで、フリードリヒ大王〔選帝侯の息子、フリードリヒ二世〕が一七四〇年以後に寛容政策の強制に十分な権力をもちえたことは、確証できる。

さらなる緊張が多くのカトリック国にあった。それらの国では、君主が教会に忠誠を示すことや、支配者としての権威を正当化する教会の儀式に信頼を置くことでは、教会の聖職者階級と君主との新たな衝突は阻止されなかった。またオーストリア領でも、とりわけヨーゼフ二世によって、教育の統制はカトリック教会から国家へ移管されるべきだし、臣民が自らの義務に忠誠を示すことは、「合理的」なキリスト教の教えを通じていっそう植え付けられるだろうと、積極的に考えられていた。どの支配者もローマからのさらなる独立を求めていたし、領内における宗教行事や教会職位のさらなる統制を求めていた。一七五九年から七一年の間に、教皇権力を支持すると誓ったイエズス修道会がすべてのカトリック国から追放されたことは、この緊張の最も劇的な事例にすぎない。特にイタリア諸国とヨーゼフ二世のオーストリアにおいては、その経済顧問——土地市場は未発達で、農業生産性は支配的な地主としての教会の役割によって抑えられ、修道会が労働力や軍隊への潜在的加入者の多くを引き止めていると考えた——によっても刺激され、ヨーゼフ二世やスペインのカルロス三世のように、多くのカトリック君主が教会を攻撃し始めた。

このように、啓蒙に現われた宗教像は複雑である。信仰面では、伝統的神学は敬虔主義のような新宗派と、より根本的には理神論のような宗教的探究と競い合った。理神論は、宗教信仰から宗教を除去することに没頭しているように思われた。「合理的な」あるいは「理性的な」キリスト教は、解決したのと同じだけ多くの問題を引き起こした。理神論や「合理的な」キリスト教が、同様に人間理性を新しい宗教の中心として選ぶという危険を冒したことは、歴史家も論じたし、おそらくヘーゲルも同意しただろう。一方で、フリーメイソンのような社会運動は、新しい、宗教的でない、代替的な集団の外に現れた兆候であるとたやすくみなされえたし、カトリック諸国ではとりわけそうだった(17)。

宗教的な変化と論争は、政治的な領域においても深い帰結をもたらした。一七世紀における政治思想の主要な隠喩が宗教的なものだったことは、自明の理である。他方、一八世紀は、政治共同体と宗教共同体が同一境界でなければならない、という考え方の緩慢な崩壊を経験した。これが、ヨーロッパ全土で展開された宗教的寛容論争に含まれる論理であり、それに関わった各々の支配者と共同体は、正当化権力の基礎を変えるための意識的な努力を下支えした。このことは、自由に議論された宗教的寛容の思想を実施することが、われわれにとって明らかなように、一八世紀になぜかくも長きにわたって、厳しい論争を繰り広げたのかについての主な理由である。寛容政策を実施した支配者は、自らの正当性を、宗教的な認可以外の何かに基づかせなければならなかっただろう。このように寛容論争は、究極的には、王位の本質そのものについての論争だった（第三章を見よ）。したがって、その争点は、歴史家がこの時代における王位の「脱神聖化」として描いたものの本質的な部分だった。この意味において、他の人と同様、ヘーゲルも、啓蒙は宗教改革の継続であると正しくも理解した。その結果として啓蒙が革命の扉を開いたのかどうかは別の問題であり、それは第一〇章で論じられる。

第 **10** 章

啓蒙の終焉

——陰謀と革命か——

無知と迷信の帝国は徐々に崩壊へと向かっていた。啓蒙《アウフクレルーング》の光がだんだんと満ちてゆき、闇の怪物どもがこの払暁に呻き声を漏らしつつうち震えるさまは、奴ら自身が勝利の望みを絶たれ、死にものぐるいの一矢を最期に報いんと余力を振りしぼっているにすぎないことを、この上なく明らかにしていた。そのときフランスに騒乱が沸き起こった。いまや奴らは虚ろな頭を再びもたげ、声を限りにわめき散らす。「啓蒙の衝撃的な結末を見てみろ。煽り立てている哲学者や説法師どもを見てみろ」。奴らの誰しもが、絶好の機会をつかんだとばかり、啓蒙を信奉する者に奴らの毒を浴びせかける(1)。

一七八九年、フランスは革命的変革の時期に入り、国家が徹底的に再構築され、君主政は崩壊し、共和政に取って代わられることになった。一七九三年までにフランスは、内戦と党派抗争によって分裂し、そしていくつかの隣国に敵意をむき出しにもしていた。国内では、政治的異議と経済的崩壊が、恐怖政治を用いることで抑え込まれた。後代の歴史家にとってと同様に、多くの当時の人にとっても、これらの出来事と啓蒙の関係は、きわめて不確かなものだった。社会、政府、個人の合理的改革のための闘争がかくも数多く目にされた時代は、なにゆえそのような騒動と暴力で終わったのか。革命は啓蒙に起因したのか、それとも啓蒙の拒絶だったのか。革命が起きたのは、あまりに強く啓蒙を追求しすぎたためか、それとも追求の強さが足りなかったためか。革命は啓蒙のうちに常に潜在していたのか。それとも、フランスの革命は、たんにもっと偶然で短期的な要因によって起こっただけなのか。

とりわけ、当時の人に心の傷を負わせた革命の暴力は、一七八九年以降の革命的状況における激しい政治的緊張の不可避な結末だったのか。それとも、革命の登場人物に余すところなく注入されていた啓蒙思想によって生み出されたのか。これらの疑問に対する回答は、一九世紀において、啓蒙と革命そのもののどちらの重要性を評価する際にも、決定的に重要になった。同様に、この革命は、以後の社会変革や革命運動に対する公衆の態度の形成に大きく関わった。影響力のあるフランスの歴史家イポリット・テーヌ〔一八二八—九三年。『近代フランスの起源』など〕などの保守的な著述家は、啓蒙が革命に与えた影響をはなはだ否定的に解釈した。したがって、それは、ユルゲン・ハーバーマスなどの二〇世紀の理論家の著作に特徴的な、啓蒙を巨大な解放力の未完の計画であるとする主張とはおよそ異なる解釈であった。

啓蒙とそのフランス革命への影響についての保守的解釈で、おそらく最もよく知られているのは、かつてのイエズス会士、アベ・オーギュスタン・バリュエル（一七四一—一八二〇年）であろう。彼の『ジャコバン主義の歴史のための回想録』（一七九七年）は、啓蒙とフランス革命の関連についての一九世紀の態度の多くを決定する上で、ことのほか重要であった。一七九九年にナポレオンが権力を奪取することで結局終わることになる政治的に不安定な情況のなかで、バリュエルは同著を上梓した。彼には、自らの修道会を没落させ、結果として自身がロシアへ国外追放される一因となった啓蒙の諸原理を嫌悪するのに十分な、元イエズス会士としての個人的理由もあった。フランスの君主やカトリック教会への攻撃という、冒瀆や暴力の一切を伴ったフランス革命は、啓蒙知識人の陰謀によって引き起こされた、とバリュエルは考えた。啓蒙知識人は、ドイツのイルミナティやヨーロッパの大部分に広がったフリーメイソンなどの秘密組織で結束していた。啓蒙知識人の著作が、国家と社会が依拠する伝統的価値観を弱体化させている間に、イルミナティの成員やフリーメイソンの常連は政府に浸透した。ジャコバン派として知られるフランス革命の政治的派閥——同派の政治主導権掌握期に、恐怖政治は頂点に達した——が、市民社会を破壊するための陰謀の継続に他ならないことは、バリュエルにとって明らかだった。このようにバリュエルは、革命を根本的に新しい形態の政治、あるいは過去との劇的な断絶として——革命家自身は多くの者がそう理解した——ではなく、むしろ革命を啓蒙内部でかなり長期的に前々から進展してきたことの正体が露呈したものとして理解した。

これらの議論の細部はばかげたもののように思われるかもしれない。大がかりな歴史的発展を説明するための陰謀説は、これまでの世紀には評判が悪かった。フランス革命の起源や推移について、二世紀以上にわたり、研究が積み重ねられたおかげで、いまやバリュエル説は、フランスにおいて革命を引き起こすに至った諸要因の多様性を説明できないように思われるし、もちろん啓蒙自体の多様性を織り込めてもいない。フランス革命の反対者にさえ、バリュエル説は説得力に欠けると考えた同時代人もいた。しかし、そう考えなかった者もいることは記憶に値する。バリュエルの主張は、例えばエドマンド・バーク〔一七二九—九七年〕の有名な『フランス革命の省察』〔一七九〇年〕にその前兆があった(2)。バリュエルの著作はベストセラーとなり、啓蒙と革命の関係についてのたんなる専門家の評価にだけでなく、これらの問題についてのより幅広い公衆の認識にも影響を与えた。これには二つの理由がある。第一に、出版されたとき、バリュエルの『回想録』は、一八世紀の間、別の方面から小説もどきや時事評論もどきの全体において、一貫して論じられてきた啓蒙の主題に収まっていた。

例えば、一七七四年から八五年までに七版を重ねた、大人気小説『ヴァルモント伯爵』は、ヨーロッパの支配権を手に入れようとする啓蒙知識人の陰謀を描いていた。(3) 保守的な文芸誌『アネ・リテレール』は早くも一七七〇年代から、一貫して啓蒙知識人の陰謀という考え方を主張してきた。この考え方のきっかけの一部は、同誌の編集者エリ＝カトリーヌ・フレロン〔一七一八—七六年。ダントン派だったルイ＝マリ・スタニスラス・フレロンの父親〕や、一時はバリュエルも含まれた多くの寄稿者が、一七七三年のイエズス会の廃止によって追放された同会士であった事実からきている。フレロンと彼の仲間は、玉座や祭壇に対するいわゆる啓蒙知識人の「陰謀」と、プロテスタントの「異端」——読者の心の中で、一六、一七世紀のフランスにおける宗教的内乱期、つまり混乱や内戦だけでなく、君主権力の顕著な弱体化を経験した時代と結びついているもの——とを直接的に並列させることによって、巧妙に当時の関心を利用した。ある最近の歴史家が指摘しているように、陰謀という概念は、『アネ・リテレール』に「非宗教的なかたちの異端思想」として現れた。同誌は、一八世紀のフランスでおそらく最も広く読まれていた文芸誌であった。(4)

これらの議論は、フランスにおける新たな宗教的不寛容を奏でた。その宗教的不寛容はプロテスタントのジャン・カラスの有名な裁判において頂点に達した。一七六二年、とるに足りない証拠にもかかわらずカラスは息子殺しの罪で有罪宣告を受けた。カラスの名誉回復は、無神論者ヴォルテール*による有名な運動の対象であった。そのような関心事をつま弾いたフレロンの著述家楽団が収めた成功は、宗教問題が依然としてフランスの啓蒙における教養あるエリートの思想をまとめていた度合いを思い起こさせる。さらには、一七七三年以降のイエズス会士がそうであったように、執筆で生計をたてていた「周辺の」「追放された」者が、ロバート・ダーントンがそう信じさせたほどには、常に既存権力への攻撃に才能をつぎ込んだわけではないことも思い起こさせる。「三文文士」と『アネ・リテレール』は、同じイデオロギーではなかったし、同じメッセージを生み出しもしなかった。

このように、プロテスタントという神学上の「異端」が前の世紀に行なったとされるのと同じやり方で、玉座と祭壇を弱体化させようと望む異端の一形態として啓蒙を記述することで、『アネ・リテレール』は、一八世紀のフランスで依然としてよく響き渡っていた一連の関心事すべてを拾い上げた。そのような関心事は、一七九〇年代と一八〇〇年代ごろにバリュエル説への支持を高めるのに十分なほど、間違いなく強かった。一八二〇年代ごろに、バリュエル説を裏づける新たな証拠が手元にあるように思われた。一八二〇年代と一八三〇年代にヨーロッパ中に広がり、とりわけナポリのような南ヨーロッパの国家では、実際に政治活動家の秘密組織に影響された革命運動の波が、陰謀や革命と「ジャコバン主義」の変種の関連性についての鮮やかな経験的証拠をもたらしているように思われた。(5)

しかしながら、バリュエルの著作は、たんなる啓蒙と改革の関係を思案しようとする試みをはるかに超えるものだった。一八五六年に、アレクシ・ド・トクヴィル〔一八〇五—五九年〕が『旧体制と大革命』を出版した。一八五二年のルイ・ナポレオンによる権力奪取後の、フランスにおける独裁政治の強まりを憂慮していた、自由主義の政治家トクヴィルは、玉座と祭壇が揺るぎなかった時代を残念そうに振り返る保守的な人物では決してなかった。彼は、一八世紀と革命との間に継続性がある、と論じることに強い関心をもったものの、その継続性は、バリュエルが論じたような、啓蒙知識人による陰謀の成功にあるのではなく、むしろ中央集権化された国家権力の増大にあると考えた。彼によれば、その中央集権化された国家権力は、旧体制と革命の間も衰退せず存続し、衆愚政治という行き過ぎをもたらしただけでなく、真の自由を根絶やしにする能力もある。トクヴィルは、一七八九年の後に、政治的実践へと放たれた時点で、啓蒙知識人が、中央集権化を進展させた恐怖政治の発達に対して、いかなるイデオロギー的な防波堤も構築できなかったと論じた。彼は啓蒙知識人を経験不足のユートピア的思想家とみた。実際のところ、彼らのユートピア的理想主義は、一七八九年の前も後も、〔社会的中間団体の消滅により〕討論や意見の相違を包摂しえない状況を作り出していた。それゆえに、独裁的な中央政府の広範な膨張をもたらしつつ、恐怖が権力を行使する唯一の手段となった。われわれの目的にとっては、トクヴィルによる有力な歴史は、バリュエル説の否定型として現われる。

トクヴィル説の多くは、程度の差こそあれ、現代の歴史学にその共鳴を聞くことができる。ロバート・ダーントンが、「三文文士」の反抗的著作を一八世紀末における権威弱体化の要因として強調したことは、その一例である。別の方向では、キース・ベイカーの説がそうである。ベイカー説は、文芸共和国が革命前における真の政治的論争の代替としてだけでなく、革命的な公的領域の政治にとっての原型としても機能したというものである(6)。ベイカーなら次の点でトクヴィルに賛成するだろう。つまり、旧体制のもとでは、

啓蒙知識人の外套は当時の情熱に安全な隠れ蓑を提供した。そして政治的な高ぶりは文学をはけ口にした。その結果、われわれの作家は今や世論の先導者となり、しばらくの間、自由な国なら通常は職業政治家のものとなる役割を果たした(7)。

この意見は、第一章で検討したハーバーマスの公的領域論における意見にも収斂する。フランソワ・フュレによる最近の革命の再解釈もまた、革命前の非公式な知識人の集まりである「思想結社《ソシエテ・ド・パンセ》」の重要性を、革命の多くの組織形態や動員形態の前兆として強調することによって、このトクヴィル説の「穏健版」を取り上げている(8)。とはいえ、これらの現代の解釈はすべて、一つの重要な点でトクヴィルの解釈とは異なる。現代の解釈はどれも、旧体制批判の現実的な内容よりも、文人《オム・ド・レトル》、啓蒙知識人、素人有識者の結びつきの形態の方により強い関心をもっている。言い換えれば、現代の解釈者は、文人や啓蒙知識人の思想の反体制的内容が教会や君主も傷つけたとするバリュエルの非難にも、彼らは実際的でなく「ユートピア主義」であるというトクヴィルの非難にも、直接的には関係しない。とりわけフランソワ・フュレは、革命の、なかんずくジャコバン派の思想や言葉の特異性と啓蒙のそれとを、自説でほとんど関連づけようとしなかった。このように、文芸共和国という社会形態と革命という政治形態の継続性を強調することは、啓蒙知識人の実際の著作の影響についての問いに答えられていない。

一つには、これは例えばルイ・ブラン〔一八一一―一八八二年。フランスの社会主義者、政治家、歴史家〕の分析様式から意識的に逸脱することであった。彼は、著書『フランス革命の歴史』(一八四七年)において、革命を通じて百科全書の思想を跡づけようと継続的に取り組んだ。そのことは、特に啓蒙知識人は統一された思想体系をほとんど作り出さなかったために、啓蒙の著作家の革命にもたらした影響を評価するのがきわめて困難なことも反映している。革命家自身が、特にヴォルテールやルソー*をよく仄めかした一方で、彼ら自身の考え方は、往々にして、彼らが自らの行動を正当化するために、名前を使った人物を震え上がらせる方向へと進んだ。例えば、一般意志に言及することで、恐怖政治を用いるのを正当化するために『社会契約論』を使うことを、ルソーなら評価したかどうかは疑わしい。「進歩」や「理性」といった啓蒙の理想への訴えは頻繁になされたが、一七八九年の時点で、九二年までに起こることになった変革の程度を予想できた者はまずいなかった。啓蒙に統一性がなかったとしても、革命にもまたなかった。多くの者にとって、一七九二年は、八九年に考えられたよりもはるかに大きな変革の始まりを示すように思われた。そして、後の歴史家の多くは、一七八九—九九年が一つの革命を経験したのか、それとも各々が一八世紀と別々の関係をもち、複雑な論争があったたくさんの別個の革命を経験したのかを問題にしてきた。

このようにわれわれは、啓蒙と革命の関係の理解に答えが出ていない問題を多く抱えたままである。問題の一部は、われわれの啓蒙自体の理解において起こった大がかりな再定義に由来する。もはやフランス内部ですら、啓蒙を玉座と祭壇のイデオロギー的弱体化にもっぱら打ち込んだ運動としては理解できないだろう。フランスの外では、見てきたように（第三章）、そのような解釈はたいして正当性をもたなかった。同時に、革命自体の性質についての理解も大きく変化した。フランソワ・フュレや他の人のおかげで、革命はマルクス主義者の通説のような階級闘争の挿話として見られなくなり、特定の政治的文化や言説——啓蒙におけるそれらの起源は依然はっきりしないが——によって突き動かされた政治現象として、次第に見られるようになった。年代記の問題も大部分は解決されていない。デール・ヴァン・クレイのような歴史家が指摘したのは、「国民」あるいは「代議制」といったフランス革命の政治的言説の鍵となる言葉は、すでに一七六〇年代からフランス高等法院によって、啓蒙の支持のためではなく、不平等税制と特権に支えられた政治経済構造を変えようとする、国王自身による試みへの異議申し立てのために使われていたことである。(9) もし革命の政治的言説の鍵となる言葉がそれほど早期に現われており、またもし革命が主に政治的文化現象として理解しうるならば、なぜ革命の鍵となる言葉が出現してから旧体制の崩壊が始まるまでに、三〇年以上もかかったのだろうか。他方で、フランソワ・フュレは、革命の特定の政治文化はだいぶ後に、おそらく一七八八年の三部会の選挙運動の頃になってようやく具体化した、と論じているように思われる。それゆえ、とりわけフランスにおける啓蒙の政治文化の性質について、以前よりもはるかに多くのことが知られているにもかかわらず、各分野が再検討されているように、問いへの答えはかつてないほど遠ざかっているように思われる。

しかしながら、問題の一部は、この議論で採用されてきた線形的な接近法にあるのかもしれない。「革命なるもの」は、「啓蒙なるもの」の終点として考えられてきた。これは、啓蒙をフランス特有の現象として定義した歴史叙述上の年代にはとりわけそうだった。しかし、一八世紀の趨勢を全体として見る者ならだれでも、これが誤った見方だと容易に分かる。「啓蒙」と呼ばれた平和な時期は、「革命」と呼ばれた突然の激変によって終わらなかった。ヨーロッパの大部分にとって、啓蒙と革命は、その世紀の大部分の間、並進したというほうがはるかに正しい。啓蒙は革命――一六八八年にイングランドで起こったそれ〔名誉革命〕が、ジョン・ロック*による支配者と被支配者の関係についての新たな考え方を論じる哲学が出現する条件を作り出した――とともに始まったとさえ言えるかもしれない。特に一八世紀後半には、既存の権威に対する反乱は広範囲に及んでいた。一七六〇年代以降、別々の場所で反乱が生起した。ジュネーブ（一七六四年）、コルシカ〔コルシカ独立戦争〕、北アメリカのブリテン植民地（一七七五―八三年）〔アメリカ独立戦争〕、オーストリア領ネーデルラント（一七八九年）などである。ルソーはコルシカのために新たな憲法草案を作った（一七二〇年代と六〇年代）。これらの反乱にR・R・パルマーは「民主主義的」という用語を適用した。[10] しかしこの類型論は、彼が年代順に記録した大変動がどのように「革命的」で民主的だったかについて大論争を巻き起こした。例えば、オーストリア領ネーデルラントは、政治参加のわずかな拡張を作り出すことと同じくらいの関心が、彼らがヨーゼフ二世から脅かされていると見た、ウィーンとの歴史的関係を修復することにもあった。

この文脈において、アメリカ独立革命は、啓蒙思想と統治の暴力的変化が最も結合して見られうる場所として考えられてきた。確かにアメリカ人は、優れた過去への回帰ではなく、時代の新秩序《ノヴス・オルド・セクロールム》〔アメリカ合衆国の国璽裏面に書かれている文言〕、新世界の新しい秩序を作りたいと望んでいるようにまさしく思われた。しかし実際のところ、どの程度アメリカの入植者が、ブリテンの支配への闘争において、純粋に啓蒙思想によって鼓舞されたと考えられうるのか。啓蒙の入れ知恵がたとえ何一つなくとも、植民地と本国政府の間に不満を鬱積させる理由がたくさんあることは間違いない。一七六三年以後、ロンドンは、増加する帝国の費用と一七五四年以来積み重なった莫大な戦債を植民地に転嫁しようとした。このことは、かくも重い負担を新たに負わせるロンドン議会に自らの代表者がいないのを植民地人が問題視したように、一三植民地とロンドンの政治的関係がますます圧迫されるようになったことを意味した。

しかし、この対立を膨らませたイデオロギーには多くの異なる源泉があった。人間の本質的罪深さというピューリタンの宗教思想は、進歩、楽観主義、人間理性への信仰からなる啓蒙思想とあまり調和しなかったし、一七三〇年代から四〇年代にかけての宗教的な復興や「大覚醒」のおかげで植民地に力強く現存した。アメリカのイデオロギーの他の要素も、啓蒙に先立っていた。特に、古典的なモデルに起源をもち、ルネサンスの公共的人文主義者《シヴィック・ヒューマニスト》の影響で強化された共和主義があった。アメリカの共和主義解釈は、共通善に献身する自律的市民からなる質素な社会の徳を重視し、各個人の独立を強調した。ここには、ルソーの心に訴えただろう多くがあった一方で、アメリカの理想はこのジュネーブ市民〔ルソーがそう自称〕のそれに何年も先行していた。もっとも、アメリカ人は、市民と政府が契約により結びつけられるべきとも考えた。その考えは、ロックの『統治二論』できわめて強かったし、この著作は多くの者から啓蒙自体の始まりと見られた。しかし、この契約という考え方自体は、アメリカの状況においては若干の困難につきあたった。ロックの契約理論は、平等な成員からなる社会が前提だった。奴隷の労働力に支えられていたアメリカ植民地に、この理論は本当に適用できただろうか。これは啓蒙における主要な対立の一つであるし、啓蒙期における男性にとって、奴隷社会に暮らしていない者でさえ、平等と自然権の理論的含意を、彼らが「他者」の階層に入れた相手に拡張することがいかに困難だったかを、われわれは見てきた（第五章、第六章、第七章をみよ）。おそらく、まさしくアメリカ独立革命が新秩序《ノヴス・オルド》を創出しようと実際に試みたがゆえに、彼らは変革にかかわる啓蒙思想の究極の問題を体現する定めにあった。もしかしたら、結局アメリカの革命家は、フランスが二〇年後に直面することになったのと同じ問題に、すなわち、まったく平等でない社会秩序を作り直すことなく、権利の平等に基づく政治秩序を構築することの不可能性という問題に自らが直面しているのを見いだしたかもしれない。おそらくアメリカ独立革命が教えるのは、啓蒙のいくつかの要素は、特定の集団が変革について考えることができるようにした点で有効だったものの、それらの集団は、社会秩序が保たれうるように自ら構想した変革の制限を克服できなかったことである。おそらくは普遍的である諸権利の支持と、その諸権利の享受から多くの者が排除されていることとの矛盾は、啓蒙思想の特徴であり、中心をなすものだった(11)。

アメリカの事例の考察から、もしフランス革命に限る意味での「革命」と「啓蒙」の関連を考えるなら、われわれは解決するよりも多くの問題をあいまいにしていることは明らかである。忘れてはならないのは、一七八九年以前の一八世紀に、政府を変革しようとする多くの試みがあっただけでなく、一七九〇年代にフランス以外の他の国々でも、統治政策の方向性や実際の権力保持者を変革しようとする多くの暴力的な試みがあったことである。これらの反乱の多くは、政府の啓蒙計画をめぐる衝突にきわめてはっきりと関わっていたし、啓蒙の反対者あるいは支持者に先導されることもありえた。例えば、トスカーナでは、オーストリア皇帝として兄のヨーゼフの後を継いだペーター・レオポルト大公がウィーンへ出発した後に、一連の反乱すべてが勃発した。標語が指し示すように、これらのいわゆる「ビバ・マリア」の反乱〔狭義には一七九九―一八〇〇年の対ナポレオン運動を意味するが、ここでの用法は異なることに注意〕は、豪華で贅沢な礼拝儀式、宗教的な祝日数、修道会のうちとりわけ社会的に有用な任務が何もない組織の富を減らすために、ペーター・レオポルトとトスカーナの「ジャンセニスト」司教が開始した宗教改革への異議によって引き起こされた[12]。ハンガリーでは、農奴と土地所有者の関係やウィーンとブダペストの関係を改めようとする皇帝ヨーゼフ自身の試みを、暴動が脅かした。一七九〇年代には、多くの支配者自身が啓蒙の改革計画から後退し、それらの改革的な要素は、以前にそのような改革を支持したエリートや国家官僚のうちに離散したまま残された。一七九二年以後、フランス革命軍がオランダ、スイス、ナポリ、北イタリアに衛星共和国をつくり始めた際、改革計画を任されたそのような集団が、多くの地域においてフランスの支持母体となった。こうした地域の多くの者は、フランスによる併合が啓蒙の改革計画を維持する唯一の道である、と辛うじて自らを納得させた。これらの同時代人は、少なくともフランスにおける啓蒙と革命の間に、断絶を一切見なかった。彼らがフランス人に寄せた希望は、往々にして一部ないし全部間違っていたが、そのことでこの事実は変わらない。これらのすべては、旧来の歴史叙述の線形的様式、すなわち啓蒙の世紀は悲劇的にも革命のうちに終わったとする叙述様式がいったん放棄されるならば、このように啓蒙と革命の関係がはるかに複雑であると分かることを意味する。反乱や革命は啓蒙期を通じて発生し、啓蒙の中心部分に受け入れられたものもあった。コルシカのジェノヴァ共和国からの独立運動の主導者、パスクワーレ・パオリ〔一七二五―一八〇七年〕が人気者になったことが、その証拠である。彼はデイヴィッド・ヒュームやジャン゠ジャック・ルソーなどのさまざまな思想家にとって、専制と闘う英雄として現れた。トスカーナの「ビバ・マリア」の暴動のような他の反乱は、啓蒙計画に徹底して反対するものだった。

啓蒙自体が「革命」概念と完全になじんだわけでもなかった。例えば、「革命」という言葉は、一八世紀において、次第に二〇世紀的な含意を帯びるようになったにすぎないことは明らかである。したがって、啓蒙と革命の関係を問う際に、時代錯誤の専門用語を押しつけ、その結果、当時の人には認識できない方法で問題を規定する危険がある。辞書や当時広まっていた使用法の調査からすると、力学と天文学に由来する意味がもともとあった「革命《レボリューション》」という言葉は、一八世紀の大半の間、「太陽の周囲をめぐる地球の回転《レボリューション》」という一節のように、端的に「一周の回転」あるいは「周回の完遂」を意味したように思われる。政治評論の文脈では、「革命」という言葉は、とりわけ一八世紀初期には「以前の事物の状態に戻る変化」を意味した。これは、一七七六年以前の「革命」の多くで表明された目的にきわめてよく適合する。その目的は、根本的に新たな事物の状態を作るよりも、よりよい以前のそれを回復することであった。世紀が進むにつれ、「革命」はあらゆる既成の秩序の混乱も、またあらゆる一連の危機や変革をも意味するようになった。「ポーランドの革命」あるいは「フランスの革命」といった表題が付された、一八世紀に出版された多くの歴史書では、この語はこの意味で使われた。「革命」という語が現在の意味にようやく近づきはじめたのは、一七七五年に始まったブリテン支配に対するアメリカ植民地の反乱以後であった。成功を収めたこの反乱は、多くの同時代人に、新しい種類の国家、つまり宗教的でない共和国を創設できることを証明した。この印象は一三植民地が連邦の国璽に、標語として時代の新秩序《ノヴス・オルド・セクロールム》という言葉を掲げた際に強まった。これらの言葉が意味したのは、この革命が以前の事物の状態を回復するどころか、実際のところ、まったく新しいもの、歴史の流れの断絶、そして新たな秩序を創り出したことである。一七八九年のフランス革命やそれに続くすべての変革運動によって採用された「革命」の意味はこれであった。[13]

こういうことかもしれない。すなわち、歴史家は後期啓蒙の「革命」の意味——過去とは根本的に異なる政治秩序を創り出す可能性というその主張によって、啓蒙と革命の関連を疑わしくしているもの——だけを理解し、啓蒙思想家自身がどういった種類で、どれほど大きな変革を自らの革命観の範囲内と見ていたのかという問題に、ほとんど取り組んでこなかったのではなかろうか。確かに世紀が進むにつれ、人間に関する事柄は、一連の過去の事物の再構築というよりも、むしろ「進歩」を表わすという考え方が顕著になってきた。言い換えれば、歴史的変化の最も有力な隠喩は、中世やルネサンスで好まれた「運命の輪」よりも「時間の矢」に、循環的なものよりも一方向的なものになった。このように、少なくとも過去からの根本的な隔たりを可視化するための前提条件のいくつかは、確かに啓蒙の終焉までには存在していたし、それは「進歩」のような古典的な啓蒙思想によるものであった。しかしながら、この推移が完成からはほど遠かったことは、フランス革命がとりわけジャコバン派〔独裁〕の局面では、黄金時代への回帰として、また存在の新秩序、すなわち過去の歴史的経緯との完全な断絶として、この両方を描く修辞法を生み出した仕方に示されている。

しかしながら、見たように啓蒙思想家は、カント*の「啓蒙とは何か。問いへの答え」の中心にあった問題から決してかけ離れてはいなかった。どの程度なら、そしてどのような帰結を伴えば、思想は世界に変革をもたらす潜在能力を十全に発揮することを認められるべきだろうか。すでに見たように、ほとんどのフランスの思想家が、社会的激変の原因となるのを恐れて、啓蒙が下層階級にまで浸透しすぎないでほしいと考えたのは明らかだった。中央ヨーロッパでは、啓蒙は社会変革を助長し、正当化するために意識的に使われるものと考えられ、社会と君主政の長期的な安定という全体目標の文脈において利用された。例えば、オーストリア領の教育政策は、個々人に対して社会的流動性を助長するよりも、むしろ生まれた社会的地位に付与された義務を、迷信的にではなくより「合理的」に、それゆえより安定的に受け入れさせることが問題であった。

したがって、啓蒙と革命の関連についての書類一式《ドシエ》はまだ広げられているように思われる。もはや啓蒙は、たんなるフランスでの思想運動であると考えることができない。フランスでは、過剰な改革や探求によって、あるいはまた、革新的で乱暴な手段でのみ遂行可能な改革が必要なほどに世論を政治に代替させることによって、暴力革命が引き起こされた。ダーントンや他の者の著作にもかかわらず、一九世紀に一般的でもあった主張、つまり啓蒙知識人の著作を読むことは、君主政が依拠した社会的、イデオロギー的な意見の一致を必然的に弱体化させたに違いない、という主張を十分に裏づけることもできない。いかなる所与の書物であれ、読者が直ちに既存権力に反抗して立ち上がるよう動員されるだろう、と論じるのは難しい。また、読者が読んだ本から一つの明解な真意《メッセージ》を受け取るわけではないことを強調するのも正しい。書かれた伝達内容《メッセージ》は、どれも読者によって多くのさまざまな方法で解釈されるかもしれないし、多くではないにせよ、著者が意図していないように解釈されたものもあった。また、王室に対するポルノ的な攻撃——最近フェミニズム研究において注目を集めているもの[14]——から、ヴォルテール、ルソー、レーナル*による本格的な論評にまでわたる、批判的な傾向の書物やパンフレットの流通が増えつつあったことは、ある程度、以前に存在した事物の状態の原因というよりも、むしろその記録や結果にすぎなかったのかもしれない。フランスにおける君主政の現実的な政治的、財政的問題、エリートを徴兵、動員する君主の力の衰退、宮廷生活や国王による援助を通じて、力強いキリスト教徒の君主という象徴を結集する力の摩耗などは、啓蒙の批判の増加の結果というよりも、むしろその前提条件だったかもしれない。とはいえ、君主政批判の上げ潮によって、臣民の気持ちや精神に対する君主の影響力が総じて弱まったことに、疑念の余地はない。少なくともフランスにおいて、とりわけ重要だったのは、君主政の神学的基礎が依拠する宗教信仰への継続的な攻撃であった。一七八九年以後のルイ一六世の行動は、彼がそのことをよく自覚していたことを示している。しかしながら、仮に啓蒙がとりわけエリートの玉座と祭壇に対する愛着を弱めることでフランスでの革命に貢献したにせよ、その影響が必然的に革命のジャコバン派〔独裁〕の局面の暴力――一九世紀の批評家の大部分が革命の経験の中心と見なしたもの――を引き起こしたのかどうかについては、まったく別問題である。その問題の他にも、依然として解決にはほど遠い別の問題がある。フランス革命は単一の運動だったのか、それともいくつかの別々の革命的な局面だったのか。これについての書類一式もまだ広げられている。

ラインハルト・コゼレックは、著書『批判と危機』で、革命的状況をもたらしたのは、中央ヨーロッパや、とりわけプロイセンにおける啓蒙の内的矛盾であると論じた[15]。見てきたように、合理性や統一性（第三章、第九章）といった、いくつかの特徴的な啓蒙の理想に調和して改革を試みながらも、君主は依然として王家の権利や宗教上の承認によって保証される地位に固執し続けていた。同時に多くの君主、とりわけヨーゼフ二世とフリードリヒ大王*は、王の人格に焦点を合わせた象徴的秩序を創設する目的で、祖先によって築き上げられた数多くの宮廷儀式を廃止した。コゼレックが主張するには、伝統と革新、合理性、普遍性と君主個人の介入が不安定に結びつき、君主国の発展を麻痺させるほど矛盾がきわめて大きくなったために、さらなる変化と改革の達成のためには君主政自体の基礎を解体する外にない状況を作り出した。この主張を支持した当時の論評もあった。他方、この事例も証明されてはいない。フランス革命の勃発が、諸々の改革計画を弱体化させるヨーロッパの全面的不安定という感情へといたらなかった理由には何があったのかは誰も分からない。諸々の君主国自体が、それらの伝統的、宗教的基礎と改革計画との矛盾を徐々に乗り越えながら、同じ方向へと進化し続けられたと言えなくもない。言い換えれば、コゼレック説は答えられない言葉で提起されている。また、啓蒙の改革への社会的な異議の程度も忘れられるべきではない。トスカーナの「ビバ・マリア」の反乱、オーストリア領ネーデルラントにおける一七八九年の都市暴動、ハンガリーにおける武装蜂起にごく近い状況にいたった土地所有者の抵抗、これらすべてが示すのは、旧体制の伝統的基礎をもつ袋小路に迷い込んだ啓蒙政策にとって、唯一の脱出方法であったために革命で終わったというにはほど遠く、中央ヨーロッパの啓蒙は、啓蒙政策に反対し、以前の事物の状態の復古を支持することを目的とした、はるかに伝統的な反乱のうちに終わったのかもしれないことである。

要約すれば、啓蒙と革命の関係についての議論の多くは、フランスにおける革命によって、とりわけその最も暴力的な一七九二年から一七九四年までの「ジャコバン派〔独裁〕の」局面によって心を奪われた歴史叙述から成長した。それは、ブリテンの北アメリカ植民地とヨーロッパにおける啓蒙と革命の同時発生を考慮に入れそこねた。変革と批判の限界は、啓蒙自体で継続的に吟味されていた。それもまた、ヨーロッパの異なる地域における啓蒙の実践と方向性にある差異を十分に強調できず、世紀末の多くの反乱を軽視した。それらの反乱は、コゼレックが主張するような「挫折した啓蒙」、あるいは右翼の歴史家なら主張するような「革命の恐怖へと変わる啓蒙」ではなくて、重要な社会階級による啓蒙政策に反対する実際の運動であった。

しかしながら、これらの議論は、アメリカの歴史家、ジョナサン・イスラエルによって、最近新たな思わぬ展開がもたらされた。彼の三部作（『急進的啓蒙——哲学と近代性の形成、一六五〇—一七五〇年』（*Radical Enlightenment: Philosophy and the Making of Modernity, 1650-1750*, Oxford, 2001）、『争われた啓蒙——哲学、近代性、人間の解放、一六七〇—一七五二年』（*Enlightenment Contested: Philosophy, Modernity, and the Emancipation of Man, 1670-1752*, Oxford, 2006）、『民主的啓蒙——哲学、革命、人間の諸権利、一七五〇—一七九〇年』（*Democratic Enlightenment: Philosophy, Revolution, and Human Rights, 1750-1790*, Oxford, 2011））は、注目に値する論争の火付け役となったが、それは啓蒙の性質とそのフランス革命の関係について、きわめて多くの根本的問題を提起した点で重要である。『民主的啓蒙』（以下、（ ）内はこの本の頁数を示す）の論争的な序文に関する私の解釈に基づけば、イスラエルは、啓蒙を「……近代史研究において、国際的に唯一にして最も重要な主題であり、また政治学、文化研究、哲学においても、決定的に重要な主題の一つである」（p. 1）と確信している。彼によれば、それにもかかわらず啓蒙研究は、ポスト・モダンの理論家の著作によって、そしてミシェル・フーコーの著作によって危機に瀕している。イスラエルの説明では、ポスト・モダニズムは、啓蒙の抽象的普遍主義を究極的には破壊をもたらすものと見なし、「啓蒙によって鍛造された知的基盤を、ポスト・モダンの世界が文化多元主義、倫理相対主義、真理の不確定性の上に築いた一連の斬新な基準枠組みによって置き換える」計画をもっている（p. 2）。イスラエルによれば、フーコーは理性の優位性という啓蒙の主張を、権力の行使を隠蔽するものと見なす。啓蒙は、解放に関するものではなく、制約の新たな形式に関するものである（p. 2）。

もっとも、イスラエル自身による啓蒙の定義は、それ自体激しく異議を唱えられている。彼によれば、実際のところ、啓蒙には二つのまったく別々で両立しない思潮、すなわち「穏健な」啓蒙と「急進的な」啓蒙が含まれており、それらは半ば地下的な存在だった長期間の後、一七七〇年代に表面化し、一七八九年から九二年のフランス革命において最終的な責任を負うものだった（p. 22）。このようにイスラエルは、ロバート・ダーントンやロジェ・シャルチエの名に長らく付随してきた社会空間や読書習慣に疑義を呈する（pp. 23-25）のと同じく、〔ナポリ啓蒙、スコットランド啓蒙といったような〕国別の啓蒙研究への傾向を反転させる（p. 6）。反対に彼は、「急進的」啓蒙は、一人の大思想家、すなわちオランダのユダヤ人哲学者、バールーフ・スピノザ（一六三二―七七年）の著作に基礎づけられると主張する。「スピノザは、啓示、神の摂理、奇蹟、したがって教会的権威における信仰の弱体化をさらに押し進めたことから、決定的に重要である」。さらに、スピノザ主義は、「身体や魂の不死性から分離した精神と共に、すべての目的論、神の摂理、奇蹟や啓示を排除する、そして倫理観が神に与えられたことを否定する（その必然的帰結として、倫理観は社会にとって何が善であり悪であるかに関わる言葉を用いて、人間によって考案されなければならないことも伴う）、一つの実体からなる形而上学」（p. 11）のような思想を支持する、よく定義された運動である（p. 11）。スピノザに反対するのは穏健な啓蒙であり、理性を排他的に特権化することを拒絶し、真理の二つの区分された源泉、すなわち理性と伝統を主張する。イスラエルによれば、穏健な啓蒙が社会を往々にして保守的に維持する一方で、急進的な啓蒙は、表現、思想、出版の自由を留保なしに是認する（p. 19）。これらすべては、

「急進性」に関わっており、そのことは一七九二年以後のフランス革命史で例証可能である（p. 22）。

しかし、この議論は疑わしい。イスラエルは、「今日のフランス革命史家の主要な任務は、哲学《ラ・フィロゾフィ》が大革命の主原因であるという一八世紀後期の洞察を定義し、明らかにし、深めることである」（p. 17）と言明する。これがイスラエルによる批判がつかんだ点であり、哲学的外観と政治思想のいかなる必然的な同質性も否定している（p. 22）。イスラエルの大革命解釈の多くに疑問の余地があるのは確かである。彼は実際のところ、例えば大革命が大がかりな暴力を含むことを知っている。にもかかわらず、彼は暴力、恐怖政治、「哲学」のどんな関係も否定する。たんに大革命に「腕力」を供給したにすぎないと一般人を見なすことで、彼はサン・キュロット〔フランス革命の推進役となった貧困層。「半ズボン（貴族が身につけた）を履かない者」の意〕の好戦性や、政治的、経済的平等への彼らの支持や、貧民への国家的支援や、恐怖政治がもつイデオロギー的な基礎を無視できる。また、彼は自説を一七九二年近くにもって行くことで、一七九三年から九四年の大がかりな恐怖政治を無視できる。そのことで、「急進的な」啓蒙は説得力のある、あるいは耐久性のある防壁を確かに何一つ構築しなかった。

イスラエルは、自らのより遠大なイデオロギー的計画を明らかにしており、それは彼の言う二つの啓蒙の歴史を超えて進む。フーコーと論争することで、「真理が普遍的であり、人権は万人が擁護する義務を持つ共通規範であると信じる者は誰でも、フーコーやポスト・モダンの哲学者に対してだけではなく、社交性、あいまいさ、世論に意識を集中する歴史叙述的な理論や接近法の主唱者に対しても、戦う準備を調えざるをえない」（pp. 23-24）と彼は言明する。これらの最後がなぜ一般史の一部として考慮されないのかははっきりしない。

このように、これらがイスラエル説の主な問題点である。彼を批判する者はそれらを指摘するのに手間取らなかった。批評のうち、最も注目に値するのは、アントワーヌ・リルティによる二〇〇九年の『アナール──歴史・社会科学』所収の論文と、アンソニー・ラ・ボパによる二〇〇九年の『ヒストリカル・ジャーナル』所収の論文である。しかし、それらの批評もまた、どんな知的計画の歴史にも共通の問題を、そしてとりわけ啓蒙についての問題を、近代に最も特徴的なあらゆるものの源泉として──正しいにせよ間違っているにせよ、ごく頻繁に見うけられるように──指摘している。

結局のところ、われわれはこう論じてよいだろう。啓蒙は、フランスでは重要な防壁を何一つもたらさなかったし、他の国々では、体制《ステータス・クオ》への批判の高まりに対して、啓蒙の大部分が支配階級自体から引き起こされた。権力への批判は、ヨーロッパ史において、むろん何ら新しい経験ではなかった。しかし、啓蒙が貢献したのは、「自然法」や「理性」などの観念を通じて権力を定義し正当化する、数多くの新たな伝統によらない方法だけではなかった。啓蒙はまた、社会の諸階級を「世論」──社会的、政治的秩序を混乱させないにせよ、厳格な管理を要すると先にカントが認定したもの──へと動員した。第二章で注記したように、啓蒙はより低い社会階級へと広がるよりも、はるかにエリート間の新しい関係を作り、エリートの諸階級をまとめて、思想を中心とする新しい形態の社交をもたらした。啓蒙が「世論」を創り出す際に、もし適切な諸要因や政治的圧力が与えられるなら、革命の発生を可能にする条件をも創り出したのは、おそらくは啓蒙が論じた思想の特定の性質だけでなく、エリートのこの再定義と再動員、および彼らと権力の伝統的源泉との関係においてであった。要するに、カントによる啓蒙の破壊的な影響についての懸念、すなわち本書の関心の中心にあった問題は、おそらく正当化されたであろう。

原注

第2章

（1） W. R. Scott, *Adam Smith as Student and Professor* (Glasgow, 1937), pp. 344-345〔アダム・スミス／水田洋訳『法学講義』岩波書店（岩波文庫）、二〇〇五年、四七三―四七四頁〕。一七六九年に執筆され、一七七六年に出版されたテクストから削除された『国富論草稿』より。

（2） R. Darnton, *The Great Cat Massacre and other Episodes in French Cultural History* (New York, 1984)〔ロバート・ダーントン／海保眞夫・鷲見洋一訳『猫の大虐殺』岩波書店、一九八六年〕、'The High Enlightenment and the Low-Life of Literature in Pre-Revolutionary France', *Past and Present*, 51 (1971), pp. 81-115; *The Business of Enlightenment: A Publishing History of the Encyclopédie 1775-1800* (Cambridge, MA, 1979); *The Literary Underground of the Old Regime* (Cambridge, MA, 1982)〔関根素子・二宮弘之訳『革命前夜の地下出版』岩波書店、一九九四年〕、*Mesmerism and the End of the Enlightenment in France* (Cambridge, MA, 1968)〔稲生永訳『パリのメスマー――大革命と動物磁気催眠術』、平凡社、一九八七年〕。

（3） Roger Chartier, *Cultural History: Between Practices and Representations*, translated by Lydia G. Cochrane (Ithaca, NY, 1988)〔R・シャルチエ／福井憲彦訳『読書の文化史――テクスト・書物・読解』新曜社、一九九九

二年〕、Robert Muchembled, *Popular Culture and Elite Culture in France, 1400-1750*, translated by Lydia Cochrane (Baton Rouge, 1985). これは彼の *Culture populaire et culture des élites dans la France moderne: XVe-XVIIIe siècles: Essai* (Paris, 1978) から英訳されたものである。

（4） R. A. Houston, *Literacy in Early Modern Europe: Culture and Education, 1500-1800* (London, 1988); R. Darnton, 'First Steps toward a History of Reading', *Australian Journal of French Studies*, 23 (1986), pp. 5-30.

（5） Thomas Crow, *Painters and Public Life in Eighteenth-Century Paris* (New Haven and London, 1985).

（6） D. Roche, *Le siècle des lumières en Province: Académies et academiciens provinciaux, 1680-1789* (2 vols., Paris and The Hague, 1978); M. C. Jacob, *The Radical Enlightenment: Pantheists, Freemasons and Republicans* (London, 1981); N. Hans, 'UNESCO of the Eighteenth Century: La Loge des Neuf Sœurs and Its Venerable Master, Benjamin Franklin', *Proceedings of the American Philosophical Society*, 97 (1953), pp. 513-524; G. Gayot, *La franc-maçonnerie française: Textes et pratiques, XVIIIe-XIXe siècles* (Paris, 1980).

（7） 一七六〇年代までに、ウィーンだけで少なくとも六〇軒のコーヒーハウスがあった。ロンドンとアムステルダムにはそれ以上の数があった。Crow, *Painters and Public Life*, pp. 104-134; J. Lough, *Paris Theatre Audiences in the Seventeenth and Eighteenth Centuries* (London, 1957); R. M. Isherwood, 'Entertainment in the Parisian Fairs in the Eighteenth Century', *Journal of Modern History*, 53 (1981), pp. 24-48.

（8） J. Habermas, *The Structural Transformation of the Public Sphere: An Inquiry into a Category of Bourgeois Society* (Cambridge, MA, 1989), translated by T. Burger from *Strukturwandel der Öffentlichkeit: Untersuchungen zu einer Kategorie der bügerlichen Gesellschaft* (Berlin, 1962)〔ユルゲン・ハーバーマス／細谷貞雄・山田正行訳『公共性の構造転換——市民社会の一カテゴリーについての探究』第二版、未来社、一九九四年。

（9） P. Mathias, *The First Industrial Nation: An Economic History of Britain, 1700-1914*, 2nd edn. (London, 1983)

〔P・マサイアス／小松芳喬監訳『最初の工業国家――イギリス経済史一七〇〇―一九一四年』改訂新版、日本評論社、一九八八年〕、M. Berg, *The Age of Manufactures: Industry, Innovation, and Work in Britain, 1700-1820* (London, 1985).

（10） N. McKendrick, John Brewer and J. H. Plumb, *The Birth of a Consumer Society: The Commercialization of Eighteenth-Century England* (London, 1982); T. H. Breen '"Baubles of Britain": The American and Consumer Revolutions of the Eighteenth-Century', *Past and Present*, 119 (1988), pp. 73-104; G. Barber 'Books from the Old World and for the New: The British International Trade in Books in the Eighteenth Century', *Studies on Voltaire and the Eighteenth Century*, 151 (1976), pp. 185-224; Darnton, *The Business of Enlightenment*.

（11） 第一章を見よ。

（12） 第五章を見よ。

（13） Houston, *Literacy in Early Modern Europe*; François Furet and Jacque Ozouf (eds.), *Reading and Writing: Literacy in France from Calvin to Jules Ferry* (Cambridge, 1982). *Lire et écrire: L'alphabétisation des Français de Calvin à Jules Ferry* (2 vols., Paris, 1977) の英訳。既存秩序に対する大衆動員の方法を開始したことで、識字能力は本質的に重大であるという主張自体を批判的に検証したものとして、J. Markoff, 'Literacy and Revolt: Some Empirical Notes on 1789 in France', *American Journal of Sociology*, 92 (1986), pp. 323-349.

（14） Darnton, 'First Steps toward a History of Reading'.

（15） 一七六四年のライプツィヒの図書展示会の目録には、五〇〇〇冊の新刊の書名があった。一八〇〇年までに、その数は一万二〇〇〇に増加した。Paul Raabe, 'Buchproduktion und Lesepublikum in Deutschland 1770-1780', *Philobiblon*, 21 (1977), pp. 2-16. 同じような傾向がフランスにも見られる。Robert Estivals, *La statistique bibliographique de la France: Sous la monarchie au XVIIIe siècle* (Paris and The Hague, 1965). 北ア

メリカ植民地では G. T. Tanselle, 'Some Statistics on American Printing, 1764-1783', B. Bailyn and J. B. Hench (eds.), *The Press and the American Revolution* (Boston, 1981), pp. 315-364.

(16) Darnton, 'First Steps toward a History of Reading', pp. 10-12; Daniel Roche, *Le Peuple de Paris: Essai sur la culture populaire au XVIIIe siècle* (Paris, 1981), pp. 204-241; Rudolf Schenda, *Volk ohne Buch. Studien zur Sozialgeschichte der populären Lesestoffe, 1700-1910* (Frankfurt am Main, 1970), pp. 461-467.

(17) Rolf Engelsing, 'Die Perioden der Lesergeschichte in der Neuzeit: Das statische Ausmass und die Soziokulturelle Bedeutung der Lektüre', *Archiv für Geschichte des Buchwesens*, 10 (1969), cols. 944-1002; *Der Bürger als Leser: Lesergeschichte in Deutschland, 1500-1800* (Stuttgart, 1974).

(18) David Hall, 'The Uses of Literacy in New England, 1600-1850', W. L. Joyce (ed.), *Printing and Society in Early America*, pp. 1-47.

(19) このいわゆる「読書熱」を扱っているものとして、Kurt Rothmann, *Johann Wolfgang Goethe: Die Leiden des jungen Werthers* (Erläuterungen und Dokumente), (Stuttgart, 1974); R. Darnton, 'Readers Respond to Rousseau: The Fabrication of Romantic Sensitivity', *The Great Cat Massacre and other Episodes in French Cultural History*, pp. 215-256〔ロバート・ダーントン「読者がルソーに応える——ロマンティックな多感性の形成」『猫の大虐殺』、二七五—三三四頁〕。

(20) D. Roche, *Les Républicains des lettres: Gens de culture et lumières au XVIIIe siècle* (Paris, 1988). Albert Ward, *Book Production, Fiction, and the German Reading Public, 1740-1800* (Oxford, 1974); 古典的な著作は、Daniel Mornet, 'Les enseignements des bibliothèques privées (1750-1780)', *Revue d'histoire littéraire de la France*, 17 (1910), pp. 449-496.

(21) Ian Watt, *The Rise of the Novel: Studies in Defoe, Richardson and Fielding* (Berkeley, 1957)〔イアン・ワット

『小説の勃興』藤田永祐訳、南雲堂、二〇〇七年)、Michael McKeon, *The Origins of the English Novel, 1660-1740* (Baltimore, MD, and London, 1987).

（22） L. Daston, 'The Ideal and Reality of the Republic of Letters in the Enlightenment', *Science in Context*, 4 (1991), pp. 367-386（引用は pp. 367-368）。作者不詳、*Histoire de la République des Lettres en France* (Paris, 1780), pp. 5-6 より。Sebastian Neumeister and C. Wiedemann (eds.), *Res Publica Litteraria: Die Institutionen der Gelehrsamkeit in der frühen Neuzeit* (2 vols., Wiesbaden, 1987) も見よ。

（23） Mornet, 'Les enseignements des bibliothèques privées (1750-1780)'.

（24） Darnton, 'The High Enlightenment and the Low-Life of Literature in Pre-Revolutionary France'; *The Literary Underground of the Old Regime*.

（25） ヴォルフガング・アマデウス・モーツァルト（一七五六―九一年）は、さまざまな点で一七八一年までザルツブルク公‐司教の後援のもとにあった。しかし彼は、一般興行向けにもオペラを書いた。ヨーゼフ・ハイドン（一七三二―一八〇九年）は、人生の大部分をハンガリーのエステルハージ侯爵家の後援下ですごした。しかし彼もまた、ロンドン長期滞在の間、音楽の公開「市場」のために作曲した。

（26） Jean d'Alembert, 'Essai sur la société des Gens de Lettres et des Grands, sur la réputation, sur les Mécènes, et sur les récompenses Littéraires', *Mélanges de littéraire, d'histoire et de philosophie* (Amsterdam, 1759).

（27）『啓蒙のビジネス（*The Business of Enlightenment*）』で、ダーントンは『百科全書』を啓蒙思想の商業的拡散の最初の試みとして用いた。ディドロは、『百科全書』の準備に大規模な文芸共同体が重要だったことを書き留めている。「あなたは、（学会や有名人よりもむしろ）数多くのさまざまな種類や境遇の者、社会階級の低さゆえにアカデミーの門が閉ざされている天才に頼らざるをえないだろう」。Entry *Encyclopédie*, reprinted in K. M. Baker (ed.), *The Old Regime and the French Revolution* (Chicago and London, 1987), pp. 71-89, esp. p. 74.

（28） Darnton, 'The High Enlightenment and the Low-Life of Literature in Pre-Revolutionary France'.

（29） 政府や社会の現況に対する、支持から批判におよぶ反応の幅については、第三章と第四章、第一〇章でより深く検討する。

（30） Jocelyn Harris, 'Sappho, Souls, and the Salic Law of Wit', A. C. Kors and P. J. Korshin, *Anticipations of the Enlightenment in England, France, and Germany* (Philadelphia, 1988), pp. 232-258.

（31） Maurice Bloch and Jean H. Bloch, 'Women and the Dialectics of Nature in Eighteenth-Century French Thought', C. P. MacCormack and M. Strathern (eds.), *Nature, Culture and Gender* (Cambridge, 1980), pp. 25-41.

（32） R. E. Schofield, *The Lunar Society of Birmingham: A Social History of Provincial Science and Industry in Eighteenth-Century England* (Oxford, 1963).

（33） Reinhart Koselleck, *Critique and Crisis: Enlightenment and the Pathogenesis of Modern Society* (Cambridge, MA, 1988), translated from *Kritik und Krise: Eine Studie zur Pathogenese der bürgerlichen Welt* (Freiburg and Munich, 1959), pp. 86-97〔R・コゼレック／村上隆夫訳『批判と危機——市民的世界の病因論のための一研究』未来社、一九八九年、九五—一一一頁〕。

（34） フランスの地方都市におけるアカデミー研究については、D. Roche, *Le siècle des lumières en province: Académies et académiciens provinciaux, 1680-1789* (2 vols., Paris and The Hague, 1978). ロンドン王立協会やパリ科学アカデミーなど、他の多くのアカデミーは、一七世紀後半から一八世紀には、より正式に国王直轄下で組織された。Roger Hahn, *The Anatomy of a Scientific Institution: the Paris Academy of Sciences 1666-1803* (Berkeley, CA, 1971); James E. McClellan III, *Science Reorganized: Scientific Societies in the Eighteenth Century* (New York, 1985). 経済改革や経済発展に注力した協会については次の古典的著作で論じられている。Robert J. Shafer, *The

Economic Societies in the Spanish World, 1763-1821 (Syracuse, New York, 1958).

（35） メスの懸賞で受賞したのは、Pierre-Louis Lacretelle, 'Discours sur le préjugé des peines infamantes, Couronnés, à l'Académie de Metz, en 1784, et ensuite à l'Académie française, en 1785, comme l'ouvrage le plus utile de l'année', P.-L. Lacretelle, *Œuvres Diverses* (3 vols., Paris, an X, 1802), vol. I, pp. 171-329. 後にフランス革命の指導者になるロベスピエールが次点であった。ディジョンの懸賞で入選したのはルソーの『学問芸術論』であった。これはすぐに公開討論の火付け役となり、公共圏を直接的に焚きつけた。

（36） 啓蒙における「世論」概念についての議論には、次を参照せよ。Habermas, *The Structural Transformation of the Public Sphere*, pp. 89-117〔ハーバーマス『公共性の構造転換』、一二八―一五九頁〕。フランス語ではこの言葉はルソーによって『学問芸術論』（一七五〇年）で初めて使われた。Jean-Jacques Rousseau, 'Discourse on the Sciences and Arts (First Discourse)', R. D. Masters (ed.), *The First and Second Discourses*, translated by Roger D. and Judith R. Masters (New York, 1964), p. 50〔ジャン＝ジャック・ルソー／山路昭訳「学問芸術論」、『ルソー全集』第四巻、白水社、一九七八年、三〇頁〕。一七三〇年代までにこの語は、議論の公での衝突を通じた個人的な合理的省察の表現を意味するものとして、英語で使用されるようになった。オックスフォード英語大辞典によれば、この言葉は一七八一年にはじめて英語文献に記録された。

（37） 著述家の多くは、彼らの著作が下層階級に届かないよう心配していた。ディドロは版元に宛てて次のように書いている。「読んでほしくないし、読ませるつもりもない読者が……います。私は、私が気軽に話すことのできる人たちのためにのみ書いています」（J.-P. Belin, *La mouvement philosophique de 1748 à 1789: Etude sur la diffusion des idées des philosophes à Paris d'après les documents concernant l'histoire de la librairie* (Paris, 1913), p. 73 からの引用）。

（38） G. Bollème, *La Bibliothèque Bleue: littérature populaire en France aux XVII*e *et XVIII*e *siècles* (Paris, 1980); R.

Mandrou, *De la culture populaire aux XVIIe et XVIIIe siècles: La bibliothèque bleue de Troyes* (Paris, 1964)〔ロベール・マンドルー／二宮宏之・長谷川輝夫訳『民衆本の世界——一七・一八世紀フランスの民衆文化』人文書院、一九八八年〕。

(39)『物語百科叢書（*Bibliothèque Universelle des Romans*）』は一七七五年から八九年にかけて出版され、多くをトレサン伯（一七〇五—八三年）による中世物語の改作に負っていた。

(40) 一七八〇年代には、ボーマルシェのフィガロ（モーツァルトによるオペラの登場人物の原作）は、ただ一人の最新思想に馴染みある紳士の従者ではありえなかった。フィラデルフィアでは、商店主や職人はアメリカ哲学協会の先駆だった「有益な知識を普及し、促進させるためのアメリカ協会（American Society for Promoting and Propagating Useful Knowledge）」の会員であった。絵画もまた啓蒙思想を伝達する強力な手段であった。例えば、ブリテン人の大芸術家ウィリアム・ホガース（一六九七—一七六四年）は、とりわけ労働者階級のために、動物虐待への説得力ある攻撃である「残酷さの四段階」という一七五一枚の一連の版画を描いた。R. Paulson, *Hogarth: His Life, Art, and Times*, vol. II (New Haven and London, 1971), p. 109 を見よ。

(41) Muchembled, *Culture populaire et culture des élites dans la France moderne*.

(42) Roger Chartier, 'Figures of the "Other": Peasant Reading in the Age of the Enlightenment', *Cultural History*, pp. 151-171; and *Dix-Huitième siècle*, 18 (1986), pp. 45-64.

(43) Darnton, *The Great Cat Massacre and other Episodes in French Cultural History*, とくにタイトルの章〔ダーントン『猫の大虐殺』〕。

(44) Harvey Mitchell, 'Rationality and Control in French Eighteenth-Century Medical Views of the Peasantry', *Comparative Studies in Society and History*, 21 (1979), pp. 81-112; D. Outram, *The Body and the French Revolution: Sex,*

Class and Political Culture (New Haven and London, 1989), pp. 41-67〔ドリンダ・ウートラム／高木勇夫訳『フランス革命と身体——性差・階級・政治文化』平凡社、一九九三年、七七—一一四頁〕。

(45) 第三章を見よ。

第3章

(1) Johann von Justi, quoted in G. Parry, 'Enlightened Government and Its Critics in Eighteenth-Century Germany', *Historical Journal*, 6 (1963), p. 182; Franz Kratter, *Philosophische und statistische Beobachtungen vorzüglich die Österreichischen Staaten betreffend* (Frankfurt and Leipzig, 1787), pp. 23-24; Joseph II, quoted in D. E. D. Beales, *Joseph II: In the shadow of Maria Theresa, 1741-1780*, vol. I (Cambridge, 1987), p. 361.

(2) R. Koser 'Die Epochen der Absoluten Monarchie in der Neueren Geschichte', *Historiche Zeitschrift*, 61 (1889), pp. 246-287.

(3) Michel L'Héritier, 'Le despotisme éclairé, de Frédéric II à la Révolution', *Bulletin of the International Committee of Historical Sciences*, 9 (1937), pp. 181-225.

(4) B. Behrens, 'Enlightened Despotism', *Historical Journal*, 18 (1975), pp. 401-408. より敵対的ではない考え方は次に示されている。B. Behrens, *Society, Government and the Enlightenment: The Experiences of Eighteenth-Century France and Prussia* (London, 1985).

(5) Franco Venturi, *Settecento riformatore* (Turin 1969-); *Utopia and Reform in the Enlightenment* (Cambridge, 1971)〔F・ヴェントゥーリ／加藤喜代志・水田洋訳『啓蒙のユートピアと改革——一九六九年トレヴェリアン講義』みすず書房、一九八一年〕。

（6） e. g., A. M. Wilson, 'The *Philosophes* in the Light of Present Day Theories of Modernization', *Studies on Voltaire and the Eighteenth Century*, 58 (1967), pp. 1893-1913; H. B. Applewaite and D. G. Levy, 'The Concept of Modernization and the French Enlightenment', *Studies on Voltaire and the Eighteenth Century*, 84 (1971), pp. 53-96.

（7） 例えば以下の文献を参照せよ。Perry Anderson, *Lineages of the Absolutist State* (London, 1974); Albert Soboul, introduction to Philippe Goujard (ed.), *L'Encyclopédie ou Dictionnaire raisonné des Sciences, des Arts et des Métiers: Textes Choisis* (Paris, 1952, 1976, 1984); Horst Möller, 'Die Interpretation der Aufklärung in der Marxistisch-Leninistischen Geschichtsschreibung', *Zeitschrift für Historische Forschung*, 4 (1977), pp. 438-472.

（8） Reinhart Koselleck, *Critique and Crisis: Enlightenment and the Pathogenesis of Modern Society* (Oxford, New York and Hamburg, 1988); 原著は次のとおり。*Kritik und Krise: Eine Studie zur Pathogenese der bürgerlichen Welt* (Freiburg and Munich, 1959), pp. 86-97〔R・コゼレック／村上隆夫訳『批判と危機――市民的世界の病因論のための一研究』未来社、一九八九年、九五―一一一頁〕。

（9） 「人民の指導者にして保護者たるよう神に命じられた君主は、彼に委ねられた国富が要求するあらゆることを為すよう正当化されている」。Joseph von Sonnenfels, *Politische Abhandlungen* (Vienna, 1777), p. 254. A. W. Small, *The Cameralists* (Chicago, 1909) も依然として有益である。次も参照せよ。K. Tribe, 'Cameralism and the Science of Government', *Journal of Modern History*, 56 (1984), pp. 263-284.

（10） 例えば、ヨハン・フォン・ユスティ〔一七一七―七一年〕はウィーンとゲッティンゲンで官房学の教授を務めるとともに、プロイセンのための鉱山長官でもあった。

（11） ロシアにおける官房学の衝撃は、マルク・ラエフによる古典的な研究で議論されている。Marc Raeff, *The Well-Ordered Police State: Social and Institutional Change through Law in the Germanies and Russia, 1600-1800* (New Haven, CT, 1983); 'The Well-Ordered Police State and the Development of Modernity in Seventeenth- and

Eighteenth-Century Europe: An Attempt at a Comparative Approach', *American Historical Review*, 80 (1975), pp. 1221-1243.

（12） 例えば、ルドルフ・フィーアハウスの主張を参照せよ。Rudolf Vierhaus, *Deutschland im 18. Jahrhundert: Politische Verfassung, Soziales Gefüge, Geistige Bewegungen* (Göttingen, 1987).

（13） ハプスブルク領における、はっきりと改革政策用に作られた正当化の事例として、次を参照せよ。E. Wangermann, 'Reform Catholicism and Political Radicalism in the Austrian Enlightenment', R. Porter and M. Teich (eds.), *The Enlightenment in National Context* (Cambridge, 1981), pp. 127-140, esp. p. 134.

（14） John Komlos, 'Institutional Change under Pressure: Enlightened Government Policy in the Eighteenth-Century Habsburg Monarchy', *Journal of European Economic History*, 15 (1986), pp. 427-481; Wangermann, 'Reform Catholicism and Political Radicalism in the Austrian Enlightenment', pp. 135-137.

（15） Mack Walker, 'Rights and Functions: The Social Categories of Eighteenth-Century German Jurists and Cameralists', *Journal of Modern History*, 40 (1978), pp. 234-251; Wangermann, 'Reform Catholicism and Political Radicalism in the Austrian Enlightenment', pp. 135-137.

（16） F. Hartung, *Enlightened Despotism* (Historical Association Pamphlet), (London, 1957), p. 29 のなかで引用された一節。この記事は最初 *Historische Zeitschrift*, 180 (1955) に掲載された。

（17） James Van Horn Melton, *Absolutism and the Eighteenth-Century Origins of Compulsory Schooling in Prussia and Austria* (Cambridge, 1988); Harvey Chisick, *The Limits of Reform in the Enlightenment: Attitudes toward the Education of the Lower Classes in Eighteenth-Century France* (Princeton, NJ, 1981).

第4章

（1）Sophus A. Reinert, 'Lessons on the Rise and Fall of Great Powers: Conquest, Commerce and Decline in Enlightenment Italy', *American Historical Review*, 115 (2010), pp. 1395-1425.

（2）Till Wahnbaeck, *Luxury and Public Happiness: Political Economy in the Italian Enlightenment* (Oxford, 2004), p. 176.

（3）Steven L. Kaplan, *Bread, Politics and Political Economy in the Reign of Louis XV* (2 vols., The Hague, 1976), vol. II, pp. 677-682. 重農主義の古典的研究については、Georges Weulersse, *La physiocratiie l'aube de la Révolution, 1781-1792* (Paris, 1984) と、Georges Weulersse, *La physiocratie sous les ministères de Turgot et de Necker, 1774-1781* (Paris, 1950) が依然としてあげられる。

（4）Wahnbaeck, *Luxury and Public Happiness*, pp. 98-184; Mirri, La lotta politica in Toscana *alle 'riforme annonarie': 1764-1775* (Pisa, 1972).

（5）Kaplan, *Bread, Politics and Political Economy in the Reign of Louis XV*, vol. II, pp. 594-595.

（6）ibid., pp. 598.

（7）ibid., pp. 596-597.

（8）ibid., p. 688.

（9）スウェーデンの博物学者、カール・リンネの官房学的背景における説明については、Lisbet Koerner, *Linnaeus: Nature and Nation* (Cambridge, MA, 1999) を見よ。

（10）Adam Smith, *An Inquiry into the Nature and Causes of the Wealth of Nations (The Wealth of Nations)*, Books IV-V, edited by Andrew Skinner (London, 1999), p. xxxix〔アダム・スミス／水田洋監訳、杉山忠平訳『国富論』全

四巻、岩波書店（岩波文庫）、二〇〇〇―〇一年、第三巻、一九八―一九九頁〕。

(11) Joel Mokyr, *The Enlightened Economy: An Economic History of Britain, 1700-1850* (New Haven, CT, 2009) が、産業化の初期段階におけるつぎはぎの性質をよく論じている。

(12) 労働は諸個人の「最も神聖な財産」である。Smith, *The Wealth of Nations*, edited by Skinner p. xli〔スミス『国富論』第一巻、二一五頁〕。

(13) マンデヴィルの著作『蜂の寓話』（一七一四年）は、数々の版を重ね、考慮すべき論争を呼び込んだ。この本は、私的な悪徳が全体としての経済のためになりうるという逆説を論じている。とりわけ女性は、消費と美徳との分裂の原因になっている。「女性の移り気と贅沢を満足させるために遂行される仕事の多様さと使われる人手の数は、並外れたものである」(Bernard Mandeville, *The Fable of the Bees or Private Vices, Publick Benefits*, 1723 edition, pp. 236-238〔バーナード・マンデヴィル／泉谷治訳『蜂の寓話――私悪すなわち公益』法政大学出版局、一九八五年、二〇六頁〕。

(14) Kathryn Sutherland, 'The New Economics of the Enlightenment', Martin Fitzpatrick, Peter Jones, Christa Knellwolf and Iain McCalman (eds.), *The Enlightenment World* (London, 2004), pp. 473-485; p. 478 からの引用。

(15) Adam Smith, *Lectures on Jurisprudence* (1766), p. 527〔アダム・スミス／水田洋訳『法学講義』岩波書店（岩波文庫）、二〇〇五年、三六九頁〕。

(16) Adam Smith, *An Inquiry into the Nature and Causes of the Wealth of Nations*, edited by R. H. Campbell, A. S. Skinner and W. B. Todd (2 vols. Oxford, 1976), vol. I, p. 412〔スミス『国富論』第二巻、二三五頁〕。

(17) David Hume, 'Of Refinement in the Arts' (1772)〔デイヴィッド・ヒューム／田中秀夫訳「技芸の洗練について」、『ヒューム政治論集』京都大学学術出版会、二〇一〇年、三一頁〕。ヒュームの『道徳・政治論集（*Essays Moral and Political*）』は一七四一年から多くの版を重ねた。引用はすべて、ヒュームの生前最後の版である一七七二年版〔*Essays, Moral, Political, and Literary*〕からなされている。

（18） Wahnbaeck の *Luxury and Public Happiness* の各所も見よ。

（19） Emma Rothschild, *Economic Sentiments: Adam Smith, Condorcet, and the Enlightenment* (Cambridge, MA, 2001); Albert O. Hirschman, *The Passions and the Interests: Political Arguments for Capitalism before Its Triumph* (Princeton, NJ, 1977)〔アルバート・O・ハーシュマン／佐々木毅・旦祐介訳『情念の政治経済学』法政大学出版局、一九八五年〕。

（20） David Hume, *Treatise of Human Nature* (1739), 'Introduction'〔デイヴィド・ヒューム／大槻春彦訳『人性論』第一巻「知性に就いて」岩波書店（岩波文庫）、一九四八年、二二頁〕。

（21） David Hume, 'Of the Rise and Progress of the Arts and Sciences', *Essays, Moral, Political, and Literary*. ハーシュマン『情念の政治経済学』各所。

（22） David Hume, 'Of Commerce', *Essays, Moral, Political, and Literary*〔デイヴィッド・ヒューム／田中秀夫訳「商業について」、『ヒューム政治論集』、一二頁〕。

（23） David Hume, 'Of the Balance of Trade', *Essays, Moral, Political, and Literary*〔デイヴィッド・ヒューム／田中秀夫訳「貿易差額について」、『ヒューム政治論集』、七九頁〕、Emma Rothschild, 'The Atlantic Worlds of David Hume', Bernard Bailyn and Patricia L. Denault (eds.), *Soundings in Atlantic History: Latent Structures and Intellectual Currents, 1500-1830* (Cambridge, MA, 2009), pp. 405-448.

（24） 本章の注（11）を見よ。

（25） Whanbaeck, *Luxury and Public Happiness*; John E. Crowley, *The Invention of Comfort: Sensibities and Design in Early Modern Britain and Early America* (Baltimore, MD, 2001).

（26） Mokyr, *The Enlightened Economy*, p. 62.

第5章

（1） Alan Frost, 'The Pacific Ocean: The Eighteenth Century's "New World"', *Studies on Voltaire and the Eighteenth Century*, 15 (1976), pp. 797-826で引用された一節。

（2） Frost, 'The Pacific Ocean', p. 798.

（3） Johann Forster, *Observations Made during a Voyage round the World*, edited by Nicholas Thomas, Harriet Guest, and Michael Dettelbach (Honolulu,1996) pp. 137-138.

（4） Bernard Smith, *European Vision and the South Pacific* (New Haven and London, 1988).

（5） Frost, 'The Pacific Ocean' のなかで引用された一節。

（6） In Denis Diderot, *Political Writings*, translated and edited by John Hope Mason and Robert Wokler (Cambridge, 1992). 次も参照せよ。Denis Diderot, *Le Neveu de Rameau* (1762); *Rameau's Nephew and Other Works*, translated by, Jacques Barzun and Ralph H. Bowen (New York, 1956), p. 194, pp. 233-234.

（7） *L'anticolonialisme au XVIIIe siècle: Histoire philosophique et politique des établissements et du commerce des européens dans les deux Indes par l'abbé Raynal*, edited by Gabriel Esquer (Paris, 1951), p. 43,（最初の段落で）引用された一節〔ギヨーム＝トマ・レーナル／大津真作訳『両インド史』「東インド篇」上巻、法政大学出版局、二〇〇九年、七頁〕。

（8） *J. G. Herder on Social and Political Culture*, translated, edited and with an introduction by F. M. Barnard (London, 1969), pp. 187, 320で引用された一節。

（9） 次を参照せよ。Christian Joppke and Steven Lukes (eds.), *Multicultural Questions* (Oxford, 1999).

第6章

（1） 古代世界の奴隷制については次を参照せよ。Moses Finley, *Ancient Slavery and Modern Ideology* (London, 1980). 本章は、奴隷貿易やそれがアフリカ社会に与えた衝撃、南北アメリカにおける奴隷の生活などは多少ともまず扱わない。これらの論点についての重要文献は既存である。以下を参照せよ。Orlando Patterson, *Slavery and Social Death: A Comparative Study* (Cambridge, MA, 1982)〔オルランド・パターソン／奥田暁子訳『世界の奴隷制の歴史』明石書店、二〇〇一年〕、Herbert S. Klein, *The Atlantic Slave Trade* (Cambridge, 1999); Joseph E. Inikori and Stanley L. Engerman (eds.), *The Atlantic Slave Trade: Effects on Economies, Societies and Peoples in Africa, the Americas and Europe* (Durham, NC, 1982); Eugene D. Genovese, *Roll, Jordan, Roll: The World the Slaves Made* (New York, 1974); Robert William Fogel and Stanley L. Engerman, *Time on the Cross: The Economics of American Negro Slavery* (Boston, MA, 1974)〔R・W・フォーゲル&S・L・エンガマン／田口芳弘・榊原胖夫・渋谷昭彦訳『苦難のとき――アメリカ・ニグロ奴隷制の経済学』創文社、一九八一年〕。当時隆盛を極めていた、オスマン帝国や北アフリカの奴隷制研究は相対的に数が少ない。奴隷自身の経験を再構築するのはきわめて困難である。奴隷の自叙伝はあるが、ほとんどが読み書きのできる白人の指導のもとに書かれた。信憑性があると一般に認められたものとしては、*The Interesting Narrative of the Life of Olaudah Equiano, Written by Himself* (1789), edited by Robert J. Allison (Boston, MA, 1995)〔オラウダ・イクイアーノ／久野陽一訳『アフリカ人、イクイアーノの生涯の興味深い物語』研究社、二〇一二年〕。

（2） C. L. R. James, *The Black Jacobins: Toussaint L'Ouverture and the San Domingo Revolution* (New York, 1963 and 1989)〔C・L・R・ジェームズ／青木芳夫訳『ブラック・ジャコバン――トゥサン＝ルヴェルチュー

ルとハイチ革命』増補新版、大村書店、二〇〇二年〕、Eugene Genovese, *From Rebellion to Revolution: Afro-American Slave Revolts in the Making of the Modern World* (Baton Rouge, LA, 1979).

（3） 記憶に値することだが、北アフリカとオスマン帝国の伝統的奴隷市場も十全に機能しており、アフリカの奴隷がヨーロッパにいたる別の経路を提供していた。この事例については、次を参照せよ。Wilhelm A. Bauer, *Angelo Soliman, der hochfürstliche Mohr: Ein exotisches Kapitel Alt-Wien* (Berlin, 1993). 奴隷制を研究する歴史家は、カリブ海とアメリカの奴隷制に集中する傾向があった。というのも、奴隷制が最も厳しく、強固だったのはこの地域だったからである。これは、オスマン領域における奴隷の可変的境遇と対照的である。同地では、奴隷が民間や軍の上級職へと昇進することを排除しなかった。奴隷制に劇的な変化が起こったのもまた、南北アメリカ大陸であった。しかし、同大陸の外で奴隷制が持続し繁栄していたことは、奴隷制廃止へ向けた一八世紀の運動が、現実にはどれほど単一焦点的なものだったかを示している。原史料からの引用を豊富に使い、より幅広い相対的接近法を採っているものとしては、Stanley L. Engerman, Seymour Drescher and Robert Paquette (eds.), *Slavery* (Oxford, 2001) を参照せよ。

（4） Seymour Drescher, *Capitalism and Antislavery: British Mobilization in Comparative Perspective* (New York, 1987); *The Mighty Experiment: Free Labor versus Slavery in British Emancipation* (New York, 2002); *From Slavery to Freedom: Abolition of Slavery and the Aftermath of Emancipation in Brazil* (Madison, WI, 1999); Sue Peabody, *"There are No Slaves in France": The Political Culture of Race and Slavery in the Ancien Régime* (New York, 1996); Gert Oostindie (ed.), *Fifty Years Later: Antislavery, Capitalism and Modernity in the Dutch Orbit* (Leiden, 1995).

（5） Jon F. Sensbach, *A Separate Canaan: The Making of an Afro-Moravian World in North Carolina, 1763-1840* (Chapel Hill, NC, 1998).

（6） Fredrika Teute Schmidt and Barbara Ripel Wilhelm, 'Early Pro-slavery Petitions in Virginia', *William and Mary*

Quarterly, 30 (1973), pp. 143-144.

(7) Sensbach, *A Separate Canaan*.

(8) Christopher Fox, Roy Porter and Robert Wokler (eds.), *Inventing Human Science: Eighteenth-Century Domains* (Berkeley and London, 1995), pp. 112-151.

(9) Anthony Pagden, *The Fall of Natural Man: The American Indian and the Origins of Comparative Ethnology* (Cambridge, 1982).

(10) *The Life and Writings of Thomas Jefferson: Including All of His Important Utterances on Public Questions, Compiled from State Papers and from His Private Correspondence by S. E. Forman* (Indianapolis, 1900).

(11) この説明は次に依拠している。David Brion Davis, *The Problem of Slavery in the Age of Revolution, 1770-1823* (Ithaca, NY, and London, 1975), pp. 470-486, and Ruth Paley, 'After Somerset: Mansfield, Slavery and the Law in England, 1772-1830', Norma Landau (ed.), *Law, Crime and English Society, 1660-1830* (Cambridge, 2002).

(12) David Barry Gaspar and David Patrick Geggus (eds.), *A Turbulent Time: The French Revolution and the Greater Caribbean* (Bloomington, IN, and Indianapolis, 1997).

第7章

(1) Mary Wollstonecraft, *Vindication of the Rights of Women* (1792), edited by M. B. Kramnick (London, 1982), pp. 87, 139〔メアリ・ウルストンクラーフト/白井堯子訳『女性の権利の擁護――政治および道徳問題の批判をこめて』未来社、一九八〇年、一七、一〇〇頁〕、Jean-Jacques Rousseau, *Emile, ou de l'éducation* (1762), edited by François Richard and Pierre Richard (Paris, 1964), Book V, pp. 446, 450〔ルソー/今野一雄訳『エミー

ル』全三巻、岩波書店（岩波文庫）、二〇〇七年、下巻、七、一二頁〕。

（2） Rita Goldberg, *Sex and Enlightenment: Women in Richardson and Diderot* (Cambridge, 1984); Thomas Laqueur, *Making Sex: Body and Gender from the Greeks to Freud* (Cambridge, MA, 1990), p. 5〔トマス・ラカー／高井宏子・細谷等訳『セックスの発明――性差の観念史と解剖学のアポリア』工作舎、一九九八年、一七頁〕。「一八〇〇年頃までに、あらゆる分野の著述家は、男女の性の、したがって男性と女性の基本的な違いであると彼らが主張したものの根拠を、発見可能な生物学上の特徴に置こうと、そしてそれらの特徴を徹底的に異なった言い回しで表現しようと決めた」。

（3） Pierre Fauchery, *La destinée féminine dans le roman européen du dix-huitième siècle, 1713-1807: Essai de gynécomythie romanesque* (Paris, 1972); Nancy K. Miller, *The Heroine's Text: Readings in the French and English Novel, 1722-1782* (New York, 1980).

（4） Elizabeth Fox-Genovese and Eugene D. Genovese, *Fruits of Merchant Capital: Slavery and Bourgeois Property in the Rise and Expansion of Capitalism* (New York, 1983). とりわけ第二章、'The Ideological Basis of Domestic Economy'.

（5） Wollstonecraft, *Vindication of the Rights of Women*〔ウルストンクラーフト『女性の権利の擁護』〕、Theodor von Hippel, *Über die Bürgerliche Verbesserung der Weiber* (Berlin, 1792, reprinted Vaduz, Liechtenstein 1981); Nicolas Caritat, Marquis de Condorcet, 'Lettres d'un bourgeois de New Haven', *Œuvres complètes de Condorcet*, vol. XII (Paris, 1804), pp. 19-20; 'Déclaration des Droits: Egalité', *Œuvres complètes de Condorcet*, vol. XII, pp. 286-288.

（6） Wollstonecraft, *Vindication of the Rights of Women*, pp. 121-122〔ウルストンクラーフト『女性の権利の擁護』、七三―七四頁〕。

（7） ibid., p. 121〔同書、七三頁〕。

（8） ibid., p. 108; pp. 109, 139 も見よ〔同書、五六、一〇〇頁〕。

(9) ibid., pp. 103〔同書、四九頁〕。
(10) ibid., pp. 86〔同書、一五頁〕。
(11) L. J. Jordanova, *Sexual Visions: Images of Gender in Science and Medicine between the Eighteenth and Twentieth Centuries* (Madison, WI, 1989), pp. 19-42, esp. p. 41〔ルドミラ・ジョーダノヴァ／宇沢美子訳『セクシュアル・ヴィジョン——近代医科学におけるジェンダー図像学』白水社、二〇〇一年、三七—七〇頁、特に六八—六九頁〕。
(12) この問題に関する最も有名な啓蒙の議論は、ルソー自身の『学問芸術論』（一七五〇年）によって引き起こされたものである。
(13) Jordanova, *Sexual Visions*, p. 41〔ジョーダノヴァ『セクシュアル・ヴィジョン』、六八—六九頁〕。
(14) Sylvana Tomaselli, 'The Enlightenment Debate on Women', *History Workshop Journal*, 20 (1985), pp. 101-124. 新しく上品な社会をつくるという女性の役割は、とりわけアメリカ独立革命の文脈で強調された。Jan Lewis, 'The Republican Wife: Virtue and Seduction in the Early Republic', *William & Mary Quarterly*, 44 (1987), pp. 689-721.
(15) J. H. Bernardin de St-Pierre, *Paul et Virginie* (Paris, 1788); preface to 1806 edition.
(16) Laqueur, *Making Sex*, p. 193〔ラカー『セックスの発明』、二六〇頁〕。
(17) ibid., pp. 149-150〔同書、二〇四頁〕。
(18) Londa Schiebinger, 'Skeletons in the Closet: The First Illustrations of the Female Skeleton in Eighteenth-Century Anatomy', *Representations*, 14 (1986), pp. 42-82; *The Mind Has No Sex? Women in the Origins of Modern Science* (Cambridge, MA, 1989), pp. 191-200〔ロンダ・シービンガー／小川眞理子・藤岡伸子・家田貴子訳『科学史から消された女性たち——アカデミー下の知と創造性』工作舎、一九九二年、二三七—二六四頁〕、

Laqueur, *Making Sex*, p. 152〔ラカー『セックスの発明』、二〇七頁〕。ディドロの「百科全書」の「骨格」項目の後半は、すべて女性の骨格について書かれている。

(19) Elizabeth Fee, 'Nineteenth-Century Craniology: The Study of the Female Skull', *Bulletin of the History of Medicine*, 53 (1979), pp. 415-433; Schiebinger, 'Skeletons in the Closet', pp. 206-207.

(20) Laetitia Hawkins, *Letters on the Female Mind: Its Powers and Pursuits. Addressed to Miss H. M. Williams, with Particular Reference to Her Letters from France* (London, 1793).

(21) Rousseau, *Emile*, p. 450〔ルソー『エミール』下巻、一二頁〕。

(22) Jordanova, *Sexual Visions*, p. 29〔ジョーダノヴァ『セクシュアル・ヴィジョン』、五〇頁〕。「子供を産み、授乳する女性の能力は、その身体的、生理学的、社会的生活を定義するために必要とされた」。以下も見よ。Yvonne Knibiehler, 'Les médecins et la "nature féminine" au temps du Code Civil', *Annales, ESC*, 31 (1976), pp. 824-845.

(23) Laqueur, *Making Sex*, p. 152〔ラカー『セックスの発明』、二〇七頁〕。

(24) ibid., pp. 153-154〔同書、二〇九頁〕。

(25) ibid., p. 152〔同書、二〇七頁〕。

(26) e. g., Fox-Genovese and Genovese, *Fruits of Merchant Capital*; V. Jones (ed.), *Women in the Eighteenth Century: Constructions of Femininity* (London, 1990); J. B. Elshtain, *Public Man, Private Woman* (Oxford, 1981).

(27) N. Armstrong, *Desire and Domestic Fiction: A Political History of the Novel* (New York, 1987).

(28) Steven Ozment, *When Fathers Ruled: Family Life in Reformation Europe* (Cambridge, MA, 1983); B. Niestroj, 'Modern Individuality and the Social Isolation of Mother and Child', *Comparative Civilizations Review*, 16 (1987), pp. 23-40は、性や物質主義についての啓蒙特有のイデオロギーととらえられてきたものの多くが、中世と

初期ルネサンスに根源をもつことを指摘している。

(29) D. G. Charlton, 'Happy Families: The New Eve', *New Images of the Natural in France: A Study in European Cultural History, 1750-1800* (Cambridge, 1984); Mary Sheriff, 'Fragonard's Erotic Mothers and the Politics of Reproduction', L. Hunt (ed.), *Eroticism and the Body Politic* (Baltimore, MD, and London, 1991), pp. 14-40; Carol Duncan, 'Happy Mothers and Other New Ideas in French Art', *Art Bulletin*, 55 (1973), pp. 570-583.

(30) Sherriff, 'Fragonard's Erotic Mothers and the Politics of Reproduction'; Ducan, 'Happy Mothers and Other New Ideas in French Art'.

(31) Mary Lindeman, 'Love for Hire: The Regulation of the Wet-Nursing Business in Eighteenth-Century Hamburg', *Journal of Family History*, 6 (1981), pp. 379-395; G. Sussman, *Selling Mother's Milk: The Wet-Nursing Business in France, 1715-1914* (Urbana, IL, 1982).

(32) Rousseau, *Emile*, p. 45〔ルソー『エミール』上巻、三六頁〕。

(33) Paul Hoffmann, *La Femme dans la pensée des Lumières* (Paris, 1977); M. Hunt, Margaret Jacob, Phyllis Mack and Ruth Perry (eds.), *Women and the Enlightenment* (New York, 1984) は、女性に対して往々にして矛盾する啓蒙の態度について概説している。

(34) François-Marie Arouet de Voltaire 'Femmes, soyez soumises à vos maris', *Dialogues et anecdotes philosophiques*, edited by Raymond Naves (Paris, 1955), p. 216; Denis Diderot, 'Sur les Femmes', *Œuvres*, edited by André Billy (Paris, 1951), p. 985.

(35) Diderot, 'Sur les femmes'.

(36) ibid.; Voltaire, 'Femmes, soyez soumises à vos maris'; Montesquieu, *Spirit of the Laws, De l'esprit des lois*, Book XXIII, I (Geneva, 1748).

(37) 近年この議論を発展させたのは、Joan Landes, *Women and the Public Sphere in the Age of the French Revolution* (Ithaca, NY, and London, 1988). ロシアのエカテリーナ大帝のような非凡な女性支配者の業績を賞賛したディドロのような作家も、依然として、妻は夫に服従すべきだと主張した。

(38) Sara Maza, 'The Diamond Necklace Affair Revisited (1785-1786): The Case of the Missing Queen', L. Hunt (ed.), *Eroticism and the Body Politic*, pp. 63-89; 'Le tribunal de la nation: Les mémoires judiciaires et l'opinion publique à la fin de l'Ancien Régime', *Annales, ESC*, 42 (1987), pp. 73-90.

(39) D. Outram, *The Body and the French Revolution: Sex, Class and Political Culture* (New Haven and London, 1989)〔ドリンダ・ウートラム／高木勇夫訳『フランス革命と身体――性差・階級・政治文化』平凡社、一九九三年〕。

第８章

(1) William Derham, *Physico-Theology: Or, a Demonstration of the* Being *and* Attributes *of God, from His Works of Creation* (2 vols., London 1789), vol. II, p. 394, first published, 1713; Jonathan Swift, *Gulliver's Travels* (1726) (London, 1967), pp. 223-224 ('A Voyage to Laputa', part III, section 5)〔スウィフト／平井正穂訳『ガリヴァー旅行記』岩波書店（岩波文庫）、一九八〇年、二四七―二四八頁〕。

(2) A. O. Lovejoy, 'Nature as Aesthetic Norm', *Essays in the History of Ideas* (New York, 1960), pp. 69-77〔アーサー・O・ラヴジョイ／鈴木信雄ほか訳「美的規範としての「自然」」、『観念の歴史』名古屋大学出版会、二〇〇三年、六七―八二頁〕。Michel Foucault, *The Order of Things: An Archaeology of the Human Sciences* (New York, 1973)〔ミシェル・フーコー／渡辺一民、佐々木明訳『言葉と物――人文科学の考古学』新潮社、

一九七四年〕。フーコーによれば、この時代、分類学は博物学研究にとって支配的な衝動として機能しただけでなく、あらゆる知的活動にとって体系化原理としても機能した。

（3） Sydney Ross, '*Scientist*: The Story of a Word', *Annals of Science*, 18 (1962), pp. 65-86; Raymond Williams, *Keywords: A Vocabulary of Culture and Society* (London, 1976), s. v. 'science'〔レイモンド・ウィリアムズ／椎名美智・武田ちあき・越智博美・松井優子訳『完訳キーワード辞典』平凡社（平凡社ライブラリー）、二〇一一年、二七九―二八二頁〕。

（4） A. Cunningham and P. Williams, 'De-Centring the "Big Picture": *The Origins of Modern Science* and the Modern Origins of Science De-centring the Big Picture', *British Journal for the History of Science*, 26 (1993), pp. 407-432.

（5） C. Linné, 'A Quoi-Sert-il', *L'Equilibre de la Nature*, edited by B. Jasmin and Camille Limoges (Paris, 1972), pp. 145-146.

（6） J. Céard (ed.), *La Curiosité à la Renaissance* (Paris, 1986); [Edme-François Mallet, Paul Landois], 'Curieux'; [Louis de Jaucourt], 'Curiosité', Jean Le Rond d'Alembert and Denis Diderot (eds.), *Encyclopédie, ou Dictionnaire raisonné des sciences, des arts et des métiers*, vol. 4 (Paris, 1754), pp. 577-578; Jacque-Bénigne Bossuet, *Traité de la concupiscence* (1731), edited by C. Urbain and E. Levesque (Paris, 1930), esp. chapter 8. Jean-Jacques Rousseau, *Emile, ou de l'éducation* (1762), edited by François Richard and Pierre Richard (Paris, 1964), pp. 185, 271〔ルソー／今野一雄訳『エミール』全三巻、岩波書店（岩波文庫）、二〇〇七年、上巻、二〇三、二八七頁〕。

（7） Etienne Bonnot de Condillac, *Traité des Sensations* (Paris, 1754)〔コンディヤク／加藤周一・三宅徳嘉訳『感覚論』全二巻、創元社、一九四八年〕。

（8） 啓蒙における科学的活動の全貌を一章だけで明らかにするのは不可能である。本章では、ニュートンの宇宙論と自然史という二領域に焦点をあてている。他の重要な領域については、以下を参照せよ。

G. S. Rousseau and R. S. Porter (eds.), *The Ferment of Knowledge: Studies in the Historiography of Eighteenth-Century Science* (Cambridge, 1980); R. Porter, *The Making of Geology: Earth Science in Britain, 1660-1815* (Cambridge, 1977); L. J. Jordanova and R. Porter (eds.), *Images of the Earth: Essays in the History of the Environmental Sciences* (Chalfont St Giles, 1978); J. Roger, *Les sciences de la vie dans la pensée française du XVIIIe siècle* (Paris, 1963); J. Heilbron, *Electricity in the Seventeenth and Eighteenth Centuries: A Study of Early Modern Physics* (Berkeley, 1979); F. L. Holmes, *Lavoisier and the Chemistry of Life: An Exploration of Scientific Creativity* (Madison, WI, 1985).

（9） 普及書には、Francesco Algarotti, *Il Newtonismo per le Dame* (1737) のようなヨーロッパのベストセラーもあった。児童向けには、John Newberry, *Tom Telescope's Philosophy of Tops and Balls* (London, 1761).

（10） ニュートンについての文献は膨大である。おそらく最も入手しやすく、包括的な研究は I. B. Cohen, *The Newtonian Revolution: With Illustrations of the Transformation of Scientific Ideas* (Cambridge, 1980) である。

（11） A. O. Lovejoy, *The Great Chain of Being: A Study of the History of an Idea* (New York, 1936)〔アーサー・O・ラヴジョイ／内藤健二訳『存在の大いなる連鎖』筑摩書房（ちくま学芸文庫）、二〇一三年〕に、「大いなる連鎖」は記述されている。

（12） Jacques Roger, *Buffon: un philosophe au Jardin du Roi* (Paris, 1989)〔ジャック・ロジェ／ベカエール直美訳『大博物学者ビュフォン——一八世紀フランスの変貌する自然観と科学・文化誌』工作舎、一九九二年〕。

（13） Foucault, *The Order of Things*〔フーコー『言葉と物』〕。アブラハム・ゴットロープ・ウェルナー〔一七四九—一八一七年。ドイツの地質学者。鉱物分類法を基礎づけた〕の *Short Classification and Description of the Rocks* (Freiburg, 1787) は、地質学的な地層が堆積の規則的な順序に従うものであり、その順序は生物史において別々の時代の世〔地質学における紀の下位区分〕の指針として用いられうることを示唆している。

(14) R. Porter, 'Science, Provincial Culture and Public Opinion in Enlightenment England', *British Journal of Eighteenth-Century Studies*, 3 (1980), pp. 16-25. ベストセラーの通俗科学書は、Noël-Antoine Pluche, *Spectacle de la Nature, ou Entretiens sur les particularités de l'histoire naturelle qui ont paru les plus propres à rendre les jeunes gens curieux et à leur former l'esprit* (1732-1750) がある。

(15) R. Hahn, *The Anatomy of a Scientific Institution: the Paris Academy of Sciences, 1666-1803* (Berkeley, CA, 1971); R. E. Schofield, *The Lunar Society of Birmingham: A Social History of Provincial Science and Industry in Eighteenth-Century England* (Oxford, 1963); J. E. McClellan, *Science Reorganized: Scientific Societies in the Eighteenth Century* (New York, 1985).

(16) L. Daston, *Classical Probability in the Enlightenment* (Princeton, NJ, 1988); G. Gigerenzer et al. (eds.), *The Empire of Chance: How Probability Changed Science and Everyday Life* (Cambridge, 1989); Harvey Mitchell, 'Rationality and Control in French Eighteenth-Century Medical Views of the Peasantry', *Comparative Studies in Society and History*, 21 (1979), pp. 81-112.

(17) R. Darnton, *Mesmerism and the End of the Enlightenment in France* (Cambridge, MA, 1968)〔ロバート・ダーントン／稲生永訳『パリのメスマー——大革命と動物磁気催眠術』、平凡社、一九八七年〕。

(18) L. Daston, 'Baconian Facts, Academic Civility, and the Prehistory of Objectivity', *Annals of Scholarship*, 8 (1991).

第9章

(1) Johann Pezzl, *Marokkanische Briefe* (Frankfurt and Leipzig, 1784), pp. 174-175; G. W. F. Hegel, *Phänomenologie des Geistes*, edited by Johannes Hoffmeister (Hamburg, 1952), p. 397. English version, *The Phenomenology of Mind*,

translated by J. B. Baillie (New York and Evanston, 1967), p. 576〔G・W・F・ヘーゲル／長谷川宏訳『精神現象学』作品社、一九九八年、三八一頁〕、François-Marie Arouet de Voltaire, *Dictionnaire philosophique* (1764), article 'Theologian'〔ヴォルテール／高橋安光訳『哲学辞典』法政大学出版局、一九八八年、三八六頁〕。

（2） Keith Thomas, *Religion and the Decline of Magic: Studies in Popular Beliefs in Sixteenth and Seventeenth-Century England* (London, 1983), pp. 640, 659〔キース・トマス／荒木正純訳『宗教と魔術の衰退』全二巻、法政大学出版局、一九九三年、下巻、九四二―九四三、九六八頁〕。

（3） Michel Vovelle, *Piété baroque et déchristianisation en Provence au XVIIIe siècle: Les attitudes devant la mort d'après les clauses des testaments* (Paris, 1973).

（4） Max Horkheimer and Theodor W. Adorno, *Dialectic of Enlightenment*, translated by John Cumming (New York, 1972)〔ホルクハイマー&アドルノ／徳永恂訳『啓蒙の弁証法――哲学的断想』岩波書店（岩波文庫）、二〇〇七年〕。

（5） この分析はかなりの程度次の文献に負う。Lewis Hinchman, *Hegel's Critique of the Enlightenment* (Gainesville, FL, 1984), chapter 5. また次も見よ。H. R. Trevor-Roper, 'The Religious Origin of the Enlightenment', *Religion, Reformation and Social Change, and Other Essays*, 3rd edn. (London, 1984)〔H・R・トレヴァー＝ローパー／小川晃一・石坂昭雄・荒木俊夫訳『宗教改革と社会変動』未来社、一九七八年〕。引用は次から。G. W. F. Hegel, *Phenomenology of Spirit*, translated by A. V. Miller (Oxford, 1977), p. 5〔ヘーゲル『精神現象学』、五―六頁〕。

（6） Julien Offray de la Mettrie, *L'Homme-Machine* (Leyde, 1748), edited by Paul-Laurent Assoun (Paris, 1981)〔ド・ラ・メトリ／杉捷夫訳『人間機械論』岩波書店（岩波文庫）、一九五七年〕。

（7） Paul-Henri Thiry d'Holbach, *Système de la nature, ou Des lois du monde physique et du monde moral* (Paris, 1769)

〔ドルバック／高橋安光・鶴野陵訳『自然の体系』全二巻、法政大学出版局、一九九九―二〇〇一年〕。

（8） 一七七七年六月、ヨーゼフ二世はマリア・テレジア宛にこうしたためた。「宗教の自由があれば、一つの宗教が残るだろうし、それは全市民を等しく国家の福祉に導くだろう。この方策以外には、われわれはこれ以上多くの魂を救うことにはならず、有益で不可欠な多数の人を失うことになるだろう」。A. von Arneth, *Maria Theresia und Joseph II: Ihre Correspondenz sammt Briefen Joseph's an seinen Bruder Leopold* (3 vols, Vienna, 1867), vol. II, pp. 141-142.

（9） H. W. Koch, *A History of Prussia* (London, 1978), p. 41 の引用。

（10） D. Bien, *The Calas Affair: Persecution, Toleration, and Heresy in Eighteenth-Century Toulouse* (Princeton, 1960).

（11） Hans Frei, *The Eclipse of Biblical Narrative: A Study in Eighteenth and Nineteenth Century Hermeneutics* (New Haven, 1974); P. J. Marshall, *The British Discovery of Hinduism in the Eighteenth Century* (Cambridge, 1970); G. R. Cragg, *Reason and Authority in the Eighteenth-Century* (Cambridge, 1964).

（12） K. Thomas, *Man and the Natural World: Changing Attitudes in England 1500-1800* (London, 1983)〔キース・トマス／山内昶監訳『人間と自然界――近代イギリスにおける自然観の変遷』、法政大学出版局、一九八九年〕。

（13） P. Gay, *Deism: An Anthology* (Princeton, 1968).

（14） John McManners, *Death and the Enlightenment: Changing Attitudes to Death among Christians and Unbelievers in Eighteenth-Century France* (Oxford, 1981)〔ジョン・マクマナーズ／小西嘉幸ほか訳『死と啓蒙――十八世紀フランスにおける死生観の変遷』平凡社、一九八九年〕。C. McDannell and B. Lang, *Heaven: A History* (New Haven, 1988)〔コリーン・マクダネル&バーンハード・ラング／大熊昭信訳『天国の歴史』大修館書店、一九九三年〕。

（15） François-Marie Arouet de Voltaire, *Candide ou l'Optimisme* (Paris, 1759)〔ヴォルテール／植田祐次訳『カンディード　他五篇』岩波書店（岩波文庫）、二〇〇五年〕。

（16） 敬虔主義に関する議論は、次に多くを負っている。M. Fulbrook, *Piety and Politics: Religion and the Rise of Absolutism in England, Württemberg and Prussia* (Cambridge, 1983).

（17） 以下の議論を参照せよ。Carl Becker, *The Heavenly City of the Eighteenth-Century Philosophers* (New Haven, 1932)〔カール・ベッカー／小林章夫訳『一八世紀哲学者の楽園』、Sophia University Press 上智大学、二〇〇六年〕。

第10章

（1） 次からの引用。*Oberdeutsche Allgemeine Literaturzaitung* of August 1793, in T. C. W. Blanning, 'The Enlightenment in Catholic Germany', R. Porter and M. Teich (eds.), *The Enlightenment in National Context* (Cambridge, 1981), p. 126.

（2） 次と比較せよ。Edmund Burke, *Reflections on the Revolution in France: And on the Proceedings in Certain Societies in London Relative to That Event*, edited by Conor Cruise O'Brien (London, 1986), p. 211〔エドマンド・バーク／半澤孝麿訳『エドマンド・バーク著作集』第三巻「フランス革命の省察」、みすず書房、一九七八年、一四〇頁〕。「文芸同人は、何年か前に、キリスト教を破壊するための一定の計画のようなものを作った。彼らはその目的を、敬虔な組織の普及者たちにしか今まで見いだされていなかったほどの熱意をもって、追い求めた」。反革命の見解は、王党派の Jacques Mallet du Pan, 'On the Degree of Influence which French Philosophy as had upon the Revolution', *British Mercury*, 14 (15 March 1799) を見よ。

（3） Philippe-Louis Gérard, *Le comte de Valmont ou Les égarements de la raison* (Paris, 1774). 一八〇七年に一二版に達した。

（4） Amos Hofman, 'The Origins of the Theory of the *Philosophe* Conspiracy', *French History*, 2 (1988), pp. 152-172.

（5） J. M. Roberts, *The Mythology of the Secret Societies* (Oxford, 1972); 'The French Origins of the "Right"', *Transactions of the Royal Historical Society*, 23 (1973), pp. 27-53.

（6） K. M. Baker, 'Enlightenment and Revolution in France: Old Problems, Renewed Approaches', *Journal of Modern History*, 53 (1981), pp. 281-303.「重大な概念的変化において、「世論」は、旧体制のもとで象徴的に構築されたものとしての「権力」に想像上とって代わるものとなり、いくつかの権力の基本的特徴を帯びるようになった」(p. 285)。

（7） Alexis de Tocqueville, *The Old Régime and the French Revolution*, translated by Stuart Gilbert, edited by H. Brogan (London, 1966), pp. 163-164〔アレクシス・ド・トクヴィル／小山勉訳『旧体制と大革命』筑摩書房（ちくま学芸文庫）、一九九八年、三一〇頁〕。

（8） François Furet, *Interpreting the French Revolution*, translated by Elborg Forster (Cambridge, 1981). 原著は *Penser la Révolution française* (Paris, 1978)〔フランソワ・フュレ／大津真作訳『フランス革命を考える』岩波書店、二〇〇〇年〕として出版された。特にここで関係があるのは、「フランス革命の歴史家のあいだで最も誤解されている」(p. 212／二九五頁)、あのオーギュスタン・コシャンによる、旧体制の「思想結社」とコシャンが呼んだもの、つまり地方都市のアカデミーからフリーメイソンやクラブにいたるまでの雑多な知的交友関係の集団に関する著作についてのフュレの分析である。

（9） Dale Van Kley, *The Damiens Affair and the Unravelling of the Ancien Régime, 1750-1770* (Princeton, 1984) and 'The Jansenist Constitutional Legacy in the French Revolution', K. M. Baker (ed.), *The French Revolution and the*

Creation of Modern Political Culture, vol. I (Oxford, 1987), pp. 169-201.

（10） R. R. Palmer, *The Age of the Democratic Revolution* (2 vols., Princeton, 1959-64).

（11） Henry F. May, *Enlightenment in America* (New York, 1976); Colin Bonwick, *The American Revolution* (London, 1991); J. G. A. Pocock, *The Machiavellian Moment: Florentine Political Thought and the Atlantic Republican Tradition* (Princeton, 1975)〔J・G・A・ポーコック／田中秀夫・奥田敬・森岡邦泰訳『マキァヴェリアン・モーメント――フィレンツェの政治思想と大西洋圏の共和主義の伝統』名古屋大学出版会、二〇〇八年〕。

（12） これらの暴動は、すぐにペーター・レオポルトの経済改革、特に穀物取引の規制緩和に対する敵意に結びつきもした。次を参照せよ。Gabriele Turi, *'Viva Maria': La reazione alle riforme leopoldine (1790-1799)* (Florence, 1969).

（13） この言葉についてのより完全な議論は次を参照せよ。K. M. Baker, *Inventing the French Revolution: Essays on French Political Culture in the Eighteenth Century* (Cambridge, 1990), pp. 203-223.

（14） e. g., Lynn Hunt, *The Family Romance of the French Revolution* (Berkeley, Los Angeles and London, 1992)〔リン・ハント／西川長夫・平野千果子・天野知恵子訳『フランス革命と家族ロマンス』平凡社、一九九九年〕、Lynn Hunt (ed.), *The Invention of Pornography: Obscenity and the Origins of Modernity, 1500-1800* (New York, 1993)〔リン・ハント編／正岡和恵・末廣幹・吉原ゆかり訳『ポルノグラフィの発明――猥褻と近代の起源　一五〇〇年から一八〇〇年へ』、ありな書房、二〇〇二年〕。

（15） Reinhart Koselleck, *Critique and Crisis: Enlightenment and the Pathogenesis of Modern Society* (Oxford, New York and Hamburg, 1988), translated from *Kritik und Krise: Eine Studie zur Pathogenese der bürgerlichen Welt* (Freiburg and Munich, 1959)〔R・コゼレック／村上隆夫訳『批判と危機――市民的世界の病因論のための一研究』未来社、一九八九年〕。

人物略伝

ヴィンケルマン、ヨハン・ヨアキム（Winckelmann, Johann Joachim）（一七一七—六八年）

ドイツに生まれ、ハレ大学で神学を、続いてイェーナ大学で医学を学ぶことから経歴を開始した。しかし一七四八年に美術史こそ自分の真の道であると決心し、ローマに旅して、同地である枢機卿の司書となった。考古学者としての使命も見いだし、一七六三年に古代ローマの遺物管理者に選任された。生み出した多くの著作のうち、おそらく最も影響力が大きいのは一七六四年の『古代美術史』だろう。彼がついに最期を遂げたのはトリエステにおける暴殺によってだった。

ウェスリー、ジョン（Wesley, John）（一七〇三—九一年）

偉大な伝道者ならびにメソディズムの創始者として最も知られる。生前に多量の執筆も行い、それには賛美歌集、歴史、人物紹介、自らの日誌も含まれる。オックスフォードで学んだ後、一七二五年に助祭に任命された。一七二六年にオックスフォードの特別研究員となり、ギリシア語を教えた。一七二八年には司祭に任じられた。一七三五年から三八年までの［アメリカの］ジョージアへの伝道に失敗した後、ロンドンの礼拝集会で「ルターのロマ書序文」を読んでいる際に啓示を受けた。自らの救いを確信し、その確信を他人に伝えることに突き動かされた。しかし、ほとんどの修道司祭はその極端な情熱に狼狽し、彼を追放した。一七三九年にムーアフィールドの鋳造所を改装して、最初のメソディスト教会と本部の創設に取りかかった。

ウェッジウッド、ジョサイア（Wedgwood, Josiah）（一七三〇—九五年）

イングランドに生まれ、陶器製造業の主要産業化を促進するとともに、自らも新型の陶器を考案した。

家業の陶器作りに勤しんで地歩を固め、著名な作陶家のトマス・ウィルドンと共同経営を始め、一七五九年にバーズレムに自社工場を開設した。二年後に別の工場を開設し、「エトルリア」と命名した。社会貢献として従業員に彼らの村を築いたのは注目に値する。また、共同経営者トマス・ベントレーの助力をえて現代のマーケティング手法を適用し、成功裏に企業の影響力を拡大させた。様式としての古雅《アンティクイティー》に目を向けることで、無釉の玄武岩風黒炻器（ブラック・バサルト）や白い隆起模様を伴った古代風炻器（ジャスパーウェア）を考案した。

ヴォルテール（本名フランソワ＝マリー・アルエ）（François-Marie Arouet, dit Voltaire）（一六九四―一七七八年）

その長寿、膨大な作品数、世論を動員する才能、要人との関係ゆえに、啓蒙の主要人物の一人だった。法曹界の家庭に生まれ、イエズス会学校の教育を受けた。ほどなく宮廷に紹介され、劇作家として文学上の経歴を開始した。一七二六年から二八年までのイングランド滞在を経て、一七三一年の『シャルル一二世伝』で歴史に転じ、三四年の『イギリス便り（哲学書簡）』では政治的論評に向かった。ポンパドゥール夫人の引き立てで王室召し抱えの歴史家になった。一七五〇年から五三年まで、フリードリヒ二世からベルリンに招待された。その名声をカラスやシルヴァン一家の助命や名誉回復に用い、一七六三年に『寛容論』を生み出した。

ウルストンクラフト、メアリ（Wollstonecraft, Mary）（一七五九―九七年）

ロンドンに生まれ、ニューイントンの学校で教師また女性校長となる。同校で妹のイライザと共に、教育を施そうとしている少女達が社会によって男性より劣った境遇を強いられていることに初めて直面した。その関心を一七八七年の『少女の教育についての論考』で表現し、啓蒙の理想のもと女性にまともな教育を与えることが求められていると宣言した。続いてキングスボロ卿〔息女〕の家庭教師となり、その後の数年間フランスに渡り、同地での政治的、社会的激変を観察し、執筆した。帰郷して急進的集団に加わった。その成員にはウィリアム・ゴドウィン、トマス・ペイン、フュースリー、プリーストリがいた。多くの著作のうち、間違いなく最も有名なのは、一七九二年の男女同権論者《フェミニスト》の古典、『女性の権利の擁護』である。ゴドウィンと結婚し、『フランケンシュタイン』の著作で名声を博すことになる娘のメアリを出産する際、産褥のため死亡した。

エカテリーナ二世（Catherine II）（一七二九―九六年）

ロシアの女帝（在位一七六二―九六年）。ヴォルテール、モンテスキュー、百科全書派の影響を受けた。ヴォルテール、ディドロ、サロンの女主人であるジョフラン夫人と書簡を交わした。ロシアの欧化を試みたが、啓蒙との関係はしばしば疑問視される。つねに貴族を優遇し、農奴を着実に増加させたためである。トルコとポーランドを犠牲にした領土的征服も、啓蒙が平和な国際関係を支持したこととほとんど関係がないように思われる。にもかかわらず、啓蒙知識人の間での評判は高かった。エカテリーナが啓蒙思想家に最も影響を受けたのは、おそらくロシアにおける法典改正の計画に関してだろう。

カント、イマヌエル（Kant, Immanuel）（一七二四―一八〇四年）

プロイセンのきわめて敬虔な家庭環境に生まれた。ケーニヒスベルク大学で学んだ後、一七五六年に同大の数学と哲学の教授に就任した。スコットランドの哲学者デイヴィッド・ヒュームと同様、ダランベールやルソーにも影響された。最も有名な著作である『純粋理性批判』は一七八一年に出版された。一七八四年に「啓蒙とは何か」という問いに答える小論を執筆し、九五年には『永遠平和のために』を公刊した。合理性の基礎についてのカントの省察は、ロックによる生得観念の否定から発したが、理性や魂が自律的でありうるかどうか、あるいは感覚印象に左右されないかどうかを問題にした。

ゲーテ、ヨハン・ヴォルフガング・フォン（Goethe, Johann Wolfgang）（一七四九―一八三二年）

ドイツのロマン派時代の最も影響力ある著作家として、またドイツの最も偉大な唯一無二の文豪として広くみなされている。古典研究に打ち込みたいという年少期の望みにもかかわらず、一六歳の時に父親の薦めで法学を学ぶためにライプツィヒ大学に進む（一七六五―六八年）。しかし文芸的野心は抑えられず、弁護士を開業しつつ、叙情詩、戯曲、小説を執筆した。作品のいくつかは啓蒙の合理性と闘う疾風怒濤《シュトルム・ウント・ドランク》運動を焚きつけるのに役立った。例えば、きわめて有名な小説『若きウェルテルの悩み』（一七七四年）は、甘美で情熱的な主人公を描いた。一七七五年に、ヴァイマル〔公国〕の宰相となり、鉱業、道路、財政、軍事を担当した。また、一七八二年初め以降は財務長官であった。著作家として大成し、また科学的探究にも忙殺された。錬金術やニュートン理論に反対する光学理論の定式化もそれらに含まれる。人間の前顎骨の存在を証明し、それを人類と動物の、諸々の種の解剖学的構造の連続性を証明する証拠とした（前顎骨自体は一七八〇年にすでにパリで発見されていた）。一七九一年に芸術活動に専念するため、ほとんどの公務から解放された。もっとも、公国の芸術科学統括責任者と劇場監督の役割は長年にわたって続けた。数多くの著作に加えて、最高傑作と自ら考える二部構成の戯曲『ファウスト』を一八〇六年と三二年に公刊した。晩年、生けるドイツ文化の象徴、芸術家、政治家として世界中の人から崇拝され、多くの人が彼に会うためにヴァイマルに巡礼した。

ケネー、フランソワ（Quesnay, François）（一六九四―一七七四年）

多事多端な若年期を経てヴィレロワ公爵の侍医を務め、後にルイ一五世に仕える宮廷外科医となった。ヴェルサイユ宮殿における彼の官舎はディドロ、テュルゴ、ミラボーの集会所になった。重農主義と呼ばれる新経済理論に最も関係があるとされ、同理論は『百科全書』の彼の項目で論じられた。重農主義は土地を富の唯一の源泉と見なし、土地と農産物の自由市場のはたらきを保証する強力な君主政を唱道した。主要著作は経済循環を把握した『経済表』

（一七五八年）、一七六五年の『自然権』、同年の『農業王国の経済的統治の一般的箴言』などである。その理論はカール・マルクスにも影響を与えた。

ジェファソン、トマス（Jefferson, Thomas）（一七四三―一八二六年）

アメリカ合衆国第三代大統領（一八〇一―〇九年）。ヴァージニアの入植者社会に生まれた。博物学〔自然史〕と探検（とりわけゼブロン・パイク〔一七七九―一八一三年。アメリカの軍人・探検家〕の探検、そして一八〇四年から〇六年のメリウエザー・ルイスとウィリアム・クラークの探検）にたずさわり、ヴァージニア大学を設立した。ヴァージニア植民地議会議員に選出され（一七六九―七六年）、独立宣言起草委員会の議長を務めた。独立宣言に奴隷制反対の一節を挿入したものの、ジョージアとサウス・カロライナの代議員からの要求により削除された。一七七九年から八一年までヴァージニア邦知事、一七八五年から八九年まで駐フランス公使を歴任した。大統領職にあったときに、ミシシッピ川以西の未知の国境からなる広大な地域である「ルイジアナ買収」を通じてアメリカ合衆国の拡大を実現した。生涯を通じて奴隷所有者であり、奴隷の合衆国への輸入は禁じたものの、国内での奴隷所有や取引は禁じなかった。主著『ヴァージニア覚書』は奴隷制問題への所見以外に、同州の地理や博物学に関する知識を寄せ集めたものであり、一七八七年に出版された。

ジョーンズ、サー・ウィリアム（Jones, Sir William）（一七四六―九四年）

イングランドに生まれ、若くして言語に鋭い関心を示した。東洋文学を研究したオックスフォードの学生時代を通じて関心は持続し、ペルシア、アラビア、ヘブライ、スペイン、中国、ポルトガルの各言語などの知識で頭角を現した（死亡時までに合計一三の言語を解した）。東洋学者としての地位を得た後、より高収入の職に就こうと決心した。一七七四年に法廷弁護士職に合格し、続いて八三年にインドのベンガル最高裁判事になった。その後ほどなくナイトの爵位を得た。幸いなことに、東洋研究への関心は法曹界での成功で終わらなかった。サンスクリット語を研究し、ベンガル・アジア協会を設立し、重要なインド文献を翻訳し、そして英知を求めて東洋に目を向けることの重要性を概ね唱道した。また、サンスクリットの、ラテン語とギリシア語との類似性に注目して、比較文献学の分野を生み出した。

スミス、アダム（Smith, Adam）（一七二三—九〇年）

おそらく啓蒙の最も有名な経済思想家であり、その著作はいまだに現代の経済イデオロギーの正当化に用いられる。一七四八年から、デイヴィッド・ヒューム、「コモン・センス」の哲学者のヒュー・ブレア〔著者の勘違いで、ブレアは穏健派牧師で修辞学者であるがコモン・センス派ではない〕、スペイン帝国史家のウィリアム・ロバートソン等を含む知的仲間の一員となった。初めての著作である一七五九年の『道徳感情論』で有名になった。一七六三年から六五年までフランスで過ごし、ヴォルテールだけでなく、テュルゴなどの重農主義の思想家とも面識をえた。重農主義思想家は、土地が富の源泉と考えていた。一七六七年から七六年まで、分業、貨幣、通商の自由についての理論の創出に集中した。これらの研究は最も有名な著作である『国富論』の基礎となった。

ダランベール、ジャン・ル・ロン（D'Alembert, Jean le Rond）（一七一七—八三年）

著作家でサロンの女主人であるクロディーヌ・デュ・タンサン夫人（一六八二—一七四九年）の私生児で、数学者として早くから頭角を現した。ジョフラン夫人やデュ・デファン夫人のサロンの参加者であり、そこで出会ったジュリー・ド・レスピナスには生涯愛情を抱いた。ディドロと共に『百科全書』を編集し、知識の性質や体系化に関する重要な考察である「序論」を執筆した。『百科全書』の約一四〇〇項目を著述したが、ルソーや音楽家のラモーとの論争になった。一七五八年以後は、ディドロに『百科全書』〔の編集責任〕を譲り渡し、音楽や文芸批評を執筆しはじめた。一七七九年にパリ王立科学アカデミーの終身書記に就任した。ダランベールは、あらゆる種類の知識に貢献できた最後の思想家の一人としばしば見なされる。

ツィンツェンドルフ、ニコラウス・ルードヴィヒ・フォン（Zinzendorf, Nikolaus Ludwig, Graf von）（一七〇〇―六〇年）

伯爵。ドイツのドレスデンに生まれ、その宗教的感受性は、洗礼親のフィリップ・シュペーナーとハレにあるアウグスト・ヘルマン・フランケの寄宿学校の敬虔主義によって形成された。ヴィッテンベルクで法律家になるための教育を受け、神学も学んだ。一七二一年から二七年まで公務員として勤務した。後にその道を断念し、宗教上の信仰のために国外追放されたモラヴィア人集団の指導者となった。同集団に自身の領地にとどまることを認め、彼らは「主の守り《ヘルンフート》」と呼ばれる共同体を創設した。モラヴィア教会の創設者となり、一七三四年にテュービンゲンで任命されて同教会の監督となった。同派をルター派教会の一部であるように考え、「イエスの神秘主義」や「教団」のために尽力した。その活動によってギリシア正教徒との関係が悪化し、一七三六年にザクセンに国外追放された。モラヴィア兄弟団の敬虔主義（モラヴィアニスム）の影響力を広めようと尽力し続け、世界中で集会を開いた。多産な著作家でもあり、一〇〇〇冊以上の書物と数多くのモラヴィア派賛美歌を生み出した。

ディドロ、ドゥニ（Diderot, Denis）（一七一三―八四年）

存命中の名声は主に『百科全書』の共編者としてのものであり、劇作家、美術評論家、時事問題の批評家――それらの役割はむろんどれも完全には区別されない――としてはさほどではなかった。一七九六年に出版された『ブーガンヴィル航海記補遺』などの多くの著作は、死後はじめて知られた。作業場をもつ地方職人でカトリックの家庭に生まれ、一七二六年に下級聖職位に就いたが、やがて宗教的人生を拒否し、一七四三年の結婚まで法律家の事務員、著述家、家庭教師として生計を立てた。ほどなく人格ある神の存在の信仰を退け、代わりに自然そのものや事物をつねに変化する活力に満ちたものと考えた。この暗黙の決定論に明らかに矛盾しているが、不義への社会的偏見、性的抑圧と彼が見なしたものを風刺するのと同じように、博愛や公共の徳という世俗の道徳も説いた。一七七三年から七四年にエカテリーナ女帝の招待に応じてロシアを訪問したものの、幻滅のうちに同地を後にした。ディドロの思想の多くは、広範囲に及ぶ文通相手からも論じられた。

テュルゴ、アンヌ＝ロベール＝ジャック（Turgot, Anne-Robert-Jacques）（一七二七―八一年）

パリ高等法院の役人として世に出たのち、主として経済学に関する『百科全書』の項目に協力した。一七六一年にリモージュ州の地方長官《アンタンダン》に就任し、一七七四年から七六年まで財務総監を務めた。フランスで重職にあった数少ない啓蒙思想家の一人であり、その経済思想はケネーのような重農主義者のそれとよく似ていたものの、アダム・スミスにも影響を受けた。政府での経歴は、穀物の自由市場を支持したことで価格高騰をもたらし、一七七五年のイル・ド・フランス地方全土での暴動である小麦粉戦争を招いたことで傷ついた。職人ギルドにも反対であり、その存在が自由取引を阻害すると考えた。

ドルバック男爵、ポール＝アンリ・ティリ（D'Holbach, Paul-Henri Thiry, Baron）（一七二三―八九年）

ドイツに生まれ、若くしてパリに出る。パリで金融業者として財を成し、ダランベール、ディドロ、ビュフォン、レーナル、ルソー等を含む一派を周囲に集わせた。既成の宗教を攻撃し、物質界だけが実在すると主張した。著作の多くは検閲を免れるためにひそかに出版されたが、『百科全書』の宗教や地学の項目も執筆した。一七七〇年の『自然の体系』は最も有名であるが、ヴォルテールやプロイセン王フリードリヒ二世から攻撃された。

ニュートン、アイザック（Newton, Issac）（一六四二―一七二七年）

万有引力あるいは重力の法則は一六八七年の『自

然哲学の数学的諸原理』において提示され、同書によって現代宇宙論の創始者と目されている。ケンブリッジのトリニティ・カレッジの特別研究員、王立造幣局長であり、光学の基礎研究を続け、特にヨーロッパで合理主義的な実証研究の模範と見られることが多かった。しかし、錬金術や、聖書の予言の年代解釈にも取り組んだ。

ビュフォン、ジョルジュ＝ルイ・ルクレール・ド (Buffon, Georges-Louis Leclerc, Comte de)（一七〇七―八八年）

モンバールの高位法官の家庭に生まれた。イタリア旅行の後、パリに居を構え、アカデミー・フランセーズと王立科学アカデミー両方の会員となった。啓蒙への影響は、主に博物学に関する著作（『一般と個別の博物誌』一五巻、一七四九―六七年）〔一七八八年には三六巻となる〕に拠る。自然が聖書の年代記によって示されたよりもはるかに古い歴史をもつと考え、種は時間を超えて変わりうるという考えを支持した。この見解や、人間が本質的に自然の秩序のうちにあるという考え方は、一七四九年のパリ大学神学部からの非難につながった。王立植物園〔パリ植物園〕の管理者として、一般大衆が博物学に触れる機会を増やす上で重要な役割を担った。

フランクリン、ベンジャミン (Franklin, Benjamin)（一七〇六―九〇年）

フィラデルフィアで印刷屋として修業し、一七三〇年から四八年まで『ペンシルヴァニア・ガゼット』紙、また一七三二年から五七年まで道徳的教訓や知見の集成である『貧しいリチャードの暦』を発行した。「ジャント」と呼ばれた討論クラブを一七二七年に発足させた。このクラブは、一七四三年に認可され、今なおアメリカの文化生活において最重要団体である、アメリカ哲学協会の起源と通常みなされている。また、一七三一年のフィラデルフィア公共図書館の設立にも関わった。一七四六年からは電気の実験を行った。もっとも、凧を用いた有名な実験〔蓄電器に接続した凧を雷雲に向かって揚げ、雷の帯電を証明した〕は、現在では疑わしいとされている。その人生は、印刷と議論のもつ力を巧みに用いた啓蒙の具体例であった。このような卓越を彼は政治力をもった地位へと変えた。一七六六年から七〇年までロンドンの政府とアメリカ植民地の調停を試みた。アメリカ独立宣言の起草委員となり、一七七六年から八五年にかけてパリで通商条約と防衛軍事同盟を締結するために奔走した。一七九〇年に、連邦議会に奴隷廃止を要求する嘆願書を提出した。その直接的行動は、同じ主題におけるジェファソンのあいまいな意見と対照的である。

フランケ、アウグスト・ヘルマン（Francke, August Hermann）（一六六三—一七二七年）

ライプツィヒ大学に通った後、ドレスデンに行き著名な宗教改革者であるフィリップ・シュペーナーの門弟となった。シュペーナーと共に、教育と説教を行った。その過程で、彼は多くの人を敬虔主義の考え方に改宗させ、彼の改革派キリスト教徒集団は敬虔主義者として知られるようになった。成功を収めたために、カトリックから迫害を受け、敵対者に聖書研究の授業を禁止され、その後に伝道を行っていたエルフルト教会から追放された。シュペーナーはフランケをハレに派遣し、同地に設立予定だった大学でのギリシア語と東洋語教授の地位を約束した。彼はハレ近郊の最貧地区であるグラウハウの牧師となった。ハレは敬虔主義の総本山となり、彼はその運動を救貧活動に活用した。彼は、貧民に食糧、仕事、そして最も有名なものとして教育を提供した。よく知られている孤児院、いくつかの無料の学校を設立した。孤児院は孤児の面倒を見ただけでなく、何千人もの貧しい学生を無料で養い、教育を施した。フランケの学校は、貧民が利用しやすい組織的な救済や教育訓練を提供するドイツ中の類似施設の手本となった。

フリードリヒ二世（Friedrich II）（一七一二—八六年）

プロイセン王。苦労した年少期の後、一七四〇年に父から王位を継承した。同年に豊かなシレジア地方をオーストリアから奪取し、その結果、ヨーロッパをオーストリア継承戦争に追い込んだ。一七五六年の侵略で、七年戦争として知られる紛争を再び引き起こした。一七七二年のポーランド分割で主導的役割を果たした。治世の間、プロイセン経済は近代化し、官僚層の権力が増大した一方で、農奴制は維持された。ラ・メトリー、マルキ・ダルジャン〔一七〇四―七一年。フランスの哲学者、著述家。『テレーズの告白』は邦訳もある〕、ピエール・ルイ・モーペルテュイ〔一六九八―一七五九年。フランスの数学者・著述家。最小作用の原理を提唱〕らの啓蒙知識人を周囲に置き、ベルリンの新しい科学アカデミーの指導をゆだねた。一七五〇年にヴォルテールの訪問を受けた。フリードリヒ自身が自らの人生や時代について縦横に、政治や王の統治については より一般的に執筆した。それらは啓蒙思想家のフリードリヒ・グリム〔一七二三―一八〇七年。フランスで活躍したドイツ生まれの文芸評論家。ディドロの親友〕からは称賛され、ディドロからは一七七一年の『暴君を批判する書』で非難された。

ベッカリーア、チェーザレ（Beccaria, Cesare）（一七三八―九四年）

『犯罪と刑罰』（一七六四年）の著者として最もよく知られ、法律、犯罪、死刑についての啓蒙思想に多大な影響を与えた。同著において、死刑は司法手続的拷問や専断的判決とともに非難された。刑罰の観念を脱宗教化し、罪に対する神の制裁によって正当化された苦痛というよりも、社会構造による不可欠な自己防衛であると論じた。同著には政府がどのように刑法体系を変えるよう促されるべきかについての示唆がほとんどなかったものの、広く翻訳され、とりわけトスカーナなどの小国での訴訟手続に大きな影響を及ぼした。また、一七八〇年代に司法手続的拷問の廃止へと向かったフランスにまで影響を与えた。

ヘルダー、ヨハン・ゴットフリート（Herder, Johann Gottfried von）（一七四四―一八〇三年）

東プロイセンのきわめて敬虔な家庭に生まれた。ケーニヒスベルク大学でカントの教え子となった。一七六七年に聖職者として叙任され、リガでの生活を始めた。『新ドイツ文学断章』を公刊し、自立的なドイツ文学を論じた。一七六九年にフランスを旅行し、ドイツ帰国後にハンブルクでレッシングに面会して、シャウムブルク＝リッペ侯国の牧師になった。一七七四年に世界市民主義と合理主義に対抗する『歴史哲学異説』を公刊した。一七七六年に、ヴァイマルに向けて出発し、同地でゲーテと会い、ヘブライ詩論や『人類歴史哲学考』（一七八四―九一年）を公刊した。彼の思想のいくつかは、フランス大革命の影響下で、一七九三年から刊行された『人間性の進歩に関する書簡』において再検討された。

メンデルスゾーン、モーゼス（Mendelssohn, Moses）（一七二九―八六年）

作曲家のフェリックス・メンデルスゾーンの祖父にあたり、啓蒙期に登場する最初の主要なユダヤ人である。フリードリヒ二世が推進した宗教的寛容の風潮の恩恵を受け、知的仲間を形成し、広く出版した。同時にヘブライ語でも著作し、マイモニデス〔一一三五―一二〇四年。中世のユダヤ人哲学者〕に関する有益な解説も含んでいる。文化的多様性の必要と画一性の回避を主張し、宗教的寛容やユダヤ人解放についての同時代の論争に貢献した。一七八四年の「啓蒙」の定義にかかわる論争に関与し、美学について幅広く執筆した。その著作は、啓蒙の論争が民族や宗教を横断して思想家を動員する可能性を証明している。

モンテスキュー、シャルル＝ルイ・ド・スゴンダ（Montesquieu, Charles-Louis de Secondat, Baron de la Brède）（一六八九―一七五五年）

ラ・ブレードとモンテスキュー〔フランス南西部〕の男爵。フランスの名門法服貴族の一員だった。一七二六年までボルドー高等法院の副院長だった。一七二一年には最初の主要著作である『ペルシア人の手紙』が世に出た。これは東洋をよくあるほどには理想視せず呈示しただけでなく、フランスの諸制度の風刺でもあった。一七四八年の『法の精神』は、広く翻訳されたベストセラーで、とりわけ教会の敵意を招いて五一年に禁書目録に加えられた後に、啓蒙の最も人口に膾炙した著作の一つとなった。諸々の国家は風土、地理、歴史、広さ、住民の習俗《モラール》によって形作られるがゆえに、さまざまな統治制度が不可避であると主張した。

ラヴァーター、ヨハン・カスパー（Lavater, Johann Casper）（一七四一—一八〇一年）

市政でも重要な地位にあった医師の一三番目の子供としてチューリッヒで生まれた。一七六三年に、ドイツ北部のポメラニアに一年間旅行した。これは野心的な中産階級の知識人がよく行った「修学旅行」の一つである。このような旅行の目的は、あらゆる種類の知識に触れ、それを蓄積することだった。ラヴァーターはその旅行で、モーゼス・メンデルスゾーンや詩人のフリードリヒ・ゴットリープ・クロップシュトック（一七二四—一八〇三年）と友情を育んだ。一七七四年に、ライン川沿いに同じような旅行をし、ゲーテに会った。ゲーテは当初、彼の観相理論を支持していたが、後に反論した。一七七五年に、最も有名な著作である『観相学断片』（四巻、一七七五—七八年）を公刊した。同書はきわめて論争的であり、知的共同体からは結局ほとんど支持を得られなかった。性格の特質（例えば「争い好き」や「愛情」）は、頭蓋骨の外観的な特徴に関係があるかもしれないというその理論は、後の脳機能局在論の研究者にとっては重要だった。しかし、同時代人はラヴァーターによる性格の特質の定義の恣意性を指摘し、頭蓋骨の外観的な形状は脳自体の配置と関係があるという考え方を疑った。フランス大革命に強く反対し、一七九九年のフランス軍によるチューリッヒ包囲攻撃の際に致命傷を負った。

ラ・メトリー、ジュリアン・オフレ・ド（La Mettrie, Julien Offroy de）（一七〇九—五一年）

イエズス会（ヤンセン派、ジャンセニスト）の学校で教育を受け、ライデン大学で医学を学び、ヘルマン・ブールハーフェ（一六六八—一七三八年。オランダの医者）の教え子となった。これらの医学的な関心によって唯物論的立場に導かれ、それは一七四七年の『人間機械論』、一七四八年の『幸福論』

に確認される。エピクロス哲学に多大な影響を受け、一七五〇年にはその分析を公刊した。これらの見解はカトリックからもプロテスタントからも同じように敵意を招き、ライデンから退去を強いられたが、赴いたベルリンではフリードリヒ二世に歓迎された。彼の思想が強い楽観主義に反対し、また道徳がなぜか「自然な」ものでそれゆえ生得的である、という考え方に反対するものなので、多くの啓蒙知識人も彼を好まなかった。

リヒテンベルク、ゲオルク・クリストフ（Lichtenberg, Georg Christoph）（一七四二―九九年）

ゲッティンゲン大学で数学、天文学、物理学《ナチュラル・サイエンス》を学んだ後、同大自然科学《フィロソフィー》教授に就任した。ドイツにおける著述家、数学者、発明家、そして実験物理学者としての役割を一人で担った。機知に富んだ批評家として評判がすこぶる良かった。疾風怒濤運動の著作家や感傷主義の詩人の多くに注目した。『控え帖』は彼が何年にもわたって書き留めた手当たり次第の思いつき集で死後出版されたが、肥沃な精神をもった人間についての興味をそそる描写《ポートレイト》として多くの人に楽しまれた。また、人生の途上で忠実な親英家となり、イングランドを既存の最も偉大な国として死ぬまで宣伝した。電気研究を通じて、現代の複写法の原型である「リヒテンベルク図形」を発明した。また科学的方法論の発展にも多大な貢献をなした。

リンネ、カール・フォン（Linné, Carl von）（一七〇七―八八年）（ラテン語名のカルロス・リンナエウスでも知られる）

生涯にわたり植物に愛着を持ったが、高等教育ではルンド大学とウプサラ大学で医学を学ぶことから始めた。植物の雌雄に関する知識によって、ウプサラ大学の植物学講師の地位を得た。結局、一七三五年に、ハイデルワイク大学で医学博士号を取得したが、植物学の論文執筆や、当時の最高峰の博物学者との交流は継続した。故郷のスウェーデンから数年離れた後、帰国してストックホルムに優れた診療所を開設した。一七四一年にウプサラ大学の植物学教授に就任した。彼の最も有名な科学上の貢献は、綱《クラス》、目《オーダー》、属《ジーナス》という階層構造を用いて動植物を同定する体系的手法だった。また、生態系を科学調査の独自の分野として概念化した。一七四七年にスウェーデン王室の主治医に任命され、一七五八年〔一七五七年説、一七六一年説もあり〕にナイトの爵位を得た。

ルーヴェルチュール、トゥーサン（Louverture, Touissaint）
（一七四三—一八〇三年）

カリブ海で唯一成功した奴隷反乱の指導者。フランスの植民地サン＝ドマング（現在のハイチ）のカプ＝フランソワ近郊で奴隷だった両親から生まれた。その生涯は奴隷制に抵抗するものだった。一七九一年に奴隷反乱に参加し、その結果、同島での奴隷制支配体制が九三年に崩壊した。一七九八年にブリテンによる侵略に備えて部隊を率い、九九年にムラート（混血）の反乱を打破した。一八〇一年までに、彼とその部隊は島の全土を掌握し、ナポレオンの奴隷制再建の企てに抵抗した。一八〇二年に、シャル・ルクレール〔一七七二—一八〇二年〕司令官率いるフランス軍に制圧された。捕らえられ、フランスの監獄で死亡した。

ルソー、ジャン＝ジャック（Rousseau, Jean-Jacques）
（一七一二—七八年）

ジュネーブで生まれ、父親から時計職人として育てられたが、ジュネーブから去り、放浪者生活に入った。トリノでカトリックに改宗し、一七三六年から三八年までシャンベリのヴァラン夫人と暮した。この時期は音楽を中心に取り組み、一七四二年にパリに到着してディドロと親しくなった。一七四〇年代には執筆が増えて、『百科全書』の項目にも取りかかった。一七五〇年に、『学問芸術論』がディジョンのアカデミーの懸賞論文で入選し、五五年の『人間不平等起源論』がそれに続いた。ヴォルテールやディドロとの論争がその後に起きた。他の主要著作に一七六一年の『ジュリ、または新エロイーズ』、六二年の『エミール、または教育について』、『社会契約論』がある。自伝である『告白』は、死後一七八二年から八八年の間に出版された。彼の影響は、とりわけ『社会契約論』について、実際はフランス大革命期に増大した。

レーナル、ギヨーム＝トマ（Raynal, Guillaume-Thomas, Abbé）（一七一三―九六年）

下級聖職者であり、一七五〇年までは家庭教師や時事解説《ジャーナリズム》で生計を立てていた。一七五〇年の『文芸秘話』の出版で、パリの知識人の間で地位が高まった。一七七〇年に『両インド史』を出版。現代の評判はこの書物に依拠している。『両インド史』はヨーロッパの植民地化政策の主要な歴史の嚆矢であり、商業の道徳性と奴隷制の不道徳性についての議論だけでなく、地理的、経済的知識の膨大な概要でもあった。ディドロの助力を得て出版された同書は、知名度が招く不都合を減らそうとパリから地方へ退去するほどの名声をもたらした。フランス大革命の反対者だった。

ロック、ジョン（Locke, John）（一六三二―一七〇四年）

『人間知性論』（一六九〇年）の著者であり、啓蒙初期の鍵となる人物の一人。同書が根本的に重要なのは、デカルトの生得観念を批判し、したがって人間知性の意味に関して、後のヒューム、コンディヤック、カントなどの思想に道を開いたためである。また、一六九五年の『キリスト教の合理性』と、八九年の『寛容に関する書簡』によって、宗教的寛容のための闘争の先駆者とみなされた。ヴォルテールへの影響はきわめて大きかった。ルソーについても同様であり、彼の『エミール、または教育について』（一七六二年）はロックの一六九三年の『教育論』の影響を受けている。啓蒙もまた、社会や統治の契約的性質という思想についての考察の基礎をロックの『統治二論』から得た。

監訳者あとがき

本書はドリンダ・ウートラムの小著『啓蒙』の翻訳である。「ヨーロッパ史への新たな接近」というシリーズの一冊として、ケンブリッジ大学出版部から一九九五年に出版されたが、版を重ねて、二〇一三年に第三版が出ている。底本としてはこの第三版を用いた。本書の初版の翻訳を吉岡亮氏（日本学術振興会特別研究員を経て、現在出版社勤務）に依頼したのはずいぶん前のことであるが、訳稿ができるまでに、原書が第二版、第三版と増補されたので訳のほうが追い着かず、増補分の訳出を逸見修二氏（池坊短期大学准教授を経て、東京福祉大学勤務）に依頼することにした。そうすると全体の統一という作業が必要となって、結局、逸見氏は全体を見るということになり、仕上げの作業をしてもらうことになった。逸見氏はジェローム・B・シュナイウィンドの訳者として英語を磨いてきたので、その訳に監訳者が手を入れる必要はわずかであった。

本書の著者は監訳者と似たり寄ったりの年齢であると思われる。残念ながら面識はない。現在はロチェスター大学の歴史学の教授（Gladys I. and Franklin W. Clark Professor of History）であり、一九七四年にケンブリッジで博士学位を取得して以来、方々の大学で教育に携わりながら、ヨーロッパ史、とくに啓蒙の歴史を専門としてきた。現在も啓蒙の時代のいくつかのトピックに関して博士課程の学生を受け入れている現役である。

主著には『啓蒙のパノラマ』(*Panorama of the Enlightenment*, J. Paul Getty Museum, 2006) など数冊の業績がある。この本は大判の啓蒙書である。

The Body and the French Revolution: Sex, Class and Political Culture (Yale University Press, 1989) は優れた研究書で、邦訳されており、彼女の主著と見なせる。邦訳は高木勇夫訳『フランス革命と身体――性差・階級・政治文化』平凡社、一九九三年。

その他、*Georges Cuvier: Science, Vocation and Authority in Post- Revolutionary France* (Manchester University Press, 1984)、共著に、Pnina G. Abir-Am and Dorinda Outram (eds.), *Uneasy Careers and Intimate Lives: Women in Science, 1789-1979* (Rutgers University Press, 1987) がある。

論文として 'On Being Perseus: New Knowledge, Dislocation, and Enlightenment Exploration', C. Withers and D. Livingstone (ed.), *Geography and Enlightenment* (University of Chicago Press, 1999), 'The Enlightenment Our Contemporary', W. Clark, J. Golinski, and S. Schaffer (eds.), *The Sciences in Enlightened Europe* (University of Chicago Press, 1999), '"Mere words": Enlightenment, Revolution and Damage Control', *Journal of Modern History*, 63 (1991), pp. 327-340 などがある。

研究業績はさほど多くないが、堅実な研究と評価できる。全体として自然科学に強いという印象だが、この訳書でもわかるように、啓蒙の諸側面について手堅く掘り下げた理解を示しており、信頼しうる研究者である。

本書は学生の入門書としても読まれてよいし、専門研究者にも新鮮な知識を提供する内容をもっている。多くの啓蒙研究に言及しながら、バランスのよい批判を加えている点、参考になるだろう。本書が多くの読者に恵まれることを願っている。

最後になったが、岡林彩子さんに本書の編集を担当していただいた。その懇切なお仕事に厚くお礼申し上げたい。

二〇一七年九月

監訳者

著　者

ドリンダ・ウートラム（Dorinda Outram）

ケンブリッジ大学Ph. D. 現在はロチェスター大学教授（Gladys I. and Franklin W. Clark Professor of History）。

著書に*Panorama of the Enlightenment* (J. Paul Getty Museum, 2006), *The Body and the French Revolution: Sex, Class and Political Culture* (Yale University Press, 1989)（『フランス革命と身体——性差・階級・政治文化』高木勇夫訳、平凡社、1993年）などがある。

監訳者

田中秀夫（たなか ひでお）

京都大学大学院経済学研究科修了。甲南大学教授、京都大学教授を経て、現在、愛知学院大学経済学部教授、京都大学名誉教授。専門は経済学史、社会思想史。

著書に『スコットランド啓蒙とは何か』（ミネルヴァ書房、2014年）、『アメリカ啓蒙の群像』（名古屋大学出版会、2012年）、訳書にダンカン・フォーブズ『ヒュームの哲学的政治学』（監訳、昭和堂、2011年）、イシュトファン・ホント『貿易の嫉妬』（監訳、昭和堂、2009年）、フランシス・ハチスン『道徳哲学序説』（共訳、京都大学学術出版会、2009年）、J・G・A・ポーコック『マキァヴェリアン・モーメント』（共訳、名古屋大学出版会、2008年）、アルバート・O・ハーシュマン『方法としての自己破壊』（法政大学出版局、2004年）などがある。

訳　者

逸見修二（へんみ しゅうじ）

公認会計士。京都大学大学院経済学研究科博士課程単位取得退学。池坊短期大学準教授を経て、現在は東京福祉大学勤務。専門はフランス啓蒙。

訳書にJ・B・シュナイウィンド『自律の創成』（共訳、法政大学出版局、2011年）などがある。

吉岡 亮（よしおか りょう）

京都大学大学院経済学研究科博士課程修了。日本学術振興会特別研究員を経て、現在は出版社勤務。専門はイタリア啓蒙。

《叢書・ウニベルシタス　1072》
啓　蒙

2017年12月10日　初版第1刷発行

ドリンダ・ウートラム
田中秀夫 監訳
逸見修二・吉岡 亮 訳

発行所　一般財団法人 法政大学出版局
〒102-0071　東京都千代田区富士見 2-17-1
電話 03（5214）5540　振替 00160-6-95814

組版 村田真澄　印刷 平文社　製本 積信堂

ISBN978-4-588-01072-9　Printed in Japan

人名索引

[ア　行]

[カ　行]

[サ　行]

[タ　行]

[ナ　行]

[ハ　行]

[マ　行]

[ヤ　行]

[ラ　行]

事項索引

［ア　行］

［カ　行］

[サ　行]

［タ　行］

［ナ　行］

［ハ　行］

［マ　行］

［ヤ　行］

［ラ　行］

[ワ　行]